Strand-
abenteuer

Ausgewählt von
Daniel Kampa

Atlantik

Atlantik Bücher erscheinen im
Hoffmann und Campe Verlag, Hamburg.

1. Auflage 2016

www.hoca.de www.atlantik-verlag.de
Umschlaggestaltung und -abbildung: Birgit Schössow
Satz: Pinkuin Satz und Datentechnik, Berlin
Gesetzt aus der ITC Legacy
Druck und Bindung: C. H. Beck, Nördlingen
Printed in Germany
ISBN 978-3-455-37821-4

HOFFMANN
UND CAMPE

Ein Unternehmen der
GANSKE VERLAGSGRUPPE

Inhalt

Michel Déon Der Badeanzug 7

T. C. Boyle Schluss mit cool 22

Andrea Camilleri Die Abkürzung 53

Henning Mankell Der Mann am Strand 65

Javier Marías Sonntag mit Fleisch 112

Siegfried Lenz Küste im Fernglas 117

Vladimir Nabokov Iris 127

Klaus Modick Im Kreis 172

John Updike Der Rettungsschwimmer 187

Italo Calvino Abenteuer einer Badenden 198

Theodor Storm Eine Halligfahrt 213

Arthur Schnitzler Die Frau des Weisen 249

Henryk Sienkiewicz Der Leuchtturmwächter 272

Victor Auburtin Philosophie auf der Terrasse 293

Joachim Ringelnatz Charly Brand, ahoi! Skizze 295

Cees Nooteboom Philip und die anderen 303

Antonio Tabucchi Der kleine Gatsby 311

Nachweis 331

Michel Déon

Der Badeanzug

Ich war bereits vier oder fünf Tage dort, als sich mir beim Öffnen der Vorhänge eine frühmorgendliche Badeszene bot. Von meinem Zimmer aus gleicht der Blick einem Bühnenbild: Zwei felsige Landspitzen begrenzen die kleine seichte Bucht und umrahmen den weißen Sandstrand. Der Pinienhain hinter dem Hotel sondert einen vom Rest der Welt ab, vielleicht nicht vollkommen, aber ein wenig.

Jeden Abend rief Irène aus Paris an, um mir zu sagen, dass sich ihre Ankunft aufgrund einer Halsentzündung der Filmdiva oder eines Spleens des Produzenten weiter verzögern würde. Ich könnte ihre Arbeit als Regieassistentin, die sie nie wirklich loslässt, verfluchen, aber ich bin mir auch der anderen Seite der Medaille bewusst: Eine Frau, die viel arbeitet, erdrückt einen nicht mit ihrer Liebe oder ihren Eifersüchteleien. Um die Wahrheit zu sagen, verstehen wir uns gerade deshalb so blendend, weil wir häufig voneinander getrennt sind und unser Verlangen nie ganz gestillt wird.

Ihre verzögerte Anreise verhagelte uns ein wenig den Beginn eines Sommers, von dem wir uns geschworen hatten, ihn ganz geruhsam zu verbringen – sie weit weg von ihrem Kino, ich weit weg von meinen Zeitungen. Muss ich hinzufügen, dass wir uns mehr als ein bisschen liebten? Der

Beweis dafür ist, dass wir nach drei Jahren ... der zärtlichen Zuneigung ... bürgerliche Zukunftsprojekte schmiedeten.

Insgesamt waren in dem Hotel zehn Paare zu Gast, darunter eine Großmutter mit ihrer Enkelin, und ich rekelte mich allein in einem Doppelzimmer, ernährte mich von frischem Fisch, gegrillten Langusten und Meeresfrüchten, arbeitete zwischendurch natürlich an einer Reihe von Artikeln. Um abends ein wenig Abwechslung zu bekommen, brauchte man nur den Pinienhain zu durchqueren, bis zu der Straße, die zu einem Fischerhafen führt, wo zwei Straßencafés und ein uriges Tanzlokal die modernen Zeiten verkörpern. War ich während der ersten Tage noch versucht gewesen, einmal dorthin zu gehen, so war mir die Lust mittlerweile vergangen. Die Sonne, die ich allmorgendlich tankte, das Speerfischen und die schmackhaften, von den Sri Lankanern gekochten Abendessen machten mich träge. Ich las, schlief, brutzelte in der Sonne. Die anderen Hotelgäste wirkten wenig anziehend auf mich: ziemlich glückliche Pärchen, die meisten davon jung. Aufgrund meines Strohwitwerdaseins schlug mir von Seiten der Ehemänner ein gewisses Misstrauen entgegen, das ich ihnen gern vergalt. Blieben die Großmutter und ihre Enkelin, ein denkbar ungleiches Paar. Die Großmutter schlurfte über den Strand auf ihren Liegestuhl und ihren Sonnenschirm zu, den Körper von Fettwülsten niedergedrückt, jedoch schamhaft verhüllt unter extravaganten Blumenkleidern, die ihr bis zu den Füßen reichten. Im Gegensatz dazu bot der Körper ihrer Enkelin einen derart wohlgeformten Anblick, dass er unmittelbar zum Träumen anregte. Wovon? Fragen Sie besser nicht. Die Nymphe folgte ihrer Großmutter unerwartet fügsam. Man spürte, dass sich die Matrone in Habtachtstellung befand, bereit, jeden Mann anzublaffen, der sich ihnen näherte. Alle Hotelgäste kannten den Namen des jungen Mädchens: Agnès. Die stille Schönheit lag im Sand, schlummerte stundenlang reglos wie eine Tote in der prallen Sonne vor sich hin. Ihre Haut nahm den köstlichen Farbton eines Honigkuchens an. Verstohlen warfen ihr die jungen Ehemänner verträumte Blicke zu. Aus unerfindlichen Gründen erschien mir dieser scharf bewachte Körper am Strand wie eine tickende Zeitbombe.

Es geschah erst am vierten oder fünften Tag, wenn ich mich recht entsinne. Ich erwachte früher als gewöhnlich, weil der Morgen heller dämmerte als an den Tagen zuvor – ich hatte vergessen, die Fensterläden zu schließen – und die niedrigstehende Morgensonne in mein Zimmer fiel. Am Abend zuvor hatte Irène angerufen und mir mitgeteilt, dass sie mit Sicherheit nicht vor dem Wochenende eintreffen würde. Das Meer war noch grau, der Strand menschenleer. Nein. Nicht ganz. Dort stand jemand in einem orangefarbenen Morgenmantel, eine Silhouette mit langen schwarzen Haaren, die ihr offen über den Rücken fielen, und hielt einen Fuß in die kleinen Wellen, die in schaumigen Rändern auf dem Sand ausrollten. Von hinten betrachtet war ich nicht sofort sicher, dass es sich um Agnès handelte, doch als der Morgenmantel zu Boden fiel und sie in drei Sätzen ins Wasser sprang, erkannte ich ihre langen gebräunten Beine, ihre schön geschwungenen Schultern. Sie war nackt. Nach wenigen Schwimmstößen hatte sie das offene Meer erreicht. Nur ihr Kopf war noch oberhalb des Wassers zu sehen, als sie hinter den Felsen des kleinen Kaps verschwand, das unseren Strand auf der Südseite begrenzt.

Eine Viertelstunde später kam sie wieder zum Vorschein, ließ sich von einer Welle an den Strand spülen. Im Stehen warf sie ihre glänzende Haarpracht zurück und strich sie glatt, streckte die grazilen Arme aus, hüllte sich wieder in ihren Morgenmantel und eilte zurück zum Hotel.

Später an jenem Morgen fiel es mir schwer, nicht zu sehr zu Agnès hinüberzuspähen, die wie üblich an den Strand gekommen war, um sich neben dem Liegestuhl und dem Sonnenschirm ihrer Großmutter im Sand auszustrecken. Sie war nicht mehr dieselbe. Das artige junge Mädchen der ersten Tage, das distanzierte Wesen, das sich nicht zu den Spielen der anderen Hotelgäste hinzugesellte und im Schatten der großmütterlichen Diktatur blieb, hatte nichts mehr mit der glänzenden Badenymphe gemein, die sich nackt dargeboten, sich friedvoll und ohne Scham den morgendlichen Liebkosungen des Meeres hingegeben hatte. Irène hätte Agnès mit ihrem guten Gespür sofort durchschaut, und ich hätte mich vermutlich weniger für sie interessiert. Mit welchem Recht beraubte ich das Mädchen seiner Stunde vollkommener morgendlicher Freiheit?

Ich lief aufs Wasser zu, um mich hineinzuwerfen, als mich ein Ball am Kopf traf. Ein Paar brach in Gelächter aus. Meine Tischnachbarn. Bis nach dem Mittagessen blieb ich mit ihnen zusammen; wir fischten zwischen den Felsen nach Muscheln und spielten Volleyball. Die junge Ehefrau besaß ein rasselndes, leicht dümmliches, aber beruhigendes Lachen. Ihr Ehemann eröffnete mir umgehend, er sei Versicherungskaufmann.

»Es ist unser erster richtig langer gemeinsamer Urlaub«, erzählte sie. »Ich war noch nie so glücklich. Und Jean – das ist mein Mann – geht es genauso. Er ist richtig ruhelos. Schon bei Morgengrauen springt er aus den Federn. Er verpasst nicht eine Minute dieses Glücks. Ich hingegen bin ein Faulpelz …«

Jean lächelte recht einfältig.

Wir aßen auf einer Terrasse zu Mittag, Bambusgeflechte spendeten uns Schatten. Das Meer glitzerte, die Hitze schwoll an, und der Wein trug dazu bei, dass sich die rund zwanzig Hotelgäste in Zweierpaaren zur Siesta zurückzogen.

Als sich Agnès – in köstlich kurzer Shorts und gelber Bluse – erhob und ihrer Großmutter folgte, beobachtete ich besagten Jean. Er warf dem jungen Mädchen einen derart durchtriebenen und zugleich eindeutigen Blick zu, dass ich keinen Zweifel mehr hegte. Der begeisterte Frühaufsteher sprang im Morgengrauen aus dem Bett, um der jungen Frau beim Nacktbaden zuzuschauen.

Es war nicht schwer, im Laufe des Nachmittags und Abends herauszufinden, dass sich so gut wie alle männlichen Hotelgäste gegenseitig informiert hatten und allmorgendlich am Fenster Stellung bezogen, um sich ja nicht Agnès' flüchtigen Auftritt entgehen zu lassen.

Am nächsten Tag stand ich früh genug auf, um erneut zu sehen, wie sie am Strand ihren Morgenmantel abstreifte und auf das Meer zulief. Wie tags zuvor verschwand sie eine gute Weile im Schutz der Felsen, wo sich, wie ich annahm, eine kleine Bucht befand, die sich für ein Sonnenbad eignete. Eine gute halbe Stunde später kehrte sie zurück. War sie sich der zehn Augenpaare bewusst, die sie verschlangen? Ich bezweifelte es. Über den Tag erwischte ich mich immer wieder dabei, wie ich sie eingehend musterte und Details an ihr bemerkte, die mir bislang entgangen waren. Zunächst ihre Stimme. Es war nicht die eines jungen Mädchens, sondern die einer Frau: eine recht tiefe Stimme, deren Intonation sie dämpfte, wenn sie respektvoll mit ihrer Großmutter sprach. Zu respektvoll, um aufrichtig zu sein. Ich begegnete ihr auf der Treppe: Sie kam herauf, und ich trat beiseite, um sie vorbeizulassen. Welchen Unterschied mag es zwischen dem Gang eines jungen Mädchens und dem einer Frau geben? Ich weiß es nicht genau, aber es gibt einen. Agnès' Hüften waren die einer Frau. Der erblühte Körper, das ruhige Gesicht, die Stimme gehörten einer Frau, die gleichermaßen glücklich wie diskret war. Man musste verblendet sein, wie eine Großmutter, um das nicht zu bemerken.

Am Abend rief Irène an. Noch achtundvierzig Stunden bis zu ihrer Ankunft. Ich würde sie am nahegelegenen Bahnhof abholen. Sie hoffte, ich wäre nicht schon zu braungebrannt, damit sie sich an ihrem ersten Tag am Strand nicht blamierte. In Paris herrschte Mistwetter. Sie schickte mir einen Kuss durchs Telefon. Ich erwiderte ihn. Das einzige Telefon befand sich im Büro des Hotels. Als ich den Hörer auflegte, bemerkte ich Agnès, die hinter der Glastür stand. Sie hatte unser Telefongespräch mit angehört und schien einen Moment zu zögern. Dann erhellte sich ihr verschlossener Ausdruck und ein Lächeln überzog ihr Gesicht, auf das zu reagieren mir kaum Zeit blieb.

Als nach dem Abendessen auf der Terrasse alle Tische abgeräumt worden waren, trug man Liegestühle herbei. Vor dem tintenblauen Meer, unter dem Sternenhimmel, scharten wir uns zu kleinen Gruppen zusammen. Das Glimmen der Zigaretten verriet unsere Bewegungen. Die Großmutter und ihre Enkelin hielten sich in einer Ecke etwas abseits, schienen uns aus dem Weg zu gehen. Wir hörten sie nur von Zeit zu Zeit gedämpft miteinander sprechen. Eine recht attraktive Blondine befand, wir wären alle schon ganz eingerostet – im Nachbarort fände eine Tanzveranstaltung statt und es wäre doch sicher ganz amüsant, dorthin zu gehen und mit den Fischern zu tanzen, schließlich sei es Samstagabend. Mir war das recht, allerdings lief ich Gefahr, allein unter all den Paaren das fünfte Rad am Wagen zu sein.

»Dann nehmen wir doch Agnès mit«, schlug eine zierliche Brünette vor. Wie nicht anders zu erwarten, stimmten alle Ehemänner wie aus einem Mund zu. Doch als es darum ging, die Erlaubnis der strengen Großmutter einzuholen, brachte niemand den Mut auf, dem Drachen die Stirn zu bieten. Um ein Haar hätten wir Stäbchen gezogen. Schließlich erbot sich die zierliche Brünette, deren Namen ich vergessen habe, sie milde zu stimmen. Sie stolperte zwischen den Stühlen hindurch auf die Ecke der Terrasse zu, in die sich die Großmutter und das junge Mädchen zurückgezogen hatten. Die Verhandlungen dauerten eine gute Viertelstunde. Ich weiß nicht, welche Argumente die Großmutter schließlich erweichten. Doch die Brünette kehrte triumphierend zu uns zurück, mit Agnès an ihrer Seite, die uns eine lauwarme Hand entgegenstreckte und sich allen vorstellen ließ.

Kurz darauf stiegen wir durch den Pinienhain zur Straße

hoch, die ins Dorf hinunterführt. Ich ging hinter Agnès her, die sich mit der brünetten jungen Dame unterhielt. Unsere Gruppe hätte eigentlich ziemlich laut sein müssen, doch wir brachten kaum ein Flüstern zustande. Die Gegenwart des jungen Mädchens schüchterte die Männer ein und beunruhigte die Frauen. Am Hafen angekommen entdeckten wir das kleine, von Lampions umrahmte Tanzlokal. Auf dem Podium verausgabten sich ein Akkordeonist und ein Saxophonist. Der Pianist, ein großer blonder junger Mann, schlug einen Akkord an, um unsere Gruppe willkommen zu heißen, und unterbrach die Musiker. Geschäftig wurden Tische aneinandergeschoben, damit wir uns zusammensetzen konnten. Dann wurde wieder zum Tanz aufgespielt: Auf der Tanzfläche wiegten sich die einheimischen Jungen und Mädchen sowie ein paar Gäste eines Hotels, das auf dem Hügel thronte. Wir tranken ausschließlich Roséwein. Ich forderte Agnès auf, und meine linke Hand nahm ihre in Empfang – eine schmale Hand mit kurzen Fingern. Sie tanzte sicher, ohne zu zögern, ohne Scheu, aber auch ohne Hingabe. Es war noch zu früh, um das auszusprechen, was mir auf den Lippen brannte.

Nach ihr musste ich mit mehreren anderen jungen Damen tanzen. So seltsam es auch erscheinen mag, ging Agnès zwei- oder dreimal leer aus. Die Männer trauten sich nicht, sie aufzufordern. Schließlich gaben sie sich, vom Roséwein ermutigt, einen Ruck, allerdings ein wenig zu spät. Ich hatte Agnès aufgefordert und war nicht mehr von der Tanzfläche zu vertreiben, auf der mittlerweile ordentliches Gedränge herrschte.

»Der Pianist ist ausgezeichnet«, bemerkte ich beiläufig.

»Ja, er ist Jahrgangsbester des Konservatoriums. Er spielt hier, um sich seinen Urlaub zu finanzieren.«

»Woher wissen Sie das?«

»Unser Hotelier hat es mir erzählt. Man ist hier sehr stolz darauf.«

Während eines uralten Tangostücks, *La comparcita*, wurden alle Lampions ausgeschaltet und die Tanzfläche in das Licht einer roten Lampe getaucht. Ich legte meine Wange an Agnès' glühend warme. Sie wich nicht zurück. Einen Moment lang tanzten wir so weiter, aneinandergeschmiegt. Ich wagte nicht mehr zu sprechen. Plötzlich blickte sie zu mir auf, lächelte und fragte unvermittelt:

»Und was ist mit Irène?«

Ihre Frage traf mich ebenso heftig wie unvorbereitet. Obwohl ich mir in Erinnerung rief, dass sie mein Telefongespräch mit angehört hatte, machte sich eine dümmliche Verwirrung in mir breit. Ich hatte Agnès' Schweigen so gedeutet, dass sie keinerlei Hintergedanken hegte, und gleichzeitig den wichtigsten Menschen in meinem Leben vergessen. Was war ich bloß für ein Dummkopf! Ich musste ein Gesicht wie ein Lausbub gemacht haben, den man auf frischer Tat ertappt hatte. Wie um mich zu trösten, versetzte sie mir einen leichten Klaps auf die Wange.

»Männer sind doch alle Halunken!«, sagte sie immer noch lächelnd.

»Ich dachte, Sie …«

»Denken Sie gar nichts!«

»So wie Ihre Großmutter Sie überwacht, frage ich mich, woher Sie von diesem Charakterzug des starken Geschlechts wissen … von wem?«

»Es gibt kurze Augenblicke im Leben, in denen Großmütter schlafen«, sagte sie.

»Ja, frühmorgens zum Beispiel ...«

Sie zuckte mit keiner Wimper. Der Tango fand ein jähes Ende. Die Lichter gingen wieder an.

Der Pianist klappte den Deckel seines Klaviers zu. Auf der Tanzfläche zerstreuten sich die Leute. Die Party war vorbei. Uns blieb nur noch, durch den Pinienhain zurückzukehren, dessen lauwarmer Duft in Schwaden bis zur Straße hinaufdrang. An der Eingangstür des Hotels verabschiedeten wir uns. Ich versuchte, Agnès' Hand für einen Augenblick in meiner zu halten. Sie entzog sie mir. An diesem Abend spielten die paar Ehemänner, die sich getraut hatten, mit Agnès zu tanzen, vor ihren Frauen den Helden; ihre Frauen sollten sie bewundern und sich ihnen mit erneuter Aufmerksamkeit zuwenden.

Ich schlief schlecht, um nicht zu sagen: überhaupt nicht.

Was gibt es Ärgerlicheres als das Gefühl, so wenig Scharfsicht bewiesen zu haben? Irènes Verspätung, die Gegenwart dieses Mädchens, das den Hauch eines Geheimnisses umgab, hatten mich durcheinandergebracht. Es stimmt nicht, dass weibliche Nacktheit am Strand die Lust mindert; das Gegenteil ist der Fall: Sie erschafft ein Gefühl der Leichtigkeit und stachelt die Phantasie an, grausam auszuschweifen. Kurz und gut: Agnès begann zu gefallen – mir, uns allen.

Ich erwachte beim ersten Morgenlicht und ging zum Strand hinunter. Im Schutz eines Ruderboots, das an Land gezogen worden war, brauchte ich nicht lange zu warten. Als sie ihren Morgenmantel öffnete, gab ich mich zu erkennen. Eine Sekunde lang schien sie mich erbost anzublicken, doch sie zog den Morgenmantel nicht wieder zu, blieb aufrecht stehen und wartete mit zusammengekniffenen Lippen auf eine Erklärung.

»Ich wollte Ihnen raten, besser nicht nackt baden zu gehen.«

»Und warum nicht? Das ist mein gutes Recht.«

»Nicht, wenn sich jeden Morgen zehn Männer am Fenster postieren, um Sie auszuspähen. Ich möchte der Einzige sein.«

Eine leichte Röte überzog ihre Wangen. Der halb geöffnete Morgenmantel enthüllte ihren Bauch und ihre Brüste. Mit einer ruckartigen Bewegung zog sie den Mantel zu.

»Besten Dank! Ihre Neugier beraubt mich eines Vergnügens«, sagte sie.

»Ich bedaure das mehr als Sie.«

In diesem Moment mussten alle männlichen Blicke auf uns gerichtet sein. Langsam gingen wir zum Hotel zurück, das noch im Schlummer lag, zumindest zur Hälfte ... Auf dem Flur hielt ich sie zurück:

»Wen wollten Sie im Schutz der kleinen Nachbarbucht treffen?«

»Beeilen Sie sich mit dem Raten! Er reist nämlich bald nach New York weiter.«

Sie stellte sich auf die äußerste Spitze ihrer Zehenspitzen und streifte meine Wange mit ihren Lippen.

Mit meinem Frühstück brachte man mir ein Telegramm, in dem Irènes Ankunftszeit stand. Am Strand gesellte sich Agnès zu uns und unseren Spielen, auch wenn ihre Großmutter sie nach wie vor mit Argusaugen bewachte. Doch wie soll ich sagen? Den plumpen Anspielungen der Voyeure entnahm ich ihren geheimen Groll, um ihr morgendliches Schauspiel gebracht worden zu sein. Die junge Frau amüsierte sich, als wäre nichts gewesen. Ich sah, wie sie ihren langen muskulösen Körper reckte, um den Ball zu werfen, wie sie in den Wellen Delphin spielte, lachte, aufschrie. Ein Abend hatte uns verwandelt. Und heute Abend würde Irène ankommen ...

Ich fuhr zeitig zum Bahnhof. Sie stieg aus dem Zug, mit ihrem nachsichtigen und zugleich entschlossenen Gesichtsausdruck, den ich so gern an ihr mag. Während der Fahrt zum Hotel konnte ich der Versuchung nicht widerstehen, sie bis ins letzte Detail über den neuesten Stand der Dinge zu informieren. Und so enden mit Irène meine persönlichen kleinen Geschichten, oder besser gesagt: Sie enden nicht. Wenn ich sie so nah bei mir spüre, verständnisvoll und zärtlich, will ich nur noch alles über Bord werfen, was unser gemeinsames Leben erschweren könnte.

»Dann bin ich ja offenbar gerade noch rechtzeitig gekommen!«, sagt sie. »Ein junges Mädchen, das dir den Kopf verdreht und unter den Ehemännern für Verwirrung sorgt – das muss ja ein hübsches Weibsbild sein! Gib mir vierundzwanzig Stunden, um ihr Spiel zu durchschauen.«

Das Problem mit Irène: Weil sie an der Seite ihres Regisseurs so häufig miterlebt hat, wie Krimis gedreht werden, schreibt sie sich selbst detektivisches Talent zu. Ich half der Zimmerdame, das Gepäck hochzutragen, während Irène beim Hotelier das Formular ausfüllte. Als sie zu mir stieß, rief sie triumphierend:

»Und schon habe ich etwas herausgefunden!«

Abends nach dem Essen gesellte sich Agnès auf der in Dunkelheit getauchten Terrasse zu einer kleinen Gruppe hinzu. Irène nutzte die Gelegenheit, um der mürrischen Laune der Großmutter zu trotzen. Allmählich wurde ich unruhig. Die beiden Frauen unterhielten sich eine ganze Weile, und dem Klang ihrer Stimme entnahm ich, dass Irène ihren ganzen Charme spielen ließ, der unwiderstehlich war, wenn sie es drauf anlegte. Aus der kleinen Gruppe rief mich jemand herbei, und ich fand mich neben Agnès wieder, die meine Hand anstieß: »Haben Sie Feuer?« Die Flamme des Feuerzeugs erhellte ihr Gesicht. Suchte sie einen Verbündeten? Irène kam auf uns zu, und vom Liegestuhl ertönte die gebieterische Stimme der Großmutter, die ihre Enkelin herbeirief.

»Ich bin hundemüde, Schatz«, sagte Irène und gähnte. Man wünschte uns anzüglich gute Nacht. Unten an der Treppe trafen wir auf Agnès, die mit ihrer Großmutter auf dem Weg nach oben war. Irène hakte sich bei dem jungen Mädchen unter und ging vor uns die Treppe hinauf. Sie waren zu schnell für uns, und ich rang mir ein paar Höflichkeitsfloskeln für die grummelnde Großmutter ab. Ich hörte, wie Irène mit Agnès unser Zimmer betrat. Als wir auf unserem Gang ankamen, verabschiedeten sich die beiden gerade voneinander, mit einem dieser vollkommen natürlichen Lächeln, das sich Frauen schenken, wenn ihre Gedanken besser unausgesprochen bleiben.

Als wir endlich allein waren, öffneten wir das Fenster, das zum weißen Sandstrand hinausgeht. Dahinter klaffte der schwarze Schlund der mondlosen Nacht. Von der Terrasse drang leises Stimmengewirr herauf.

»Es ist wunderschön«, sagte Irène. »In Paris konnte ich es kaum erwarten, endlich hierherzukommen.«

»Und ich kann es kaum erwarten, endlich zu erfahren, was du herausgefunden hast ...«

Doch Irène ließ sich Zeit. Ihre Gemütsruhe ließ erahnen, dass sie ihren Triumph ohne Bescheidenheit auskostete. Sie öffnete ihre Koffer, förderte ein Paar Shorts zutage, ihre Blusen, Sommerkleider, Badeanzüge ...

»Es fehlt nur einer«, sagte sie. »Ich habe ihn Agnès gegeben, damit sie morgens nicht mehr nackt baden geht. Das war nicht besonders barmherzig all den Männern gegenüber, die nicht eben verwöhnt zu sein scheinen. Dich meine ich damit nicht. Du warst allein. Dir sei verziehen, dass du ... wie sagt man ... eine gewisse Gefühlsregung verspürt hast.«

»Irène, hör auf, die Prophetin zu spielen.«

»Du bist aber auch schwer von Begriff, mein Armer! Bei meiner Ankunft habe ich alles durchschaut. Der Hotelier kannte den Pianisten des kleinen Tanzlokals nicht. Er wusste nicht einmal, dass es ihn überhaupt gibt. Also weiß nur sie, dass er der Jahrgangsbeste des Konservatoriums ist. Und jener junge Mann hat wiederum euren Tanz aus Eifersucht jäh unterbrochen, als du Wange an Wange mit Agnès getanzt hast.«

»Irène, du scheinst dich an einem Filmset zu wähnen ...«

»Aber nein, das Beste kommt erst noch: Der Pianist ist ihr Liebhaber. Sie trifft sich jeden Morgen mit ihm in der kleinen Bucht hinter den Felsen. Die Großmutter hat mir erzählt, ihre Enkelin habe in Paris ›schlechten Umgang‹ gehabt. Sie sei mit einem ›Künstler‹ ausgegangen! Du hättest mal hören sollen, wie sie das Wort ›Künstler‹ ausgesprochen hat, mit welchem Abscheu! Um alldem ein Ende zu bereiten, hat sie die Kleine mit hierher genommen. Der Liebhaber ist ihr gefolgt, getarnt als Pianist für Tanzveranstaltungen.«

»Das erklärt aber noch lange nicht, warum sie um sieben Uhr morgens nackt schwimmen geht.«

»Weil es der einzige Zeitpunkt ist, zu dem das Hotel noch schläft. Und sie schwimmt nackt, weil sie nicht mit einem nassen Badeanzug zurückkommen will, der sie bei der Großmutter verrät. Deshalb habe ich ihr heute Abend heimlich einen von mir gegeben. So könnt ihr alle ein paar ruhigere Nächte verbringen. Ach, verflixt ...«

»Was ...?«

»Ich habe meine Nachthemden vergessen.«

»Das macht nichts, ich werde heute Nacht so nah bei dir sein, dass ich es gar nicht bemerken werde.«

»Ja«, sagte sie, »aber komm bloß nicht auf die Idee, mich ›Agnès‹ zu nennen.«

Ich küsste sie, um sie zum Schweigen zu bringen. Manche Dinge tut man einfach, ohne darüber zu sprechen.

T. C. Boyle

Schluss mit cool

Zuerst waren da die Jugendlichen am Strand. Wie alt waren sie: fünfzehn, sechzehn? Große, hässliche Kids in zu großen Shorts mit Frisuren wie aus einem Abschlussalbum von 1963: Bürstenhaarschnitt, keine langen Matten – aber was wussten diese Kerle von 1963? Sie waren angesoffen, es war halb zwei Uhr nachmittags, und sie hatten sich wohl Tequila und eine Großflasche Bier in irgendeinem Laden besorgt oder die Hausbar von einer ihrer Mütter geplündert, und was hieß es schon, dass er in ihrem Alter genau das Gleiche getan hatte, *na und?* – das war damals gewesen, und das hier war jetzt. Angesoffen waren sie, und sie hatten einen Hund dabei, einen Retriever, bei dem noch eine andere Rasse mitgemischt hatte, das sah man um die Ohren, an der Schnauze und am starken Watschelgang der Hinterbeine. Sie warfen einen Stock für ihn – ein Stück Treibgut, mit Teer und Entenmuscheln überzogen –, und der Hund brachte ihn zurück. Jedes Mal wenn er brav apportiert hatte und der Stock erneut in den feinen Saum der Brandung flog, brachen sie vor Lachen beinahe zusammen, klopften einander auf die frisch tätowierten Schultern und zerkugelten sich halb auf dem Sand, weil nichts auf der Welt witziger war als dieses Schauspiel. Wahrscheinlich waren sie außerdem noch stoned.

»Willst du ’nen Hund kaufen?«, riefen sie jedem zu, der den Strand entlangging. »Echt billig. Spottbillig.«

Sie fragten auch ihn – sie fragten Edison, Edison Banks –, als er durch den Sand stapfte, um sein Handtuch an der geschützten Stelle zwischen den Felsen auszubreiten, wo er seit einer Woche jeden Nachmittag hinkam, um sich auszustrecken und sein schmerzendes Knie ruhigzustellen. Er hatte vor kurzem einen arthroskopischen Eingriff im rechten Knie gehabt, das jetzt geschwächt war, und die Tylenol-Codein-Tabletten, die sie ihm mitgegeben hatten, kratzten kaum auch nur an der Oberfläche des Schmerzes. Aber das Gehen im Sand war eine gute Übung – es kräftigte die Muskeln, hatte der Chirurg jedenfalls gesagt. »He, Alter«, hatte der hässlichste der drei gerufen, »willst du ’nen Hund kaufen?«

Edison trug Shorts, die fast ebenso groß waren wie die gestärkten Totenlaken, die sich diese Jungen irgendwie um ihre nicht vorhandenen Hüften gewickelt hatten, er hatte seine Lakers-Mütze verkehrt herum aufgesetzt, dazu ein zu großes T-Shirt und eine bunte Perlenkette, die Kette, die er schon immer getragen hatte, seit bunte Perlen damals 1969 erfunden worden waren. »Danke nein«, sagte er, ein bisschen mürrisch und leicht genervt von der Welt im Allgemeinen und diesen drei Jugendlichen im Speziellen, »hab vorhin einen zum Frühstück gehabt.«

Damit war die Unterhaltung beendet, und an einem besseren Tag wäre auch die ganze Begegnung vorbei gewesen, man hätte umgeblättert und weitergelebt. Edison wollte in der Sonne liegen, durch den tiefen Sand knapp über der Wasserlinie wandern, vielleicht hundert Meter in jede

Richtung, ein paar Schwimmstöße in der Brandung tun und das Codein gegen den Schmerz wirken lassen, bis es Zeit für Cocktails war – sonst nichts, so hatte er sich den Tag vorgestellt, abends dann irgendwo essen und eventuell noch ins Kino gehen. Aber die Jugendlichen ließen es nicht damit bewenden. Sie sahen in Edison nicht einen der Ihren, sein Witz gefiel ihnen nicht, ebenso wenig wie sein ergrauendes Soul-Bärtchen oder der silberne Knopf in seinem linken Ohr. Sie sahen in ihm ein lahmes, verkniffenes Fossil, in derselben Preisklasse wie ihre gelifteten Mütter, ihre durchgebrannten Väter und die diversen Lehrer, Schuldirektoren, Deputy-Sheriffs und Disco-Rausschmeißer, die jeder neue Tag durch ihr Leben spülte wie eine stinkende Algenbrühe. Sie schenkten ihm ein paar kalte, abschätzige Blicke und spielten weiter mit dem Hund.

Und *damit* hätte es dann endgültig gut sein können, aber kaum hatte Edison es sich auf dem Handtuch bequem gemacht, die Sonnencreme und sein Buch hervorgekramt, da kam der Stock in seine Richtung gesegelt. Und nach dem Stock, wenige Sekunden später, folgte der Hund, der nasse Hund, dieser hechelnde, winselnde, Sand und Wasser um sich schleudernde Hund mit seinem höchst eigenen Gestank nach Nässe. Der Stock wurde weggenommen, nur um gleich wieder zu ihm zurückgeschleudert zu werden, diesmal landete er einen halben Meter von ihm entfernt, sodass ihm etwas Sand ins Gesicht spritzte. Wollten die ihn etwa provozieren? Oder waren sie einfach nur besoffen und unachtsam? Nicht dass es einen großen Unterschied bedeutete. Wenn dieser Stock nämlich noch einmal in seine Richtung flog, würde er handgreiflich werden.

Er versuchte sich auf das Buch zu konzentrieren, in seinen Augen brannte der Schweiß, der Geruch der Sonnencreme trug ihn an die Strände von früher zurück, die Sonne war wie eine feste heiße Hand, die sich ihm auf die Schultern und die schweren Knoten seiner Waden drückte. Das Buch war nichts Besonderes – irgendein Schund über eine einarmige Detektivin, die ihre Fälle in einer Stadt am Meer voller reicher Leute löste, ähnlich wie die, in der er selbst lebte –, aber es hatte auf dem Tisch im Flur gelegen, als er zur Tür hinausgehinkt war, ein Überbleibsel von Kim. Kim war jetzt seit drei Wochen weg, verschwunden mit dem Z3 Roadster, den er ihr gekauft hatte, einer Ladung Schmuck und einer gesunden Auswahl von schulterfreien Kleidern und offenen Sandalen. Er rechnete jeden Tag damit, von ihrem Rechtsanwalt zu hören. Und natürlich von der Kreditkartengesellschaft. Von denen auch.

Als es das nächste Mal passierte, das letzte Mal, verfehlte ihn der Stock so knapp, dass er ihn heranschwirren hörte wie einen Bumerang, und ehe er reagieren – geschweige denn sich ducken – konnte, lag das Ding da, unmittelbar neben seinem Ellenbogen, und da wälzte sich auch schon die hechelnde schwarze Gestalt des Hundes in einer Explosion aus Sand und Speichel über ihn. Edison ließ sein Buch fallen und fuhr aus dem Sand hoch, die Ebbe zog sich überall am Strand mit einem gedehnten langsamen Seufzer zurück, die Möwen kreischten, Kinder jauchzten im flachen Wasser. Sie grinsten ihn an, die drei Typen, sie lachten über ihn, aber jetzt war er auf den Beinen, jetzt kam er auf sie zu, seine Lippen bildeten eine eng zusammengekniffene Linie, die Venen an seinem Hals pulsierten, und das Grinsen erstarb auf ihren Mienen. »He, Jack«, schnarrte er in seinem bösartigsten New-Yorker-in-Kalifornien-Tonfall, »was dagegen, wenn du deinen beschissenen Stock mal woandershin schmeißt? Oder muss ich ihn dir stattdessen in den Arsch rammen?«

Sie waren noch halbe Kinder, flache Bäuche, ihre Anfängermuskeln entwickelten sich an den Oberarmen und Schultern wie ein lange aufgeschobenes Versprechen, nur Kinder, und er war ein Mann - und zwar einer, der recht gut in Form war, abgesehen von dem Knie. Er hatte hier das Sagen. Das hier war sein Strand - jedenfalls der Strand der Gemeinde, und er gehörte zu dieser Gemeinde, zahlte genug Steuern jedes Jahr, um sämtliche Straßen neu asphaltieren und der gesamten Polizei neue Uniformen und goldverzierte Schlagstöcke ausgeben zu können. Zudem waren Hunde auf diesem Strand verboten, außer an der Leine (*Hundeleinenzwang*, stand auf dem Schild, und er hatte im Scherz einmal zu Kim gesagt, sie müssten demnach eigentlich einen Hund kaufen und ihn anleinen, sonst würden sie gegen das Gesetz verstoßen), und Trinken war hier auch verboten, für Minderjährige überhaupt.

Einer der Jugendlichen, der mit der schwarzen Stoppelfrisur und dem fahrigen Blick, murmelte eine Entschuldigung - »Wir konnten doch nicht wissen« oder etwas in der Richtung -, aber der große Typ, der Hässliche, der die Sache überhaupt ins Rollen gebracht hatte mit seiner bescheuerten Frage, ob er einen Hund kaufen wollte, blieb einigermaßen hartnäckig und sagte: »Ich heiß nicht Jack.«

Niemand rührte sich. Edison stand schwankend auf der Stütze seines gesunden Beins, das rechte Knie war immer noch rot und geschwollen, und die beiden blonden Jungen – es waren Brüder, das sah er auf den ersten Blick, da war etwas an den verkniffenen Mündern und den Augen, die zu eng zusammengepresst schienen, als wäre irgendwie nicht genug Platz auf der Leinwand für sie gewesen – verschränkten die Arme vor ihren gebräunten Brustkästen und musterten ihn mit verächtlichen Blicken.

»Na schön«, sagte er. »Bitte. Vielleicht möchtest du mir dann erzählen, wie du stattdessen heißt, na?«

Hinten auf der Straße, an der Böschung hinter dem Strand, bog eine Frau in einem aquamarinblauen Porsche Boxster in den letzten freien Platz in der langen Reihe geparkter Wagen ein und hielt dabei kurz inne, um ein Radfahrertrio vorübersausen zu lassen. Die Palmen ragten reglos über ihr auf. Kein Windhauch rührte sich. »Ich muss dir gar nichts erzählen«, sagte der junge Kerl, zog sich mit zitternden Händen den Stummel eines Joints aus einer der beutligen Taschen seiner Shorts und hielt ein Streichholz dran. »Weißt du, was ich dir sage? Du kannst mich mal, du Arsch.«

Und nun kam der Hund, am ganzen Leib bebend, ein fließendes Spiel der Muskeln, ließ den Stock vor den Füßen des Jungen fallen, und Edison erwiderte: »Nein«, wobei seine Stimme ihm in den eigenen Ohren wie eine Explosion erschien, »nein, du kannst *mich* mal!«

Er stand drei Meter von ihm entfernt, vielleicht auch vier, und war so im Augenblick gefangen, dass er die Sinnlosigkeit nicht erkannte, die darin lag, hier auf dem öffentlichen Strand mit einem Haufen von besoffenen und rettungslos weltverdrossenen Jugendlichen Beschimpfungen auszutauschen – dabei war er dreimal so alt wie diese Halbstarken. Was war nur los? Was sahen sie in ihm? Und wieso hatten sie gerade ihn ausgesucht? Wieso ihn und nicht einen der richtigen alten Knacker von vorgestern, die überall am Strand herumratzten mit ihren Bierbäuchen und den knochigen bleichen Beinen und den engen Badehosen, die ihnen in der Arschritze klebten wie geriatrische Einlagen?

In diesem Moment riss der hässliche Kerl dem Hund den Stock aus dem Maul und schleuderte ihn mit aller Kraft, die er aufbieten konnte, in Edisons Richtung, ein gewaltiger, ungestümer Wurf, der ihm das hölzerne Ding mit derartiger Wucht gegen die Brust knallte, dass er rückwärts in den Sand flog, während die Jugendlichen das Weite suchten und ihr hartes, schrilles Gelächter in seinen Ohren verklang.

Dann kam die Bar, die Szene an der Bar um vier Uhr nachmittags, die Sonne stand noch hoch am Himmel, und es waren keine anderen Gäste da. Edison hatte es nicht einmal für nötig befunden, zum Umziehen nach Hause zu gehen. Ins Wasser hatte er keinen Fuß gesetzt – er war zu wütend, zu aufgebracht, aufgekratzt und ausgebrannt –, abgesehen von ein wenig getrocknetem Puderzuckersand an den Knöcheln und dem dunklen Fleck mitten auf seinem T-Shirt hätte niemand erraten können, dass er am Strand gewesen war – und wenn schon? Das hier war Kalifornien, ein Strand-Land, wo der Typ am Nebentisch in dem ausgeblichenen Hemd und den Supermarkt-Plastiktaschen für eins neunundzwanzig wahrscheinlich einen Kontostand hatte, der höher war als das Bruttonationalprodukt von einem halben Dutzend Dritte-Welt-Länder. Heute jedoch saß niemand am Nebentisch - der Laden lag verlassen da. Bis auf den Barkeeper, hinter sich den dem Alkohol geweihten Schrein, und eine großgewachsene, schlanke Cocktailkellnerin mit blauen Augen, Grübchen und Haaren, die schwarz schimmerten wie die Teerklümpchen draußen auf dem Strand.

Er bestellte sich eine Margarita on the rocks, Tequila vom oberen Bord, kein Salzrand, und kaute mürrisch auf einer Handvoll Erdnüssen, die optisch und geschmacklich an beschichtete Sägespäne erinnerten, seine dunklen, blutunterlaufenen Augen schweiften durch den Raum, vom Fernseher über die Kellnerin zum Spiegel hinter der Theke und wieder zurück. Sein Herz pochte immer noch heftig, obwohl er den Strand vor einer halben Stunde verlassen hatte - als gedemütigter, gebrechlicher Mann von tausend Jahren hatte er sich gefühlt, als er seine Sachen zusammenpackte und die Stufen zu seinem Auto hinaufhinkte. Es war irrational, er wusste es ja, eine Verlierersituation, aber er konnte an nichts anderes als an Rache denken - Rache? Eher schon an Mord -, deshalb hatte er methodisch die Straßen in Strandnähe durchkämmt, eine schmale Gasse entlang, die nächste wieder zurück, und nach Anzeichen seiner drei Widersacher gesucht. Jedes Mal wenn er um eine Ecke bog und weiter vorn eine Bewegung sah, war er sicher, sie wären es, besoffen und zugekifft und völlig unbekümmert würden sie einander klatschend die eingerollten Handtücher über den Rücken ziehen, sich herumschubsen und -stoßen, lauthals in der Welt herumkrähen.

Und er, er würde sie überrumpeln, das Lenkrad herumreißen und schräg auf den Gehsteig fahren, um ihn den Weg abzuschneiden, und dann wäre er über ihnen, würde dem großen Burschen die Visage einschlagen, wieder und immer wieder, bis er ihm das Grinsen herausgeprügelt hätte ...

»Noch einen?«, fragte der Barkeeper. Edison hatte ihn erst ein paarmal gesehen – er hatte die Tagschicht, und Edison kannte seinen Namen nicht, ebenso wenig wie der Barmann Edisons kannte – und hatte keine richtige Meinung über ihn. Er war jung, achtundzwanzig, dreißig vielleicht, tief gebräunt und mit demselben Grundhaarschnitt wie die Kids am Strand, allerdings nicht ganz so kurz geschoren. Edison entschied, dass er ihn mochte, er mochte sein Auftreten, die Surfer-Statur und die goldenen Strähnchen und sein Lächeln, das aussagte, dass er einfach jede verdammte Minute seines Lebens auf Erden genoss.

»Ja, nehm ich«, sagte Edison, dabei stellte er fest, dass durch den ersten Drink, wohl im Verein mit dem Codein, die Wörter wie aus einer schlecht geölten Maschine herauskamen, alle Bauteile verklebt und festgeklemmt, »und dann lassen Sie mich mal die Karte sehen. Sie haben doch eine Speisekarte in dieser Bar?«

Die Cocktailkellnerin – sie war umwerfend, wirklich, eine große Frau, größer noch als der Barkeeper, hübsche Beine und wunderschöne Füße, die hoch auf einem Paar schwarzer Plateauclogs standen – schenkte ihm ein Grübchengrinsen, als er den Kopf leicht neigte, um sie in die Unterhaltung einzubeziehen.

Klar hatten sie eine Speisekarte in der Bar, sicherlich,

aber momentan gab es nicht viel mehr als rohes Gemüse oder einen Salat, bis die Küche um sechs fürs Abendessen öffnen würde – ob ihm das reichte, oder wollte er lieber warten? Edison erhaschte einen Blick auf sein Spiegelbild hinter der Theke, was ihn zusammenzucken ließ. Anfangs erkannte er sich gar nicht, irgendein älterer Jammerlappen musste auf den Barhocker neben ihm gerutscht sein, während er von der Kellnerin abgelenkt war, aber nein, da war die umgedrehte Lakers-Mütze und die Sonnenbrille und die offen stehende Senkgrube seines Mundes, oberhalb des Soul-Bärtchens und des Kinns, das nicht annähernd so kantig wirkte, wie es eigentlich sollte. Und seine Haut – wie war nur seine Haut so gelb geworden? War das Hepatitis? Trank er etwa zu viel?

Der Barkeeper ging ans andere Ende der Theke, um einen imaginären Fleck von der Mahagoniplatte zu wischen und ein halbes Dutzend Limetten in saubere Dreiecke zu verwandeln, und die Cocktailkellnerin widmete sich auf einmal intensiv der Registrierkasse. Im Fernsehen, knapp über der Hörbarkeitsgrenze, brabbelte jemand etwas über die Mechanik des Golfspiels, während die Kamera über endlose Weiten von smaragdgrünen Fairways zog und ein winziger weißer Ball auf einer bogenförmigen Bahn in den fernen Himmel aufstieg. Ein ewiger Moment hing in der Schwebe, und Edison bemühte sich, nicht darüber nachzudenken, was ihm am Strand geschehen war, aber es war sehr wohl da, nagte an ihm wie ein Kummer, und dann stand wieder der Barkeeper vor ihm. »Was ausgesucht?«

»Ich glaube, ich ...«, begann Edison, doch in diesem Augenblick schwang die Tür auf und eine Frau mit einer wilden Mähne gebleichten Haars betrat die Bar und setzte sich auf einen Hocker drei Plätze weiter, »ich ... ich weiß nicht, ich glaube, ich überleg's mir noch.«

Wer war sie? Er hatte sie schon in der Stadt gesehen, da war er sich sicher.

»Hallo, Carlton«, sagte sie und winkte dem Barkeeper mit zwei Fingern zu, während sie sich gleichzeitig umdrehte, um der Kellnerin ein »Hallo, Elise« hinüberzuflöten. Indem sie sich wieder auf dem Hocker gerade hinsetzte, warf sie Edison einen langen kühlen, abschätzenden Blick zu und grüßte auch ihn. »Martini«, instruierte sie den Barkeeper, »drei Oliven, kalt, aber ohne Eis. Und gib mir ein Wasser dazu. Ich sterbe.«

Sie war eine große Frau, ähnlich wie das Jeans-Modell, das vor ein paar Jahren diesen alten Tatterkadaver von Millionär geheiratet hatte und dann vom Antlitz der Erde verschwand, groß, aber sexy, sehr sexy, und was sie hatte, zeigte sie her in ihrem engen schwarzen Top – und wie lange war es eigentlich her, dass Kim ihn verlassen hatte? Edison jedenfalls, dem das T-Shirt noch feucht auf dem Brustbein klebte, lächelte zurück.

Die Unterhaltung begann er. Er war ihr schon irgendwo begegnet, oder? Ja, sie hatte eine Eigentumswohnung ein Stück die Straße runter. Ob sie öfter hierherkam? Achselzucken. Ihre Haarwurzeln waren schwarz, und beim Sprechen grub sie die Finger tief hinein, massierte sich nebenbei den Kopf. »Paarmal die Woche oder so.«

»Ich heiße Edison«, sagte er und lächelte dabei, als meinte er es ehrlich, und das tat er auch. »Und du bist ...?«

»Ich bin Sukie.«

»Cool«, sagte Edison, der jetzt in seinem Element war und lächelte, lächelte. »Hab noch nie eine Frau getroffen, die Sukie hieß. Ist das dein richtiger Name?«

Sie fuhr sich mit den Fingern ins Haar und schüttelte heftig den Kopf, sodass die ganze aufgetürmte Pracht zum Leben erwachte. »Nein«, sagte sie.

»Das ist ein Spitzname?«

»Nein.«

»Aha, du willst mir deinen richtigen Namen also nicht sagen?«

Sie zuckte wieder die Achseln, eine elegante Geste ihrer breiten Schultern, die durch den gesamten Körper weiterbebte und erst in ihrem lässig wippenden Fußknöchel auslief. Sie trug einen blau gemusterten langen Baumwollrock und Sandalen. Ohrringe. Make-up. Und wie alt war sie? Fünfunddreißig, vermutete er. Fünfunddreißig und geschieden. »Und was ist mit dir?«, fragte sie. »Was ist denn Edison für ein Name?«

Jetzt war er am Ball. Er hob beide Arme und stellte die Handflächen zur Schau. »Mein Vater fand, ich sollte Erfinder werden. Aber vielleicht hast du trotzdem von mir gehört, von meiner Band, meine ich – ich hatte vor ein paar Jahren mal eine Band, die nach mir benannt war.«

Sie zwinkerte nur kurz.

»*Edison Banks.* Hast du je von ihnen gehört – also von uns? Anfang der Achtziger? Warner Brothers? Die ›Downtown-LP‹?«

Nein, sie hatte von gar nichts gehört.

Na schön. Er wusste, wie er diese Tour spielen musste, obwohl er etwas außer Übung war: zunächst ein kleiner

Rückzieher – »Na ja, wir waren nicht wirklich groß, ich weiß nicht« –, und dann eine lockere Erwähnung der wahren Feuerkraft, die er aufbringen konnte: »Das war noch, bevor ich zum Fernsehen ging.«

Aber die Situation schlug abrupt um, denn kurz bevor sie die Lippen zu einem Schmollmund wölben und »Fernsehen?« gurren konnte, flog lärmend die Tür auf, und die Sonne, die Straße und drei Typen in Anzügen kamen herein, alle sehr jung, mit Frisuren, die ihnen um die Ohren nachjagten, und Zähnen, die eigentlich auf Plakate für die Landesversammlung des Mundhygienikerverbands gehört hätten. Einer von ihnen nannte sich Lyle, wie sich später herausstellte, und als Sukie ihn eintreten sah, erstarrte sie für einen Sekundenbruchteil, doch Edison sah das, registrierte es und speicherte es ab.

Das Gelärme am anderen Ende des Tresens verstummte, und Edison fragte sie, ob sie noch einen Drink wolle: »Nein«, sagte sie, »nein, ich denke, nicht. War aber nett, mit dir zu reden«, dabei rutschte sie bereits von ihrem Hocker und griff nach der Handtasche.

»Wie wär's mit einer Telefonnummer?«, fragte er. »Wir könnten mal essen gehen oder so – irgendwann, meine ich.«

Sie war jetzt auf den Beinen, sah auf ihn herab, die Handtasche fest gepackt. »Nein«, sagte sie und schüttelte den Kopf so energisch, dass ihr Haar alles Licht im Raum einzufangen schien, »nein, ich denke, nicht.«

Edison bestellte sich noch einen Drink. Die Sonne glitt am Himmel nach unten, wo sie die längste Zeit schon hätte sein sollen. Er sah gedankenverloren auf die Straße hinaus und genoss den Anblick des Sonnenlichts, das sich in den

Palmenwipfeln fing und langsam in die Arme der Berge dahinter sank. Autos zogen träge vorbei. Er beobachtete ein Pärchen, das um die Ecke bog und unter einem grünen Schirm auf der Terrasse des Restaurants gegenüber Platz nahm. Für einen Sekundenbruchteil stieg das Bild seiner Demütigung vor seinem inneren Auge auf – das Gesicht des Halbstarken, der wurfbereite Stock –, aber er kämpfte es nieder und blätterte in einem Exemplar der Stadtteilzeitung, nur um etwas zu tun, während er seinen süß-säuerlichen Drink schlürfte und sich durch eine weitere Schüssel mit gepressten Sägespänen futterte.

Er las von irgendjemandes prunkvoller Hochzeit (»fünfzehntausend Dollar allein für das Sushi-Buffet«), über den boomenden Immobilienmarkt und wie irgendein aktueller Filmstar eine der großen Villen in den Hügeln aufgekauft hatte, überflog die Wein-Rubrik (»mit einem dramatischen Aroma von getrockneten Kirschen und Räucherfleisch und einem sehr hübsch definierten mineralischen Abgang«), dann blieb er an einem Artikel über einen wählerischen Einbrecher hängen, der bei helllichtem Tage operierte, indem er Häuser der Gegend durch unverschlossene Türen und ebenerdige Fenster betrat und sich mit so viel Schmuck wieder davonmachte, wie er tragen konnte – allerdings nur Schmuck von höchster Qualität. Imitate interessierten ihn nicht, ebenso wenig wie offenbar Teppiche, Elektronik, Vasen oder Kunstwerke. Edison sann darüber nach – ein Einbrecher, ein wählerischer Einbrecher. Die Dreistigkeit, die so etwas erfordern musste – einfach auf ein Haus zuzugehen und an der Vordertür zu klopfen: Hallo, jemand zu Hause? Und wenn wirklich jemand da war, verkaufte er wahrscheinlich Zeitschriftenabos oder suchte seine entlaufene Katze. Was für eine Art, sein Geld zu verdienen. Das wäre etwas, worauf diese kleinen Ärsche am Strand hinarbeiten könnten.

Als er wieder aufblickte, um seinen vierten Drink zu bestellen, füllte sich der Raum allmählich. Die Kellnerin - Elise, er sollte sich ihren Namen merken, und den des Barkeepers auch, aber wie hieß der noch schnell? - schritt hin und her auf ihren langen Beinen, ein Tablett voller Gläser hoch über die wogende Menge haltend. Im Fernseher oben in der Ecke hatte sich die Szene von Golf zu Baseball gewandelt, Fairway und Putting-Grün war dem langen dichten Gras des Außenfelds gewichen - oder war das Kunstrasen, nur eine große Schaumstoffmatte mit diesem Polsterzeugs für Ostereier drauf? Er überlegte, dass er jetzt endlich etwas essen sollte, um es hinter sich zu bringen - einfach diesen Soundso hinter dem Tresen um die Speisekarte bitten und gleich hier irgendetwas bestellen, danach könnte er noch ein bisschen in der Bar herumhängen und sehen, was sich so ergab. Nach Hause gehen wäre zu deprimierend. Dort erwartete ihn nichts als die Fernbedienung und ein Kilopaket Gefriererbsen, das er sich um das schlimme Knie legen konnte. Und das traf ihn zutiefst: Wo war bloß Kim, wenn er sie brauchte, wenn er Schmerzen litt und sich kaum bewegen konnte. Kümmerte sie das etwa? Sie hatte den Wagen und die Kreditkarten und inzwischen wohl längst wieder einen neuen armen Irren, der sie zum Tanzen ausführte ...

»Entschuldigung«, sagte jemand neben ihm, und er blickte in das Gesicht eines der drei Männer, die vor einer

Weile hereingekommen waren, und zwar desjenigen, auf den die große Blondine so heftig reagiert hatte. »Ich möchte Sie nicht stören, aber sind Sie nicht Edison Banks?«

Das Codein troff wie Schlick durch seine Adern, und sein Knie – er hatte schon vergessen, dass er ein Knie hatte ... aber er schälte die Sonnenbrille herunter und lächelte den Mann an. »Stimmt«, sagte er, und wenn er auch nie zugegeben hätte, dass ihn die Frage freute, war das doch der Fall. Er lebte jetzt seit drei Jahren in der Stadt, und niemand wusste, wer er war, nicht mal der Briefträger oder die Frau, die ihm in der Bank sein Geld auszahlte.

»Ich bin Lyle«, sagte der Mann, und dann tauschten sie einen lässigen ausgefeilten Soul-Händedruck. »Lyle Hansen, und ich kann Ihnen gar nicht sagen, wie cool ich das finde. Ich meine, ich bin ein Riesenfan von Ihnen. *Savage Street* war einfach das Coolste in der Geschichte des Fernsehens, und das meine ich ernst – die Serie hat mich durch die Highschool gebracht, und das war eine miese Zeit für mich, echt die Hölle der Pubertät und so, dazu die ganzen Regeln und Vorschriften und meine Eltern, die mir wegen jeder Kleinigkeit auf die Nerven gingen – Scheiße, *Savage Street* war damals mein *Lebensinhalt*!«

Edison umklammerte seinen Drink, das beruhigende Gefühl des Glases in seiner Hand, die Gesichter an der Bar, die dunkelblauen Schatten, die sich über das Gebäude auf der anderen Straßenseite schoben. Aus der Musikbox erklang Trip-Hop, eine gedehnte, träge Frauenstimme über einem industriellen Gewitter aus Gitarren und Percussion – eine Musik, der es gelang, bissig und unheilvoll zugleich zu wirken, und es passte. Es passte alles genau.

»Hören Sie, ich wollte Sie hier nicht belästigen oder so ...«

Edison winkte ab. »Kein Problem, Mann, alles cool, alles easy.«

Lyle musste etwa so alt wie der Barkeeper sein, was bedeutete, dass seine Highschool-Zeit etwa zehn bis zwölf Jahre hinter ihm lag. Er trug das Haar länger als der Mann an der Bar, aus der Stirn nach hinten gekämmt und mit Gel festgehalten, da und dort baumelte eine Strähne nach vorn herunter. Er wechselte ständig von einem Fuß auf den anderen, klimperte mit den Schlüsseln in der Tasche, zupfte an seiner Krawatte und ließ immer wieder das Lächeln aufblitzen. »He, Carlton«, sagte er in den Lärm hinein, »gib mir noch einen, ja – und für Mr. Banks hier auch. Geht auf mich.«

»Nein, nein«, protestierte Edison, »das ist nicht nötig«, aber das Geld lag bereits auf dem Tresen, und die Drinks kamen in frischen Gläsern. »Also, Sie haben diese Serie geschrieben *und* produziert, stimmt's?«

»Ach was, ich hab sie *erdacht.* Wissen Sie, wenn man bei den Credits liest: ›Erdacht von‹? Ich hab die ersten zwei Staffeln geschrieben und ihnen den Stoff dann überlassen. Wozu arbeiten, wenn man spielen kann, nicht wahr?«

Lyle trank Herraduras aus einem schlanken Glaszylinder. Er kippte den neuen Drink in sich hinein, dann klatschte er sich auf die Stirn wie bei einem Mückenstich. »Ich fasse das nicht. Da rede ich hier mit Edison Banks – wissen Sie, als Sie damals hierhergezogen sind, wann war das, vor drei, vier Jahren oder so?«

»Vor drei.«

»Genau, und da hab ich diesen Artikel in der Zeitung

über Sie gelesen und mir gedacht: Wow! Sie waren doch auch Gitarrist bei Edison Banks, stimmt's? Ich hab beide Alben von denen gehabt, New Wave, ja? Also, worauf ich eigentlich stehe, das ist Jazz. Miles Davis. Monk. So Sachen aus der Zeit.«

Edison fühlte, wie eine Last sich von ihm hob. »Ich bin schon mein Leben lang Jazzfan«, sagte er, und der Alkohol loderte in ihm auf, bis die ganze Bar davon in Flammen stand – ein mystisches Feuer brannte da aus den Flaschen und Lampenfassungen und den goldglänzenden Gesichtern, die an der Theke aufgereiht saßen. »Jedenfalls seit ich fünfzehn war, da bin ich mit der U-Bahn nach Harlem raufgefahren und hab mich in die Clubs reingemogelt. Ich hab zu Hause alles – *Birth of the Cool, Sketches*, jede Scheibe von Coltrane, Sonny Rollins, Charles Lloyd, Ornette, Mulligan – und noch dazu alles auf den Original-LPs.«

Lyle legte beide Hände auf den Tresen, wie um sich abzustützen. Er trug einen silbernen Totenkopfring am kleinen Finger, und das ausgefledderte Ende einer Tätowierung lugte an seinem linken Handgelenk hervor, wo der Ärmel ein Stück hinaufgerutscht war. »Vielleicht denken Sie, ich bin nur irgend so 'n Anzug oder was«, sagte er, »aber das stimmt nicht.« Er zog an seinen Kragenaufschlägen. »Sehen Sie das hier? Ist mein erster Tag im neuen Job. Immobilien. Da ist eben das große Geld zu holen. Aber ich sag Ihnen, ich hätte riesige Lust, mal was von diesen Sachen mit Ihnen zu hören – ich meine, *Miles*! Mann! Und ich weiß auch, was Sie meinen – CDs bringen's einfach nicht so wie Vinyl.«

Und Edison, für den sich der Rest dieses miesen Abends plötzlich rosig verklärt hatte, wandte sich ihm zu und sagte: »Ich wohne oben an der Ecke Dolores und San Ignacio – großes Haus im spanischen Stil mit Ziegeldach. Kommen Sie vorbei, Mann – jederzeit, kein Problem.« Und dann blickte er auf und sah die Kellnerin – Elise – vorübergleiten wie eine Ballerina, genauso kam es ihm vor, wie eine Ballerina, die nackten Arme in die Höhe gehoben und das Tablett über ihrem Kopf schwebend. Er musste jetzt nach Hause. Musste etwas essen. Die Katze füttern. Vor dem Fernseher einkrachen. »Bloß nicht zwischen eins und vier – da bin ich unten am Strand.«

Am nächsten Morgen sagte ihm seine trockene Kehle, dass er am Abend zuvor zu viel getrunken hatte – das und ein eigenartig schwummriges Gefühl in den Ohren, so als wäre sein Kopf ein Radio, das genau zwischen zwei Sendern eingestellt war –, deshalb nahm er zwei von den Tylenol-Codein-Tabletten, um sich den Übergang in den Tag zu erleichtern. Theoretisch arbeitete er an einem Drehbuch über die Abenteuer einer Rockband auf Tournee, erzählt aus der Perspektive des Hundes, der dem Schlagzeuger gehörte, aber dabei hatte er sich festgefahren, noch bevor Kim gegangen war, und jetzt hatte er nichts als einen Haufen Wörter auf dem Bildschirm. Er nahm sich die Zeitung und ein Glas Orangensaft hinaus auf die Terrasse, dann schwamm er ein paar Runden und fühlte sich gleich besser. Um elf kam das Hausmädchen und briet ihm Rührei und Chorizo, bevor sie sich mit Eimer, Scheuerlappen und Staubsauger an die Arbeit machte. Zwei Stunden später, er saß starr an seinem Schreibtisch und spielte seine achtzehnte Runde Computer-Solitaire, klopfte es an der Tür.

Es war Orbalina, das Hausmädchen. »Mr. Banks«, sagte sie und steckte den Kopf ins Zimmer, »ich will Sie ja nicht stören, aber ich kann nicht, ich kann einfach nicht ...« Er sah, dass sie weinte, ihr Gesicht war zerfurcht von der Geographie ihres Kummers, und Tränen nässten ihre Wangen. Das war nichts Neues - sie heulte ständig über dies und das -, da waren all die Tragödien, die ihre weitläufige Familie andauernd heimsuchten, oder mal war es die Art, wie ein Mann im Fernsehen so ausgesehen hatte, als wäre er mitten in ihrem Wohnzimmer zum Leben erwacht, mal war es die Hohlheit des Himmels über dem Friedhof von Culiacán, wo ihre Mutter unter einem Holzkreuz begraben lag. Kim hatte ihre Stimmungsschwankungen immer mit einer Mischung aus Mitgefühl und Entschiedenheit, die an Brutalität grenzte, behandelt; jetzt war das ihm überlassen. »Was ist denn?«, fragte er. »Worum geht es?«

Sie war jetzt im Zimmer, eine gedrungene Frau von Mitte dreißig, der Großteil des Körpergewichts war ihr in die Hinterbacken gewandert. »Die Elefanten«, schluchzte sie.

»Elefanten? Was für Elefanten?«

»Wissen Sie, was die mit denen anstellen, mit den Elefanten?« Sie begrub das Gesicht in den Händen, dann sah sie ihn aus Augen an, die wie tiefe Seen aus Blut waren. »Wissen Sie's?«, fragte sie nach, und ihre Gestalt wurde von den Windstößen eines anhaltenden emotionalen Sturms geschüttelt.

Er wusste es nicht. Sein Knie tat weh. Er hatte Kopfschmerzen. Und sein Drehbuch war Scheiße.

»Sie prügeln sie. Mit großen, mit großen *Stöcken*!« Ihre Hände fuchtelten umher. »So groß! Oder so! Und wenn sie zu alt zum Arbeiten sind, wenn sie im Dschungel stürzen, mit diesen schweren Baumstämmen in ihren eingerollten Nasen, wissen Sie, was die dann mit ihnen machen? Sie schlagen sie noch mehr! Ja! Das tun die! Und ich weiß, was ich sage, weil ich es nämlich im, im ...« Hier versagte ihre Stimme, bis die letzten Worte so leise und gedämpft herauskamen, als gehörten sie zu einem Gebet: »... im Fernsehen gesehen habe.«

Er war jetzt auf den Beinen, der Bildschirm hinter ihm zeigte sieben ordentliche Reihen elektronischer Spielkarten, ein leise schmurgelnder Schmerz bemächtigte sich seines Knies, als wäre ein Nagetier unter der Kniescheibe gefangen und knabberte sich den Weg nach draußen frei. »Hör zu«, sagte er, »ist schon in Ordnung, mach dir keine Sorgen deswegen.« Er wollte sie in den Arm nehmen und an sich drücken, aber das konnte er nicht tun, weil sie das Hausmädchen und er der Arbeitgeber war, also humpelte er nur an ihr vorbei zur Tür und sagte: »Tja, ich geh dann mal an den Strand, okay? Und du putzt hier noch fertig, und dann nimmst du dir den Rest des Tages frei – und morgen, morgen auch.«

Als er auf die Einfahrt hinaustrat, war der Morgendunst verflogen. Der Himmel war von einem klaren, unermesslichen Blau, dem Blau der Abenteuer der Kindheit, von Picknicks, Ausflügen zum Bear Mountain und nach Catalina Island, dem Blau der guten Zeiten, und er musste an seine erste Frau Sarah denken, an Cap d'Antibes, die Isla Mujeres, Molokai. Damals waren sie viel gereist, durchaus auch abseits der ausgetretenen Touristenpfade. Seine Sehnsucht, alles zu sehen, war endlos: den Tadsch Mahal, die verschneiten Gipfel von Hokkaido, versonnen sich drehende Gebetsmühlen auf den kahlen Hängen oberhalb von Lhasa. Sie fuhren überallhin. Sahen alles. Doch auch das verlor seinen Reiz, so wie alles andere. Er verschwand einen Moment lang hinter den Bougainvilleenbüschen, um seine Blase zu entleeren – am Strand konnte man nirgendwo pissen, außer man tat es heimlich im flachen Wasser jenseits der Brecher, aber seit er vierzig war, hielt er es offenbar kaum eine Stunde lang aus, dann spürte er wieder diesen quälenden Druck im Unterleib. Und war das vielleicht cool? Nein, nichts davon war auch nur ansatzweise cool – das nannte man alt werden.

Da war die verfärbte Stelle auf dem Garagenboden, wo Kims Wagen immer gestanden hatte, eine Art beständiger Schatten, aber er dachte nicht weiter darüber nach. Er beschloss, den Sportwagen zu nehmen – ein prima restaurierter Austin Healey 3000, den er einem Typ vom Film abgekauft hatte, der eine ganze Garage voll davon besaß –, weil er sich gut darin fühlte, und es war letztens eher die Ausnahme gewesen, sich gut zu fühlen. Das Verdeck war unten, deshalb nahm er sich die Zeit, eine Handvoll Sonnencreme auf der weichen Haut unter den Augen zu verschmieren – gab ja keinen Grund, am Ende so auszusehen wie eine dieser ausgewickelten Mumien, die in jedem Café und jeder Trattoria der Stadt vor ihren Weißweinen und Vorspeisen dösten. Dann rückte er die Sonnenbrille zurecht, drehte die Baseballkappe nach hinten und schoss mit einem wohlmodulierten Röhren die Straße hinunter.

Er war fast am Strand angelangt – war bereits auf den palmengesäumten breiten Boulevard eingebogen, der parallel zum Wasser verlief –, da fielen ihm die drei Halbstarken vom Vortag ein. Und wenn sie heute wiederkamen? Und wenn sie längst da waren? Der Gedanke ließ ihn unverhältnismäßig heftig bremsen, und sofort sah sich irgendein Arschloch über seinem Geländewagen, Bodenplatte knapp drei Meter über Bodenhöhe, dazu veranlasst, ihn anzuhupen – und ihm den Finger zu zeigen. Normalerweise hätte er daraufhin einen Anfall gekriegt – das kam noch aus New York, da ging's um Territorialverteidigung und um Haltung –, aber er war dermaßen verstört, dass er einfach nur demütig rechts heranfuhr und das Arschloch vorbeiließ.

Dann aber beschloss er, sich von niemandem von seinem eigenen Strand vertreiben zu lassen, schon gar nicht von irgendwelchen kleinen Punk-Hosenscheißern, die das eine Ende von Hip nicht vom anderen unterscheiden konnten. Er fand einen Parkplatz gleich gegenüber von den Stufen, die auf den Strand führten, und zerrte seine Sachen mit einer ungestümen, wütenden Armbewegung aus dem Kofferraum – wenn er rennen könnte, wenn er nur rennen könnte, er würde sie jagen, bis ihre stinkenden, zugekifften Lungen den Geist aufgaben, und wenn es Kilometer dauerte. Diese Wichser. Diese kleinen Wichser. Er atmete schwer und schwitzte unter dem Band an der Mütze.

Dann war er auf den Betonstufen, der Pazifik breitete sich in einer endlosen Folge von Wellen vor ihm aus, in der Luft lag ein kühler, unergründlicher Duft, der Strand lag als weißer Bogen da, der Sand war in beiden Richtungen übersät mit Decken und Sonnenschirmen, so weit das Auge reichte. Etwas an diesem Anblick verbesserte jedes Mal seine Laune, egal, wie viel Selbstmitleid er gerade empfand.

Das war eine Sache, die er an Kim nie verstanden hatte: Kim mochte den Strand nicht. Zu viel Sonne. Schlecht für die Haut. Und dann der Sand – der Sand war auch nichts anderes als Dreck, und sie hatte immer gemeckert, wenn sie ein paar weiße Körnchen auf dem Teppich in der Eingangshalle fand. Aber es gefiel ihr, wenn er heiß und feurig zu ihr nach Hause zurückkehrte, weil er stundenlang Hunderten von Frauen dabei zugesehen hatte, wie sie sich bis auf die notdürftigsten Reste nackt auszogen und am ganzen Leib mit den süßesten Lotionen und Feuchtigkeitsspendern einrieben. Das gefiel ihr durchaus.

Er war gerade auf der Treppe und betrachtete zwei Mädchen, die vor ihm gingen, als er das schrille, hektische Bellen des Hundes hörte. Da waren sie wieder, alle drei, mit ihren übergroßen Shorts und den Stoppelfrisuren, und sie lachten und blödelten, warfen ihr Stöckchen, als wäre nichts passiert. Und es war ja auch nichts passiert, ihnen jedenfalls nicht. Edison erstarrte und blieb auf der sechsten Stufe von oben stehen. Es war, als wäre er gelähmt, als hätte er einen Schlaganfall erlitten, während er nach dem Eisengeländer gegriffen und einen wackligen Fuß vor den anderen gesetzt hatte. Ein älteres Paar schob sich an ihm vorbei, wahre Trümmerberge aus Fett und Fleisch, dann eine junge Mutter, ihre Kinder mit Plastikeimern im Kielwasser. Er konnte sich nicht rühren. Der Hund bellte. Unten auf dem Strand erscholl ein Ruf. Der Stock flog durch die Luft.

Dann klopfte er sich die Taschen ab, als hätte er etwas vergessen, machte langsam kehrt und hinkte die Stufen wieder hinauf. Lange Zeit saß er im Wagen und drehte am Radio herum, bis er einen Rap-Sender gefunden hatte, und er drehte ihn so laut, wie es nur ging, obwohl er diese Musik hasste, aufrichtig hasste. Schließlich legte er krachend einen Gang ein und ließ den Wagen ruckartig davonschießen, während der dröhnende Bass und die hämmernden Texte einen Dolch in den Leichnam des Nachmittags stießen, wieder und wieder, die ganze lange Fahrt hindurch.

Zuerst dachte er an die Bar – an etwas zu essen und einen Cocktail, um das Codein wieder aus dem Loch hervorzuholen, in dem es sich versteckt haben musste –, aber er brachte es nicht fertig. Er war Edison Banks. Er hatte seine eigene Band gehabt. Er hatte *Savage Street* erdacht. Er setzte sich nicht um halb zwei Uhr nachmittags in eine Bar zum Lunch, und vor allem aß er nicht allein – oder trank vor fünf Uhr Alkohol, nicht einmal Wein. Die anderen mochten das tun, all seine hoffnungslos abgestumpften, aber vor Diamanten nur so strotzenden Nachbarn: Sie bestellten sich Lunch. Und dann schlürften sie ein paar Cocktails und kauften dem Blumenmädchen in dem kurzen Röckchen Blumen ab, bevor sie im Drugstore ihre Rezepte einlösten, und inzwischen war es dann schon wieder Cocktailzeit, und sie schlürften weitere Drinks und aßen zu Abend. Oder bestellten jedenfalls.

In der nächsten halben Stunde ließ er einfach die Reifen glühen, nahm die Kurven wie ein Selbstmörder – oder ein Teenager, ein stoppelköpfiger, waschbrettbäuchiger stöckchenwerfender Teenager –, und dann lief ihm der Motor heiß, und er schaltete das Radio aus und schlich nach Hause wie einer der lebenden Toten in ihren alten Jaguars und Daimlers. Jetzt ein Schläfchen, dachte er, das Knie hochlegen, die Gefriererbsen darumwickeln und mit einem Buch in der Hand am Swimmingpool dösen – wo er zumindest seine Privatsphäre hatte. Beim Aussteigen aus dem Wagen biss er die Zähne zusammen und belastete das rechte Bein nur vorsichtig, aber die Gefriererbsen und noch eine Codeintablette würden helfen, und er brachte den Fußweg hinter sich, ohne etwas zu spüren. Er suchte nach den Schlüsseln, die Sonne lag ihm wie eine Last auf den Schultern, während ein Kolibripärchen die Luft mit irisierenden Finten und Fluchten tüpfelte und die Palmen entlang des Pfades in einem kaum spürbaren Windhauch erbebten, da bemerkte er, dass die Hintertür offen stand.

Und das war seltsam, denn er war sich sicher, dass er sie beim Weggehen zugedrückt und abgeschlossen hatte – Kim mochte keinen Schimmer in Sicherheitsfragen gehabt haben, sie hatte auch mal ihre Handtasche auf dem Vordersitz liegen lassen, wo sie jeder sehen konnte, war halb geschminkt aus dem Haus gerannt, ohne daran zu denken, dass sie die Eingangstür sperrangelweit offen gelassen hatte, er aber war in diesen Dingen unfehlbar. Er vergaß nie etwas, und wenn sein Gehirn von den kleinen weißen Pillen, die ihm die Ärzte dauernd verschrieben, noch so benebelt war. Er hätte die Tür nicht offen gelassen. Unmöglich. Sein nächster Gedanke war das Hausmädchen – sie musste noch im Haus sein. Dann aber blickte er über die Schulter, den Abhang hinunter und hinter den Zaun zu dem Platz auf der Straße, wo sie immer ihren schmutzig braunen Corolla parkte. Er stand nicht mehr dort.

Er zog die Tür hinter sich ins Schloss und dachte, dass er mit ihr darüber reden musste: einfach zu gehen und das Haus weit offen zu lassen – es gab keine Entschuldigung dafür, selbst wenn sie zu Tode betrübt war wegen des Schicksals der Elefanten oder der letzten Brustoperation ihrer Schwester. In der Küche kämpfte er mit dem kindergesicherten Verschluss der Medikamentenflasche und jagte sich dann mit Obstsaft eine der Pillen hinunter. Er hatte den Gefrierschrank geöffnet, um nach den Erbsen zu greifen, da ließ ihn ein Geräusch von oben den Atem anhalten. Es war ein verstohlenes Geräusch, das leise Reiben von Holz auf Holz – wie das Aufziehen einer Kommodenschublade, Eiche antik, die leicht klemmte. Er atmete erst wieder, als er das verhaltene Quietschen hörte, mit dem die Schublade wieder zuging, und wie ein Echo folgte das Geräusch der nächsten, die aufgezogen wurde.

Edison hatte drei Schusswaffen im Haus, identische 9-mm-Pistolen aus rostfreiem Stahl, Smith & Wesson, von denen zwei noch nie abgefeuert worden waren, und er holte sich jetzt die, die er in einem kleinen Fach in der Speisekammer hinter ein paar alten Telefonbüchern aufbewahrte. Er hielt sie lange Zeit in der Hand und lauschte, dann vergewisserte er sich, dass sie geladen war, entsicherte sie mit einem Klicken und stieg die Treppe hinauf. Es war sehr still. Auf den Wänden über ihm prallten die Schatten ineinander, in der Luft lag ein dichter Schleier von Staubteilchen, und die Fliegen am oberen Fenster zogen träge Kreise. Er war in seinem eigenen Haus, zwischen vertrauten Gegenständen, und doch wirkte alles verzerrt und ungewohnt, schließlich war er diese Treppe noch nie mit einer Pistole in der Hand hinaufgegangen – dennoch fühlte er sich nicht nervös und angespannt, nicht sehr jedenfalls. Er fühlte sich wie ein Jäger in einem klimatisierten Urwald.

Als er ins Schlafzimmer schlich – das große Schlafzimmer, in dem er während der letzten drei Wochen allein in dem breiten antiken Bett geschlafen hatte –, sah er dort einen Mann, der mit dem Rücken zur Tür stand und Arme und Schultern geschäftig bewegte. Edison ging der Ausdruck *alle Schubladen durchwühlen* durch den Kopf. Und dann war da noch ein anderer Ausdruck, tausendmal im Fernsehen gehört – den auch er in so vielen Episoden von *Savage Street* verwendet hatte, dass er sie nicht zählen konnte: *Stehen bleiben!* Und genau das sagte er jetzt, bellte es mehr, als dass er es sagte, und das Schimpfwort rutschte gleich mit heraus, um maximale Wirkung zu erzielen. »Stehen bleiben, Arschloch«, genau das sagte er. »Stehen bleiben, Arschloch!«

Im gleichen Moment drehte sich Lyle, gewandet in denselben europäisch geschnittenen Anzug, den er am Abend zuvor getragen hatte, lässig herum, die Hände lose herabhängend. »Mann«, sagte er, und in seiner Stimme war der ganze Sonnenschein dieser Welt destilliert, keine Sorge, kein Problem, und ist das nicht typisch Kalifornien? »Ich bin nur mal vorbeigekommen, wollte Ihre Einladung annehmen, alles klar? Cooles Haus hier. Ich steh echt auf Ihre Antiquitäten – sind Sie der Sammler oder Ihre Frau?«

Edison hielt eine Pistole in der Hand. Eine Waffe, aus der er erst einmal gefeuert hatte, auf dem Hallenschießstand, zwölf Dollar die Stunde, kein Ziel war groß genug gewesen, dass er es wirklich gut erwischt hatte – oder vielleicht war es doch nicht diese Pistole. Vielleicht war es auch die unter dem Waschbecken im Badezimmer oder die hinter dem Vorhang in der Eingangshalle. Die Pistole war kalt. Sie wog schwer. Er wusste nicht, was er damit anfangen sollte, da er sie nun mal in der Hand hatte wie ein Partygeschenk.

»He, kommen Sie, Mann, stecken Sie bloß das Ding da weg, ja? Sie jagen mir noch Angst ein.« Lyle trug zweifarbige Lederschuhe und eine handbemalte Krawatte, sehr cool. Er strich sich das Haar aus der Stirn, mit einer Hand, die ihn verriet – einer Hand, die zitterte. »Ich meine, ich hab geklopft und so, aber es ist niemand an die Tür gegangen, klar? Also bin ich rein, um auf Sie zu warten, damit wir vielleicht ein paar Scheiben abhören können; sagt man das nicht so – ›paar Scheiben abhören‹?«

In diesem Moment ging Edison auf, dass Lyle genau wie der Halbstarke am Strand war, nur erwachsen geworden: nichts als Hohn und Hass, nichts als Mache. »Sie sind der Kerl«, sagte Edison. »Sie sind der Kerl, stimmt's?«

Und da war es ja: die vorgeschobene Unterlippe, die tote blaue Leere seiner Augen. »Welcher Kerl? Ich weiß gar nicht, wovon Sie sprechen, Mann – ich meine, ich will Sie hier besuchen, auf *Ihre* Einladung hin, um, um …«

»Der Juwelendieb. Der wählerische Einbrecher. Das sind *Sie*, oder?« Das Wissen durchfuhr ihn siedend heiß, ein Wissen wie die glühende Nadel, mit der seine Mutter ihn immer verarztet hatte, wenn er heulend mit einem eingezogenen Splitter im Finger heimgekommen war. »Zeig mir deine Taschen, zieh das Futter nach außen.«

»Paar Scheiben abhören«, sagte Lyle, aber jetzt klang die Redewendung bitter, näselnd und giftig. »So sagt ihr Hepcats das doch, ihr Hipsters und spargeldürren bleichen Rocker? Einfach irre cool, was?« Dabei zog er eine Halskette aus der Tasche, eins der Schmuckstücke, die Kim in ihrer Hektik dagelassen hatte. Er hielt sie ihm einen Moment lang hin, ein seidenweiches Gehänge aus dünnem gehämmertem Gold mit mehreren schönen Steinen, und ließ sie dann auf den Teppich fallen. »Ich will dir mal was sagen, *Edison* – deine Serie war ein Dreck. Sogar damals schon war sie ein Witz – meine Kumpels und ich haben uns immer zugekifft und uns kaputtgelacht darüber, weißt du das? Und deine Band – deine erbärmliche Rockband –, die war sogar noch schlimmer.«

Draußen, hinter Lyle, hinter den Jalousien und den Gardinen, ergoss sich die Sonne über alles wie fette Sahne, und das Fenster, das diesen Anblick einrahmte, erinnerte an nichts so sehr wie an einen übergroßen Fernsehschirm. Edison fühlte, wie etwas in ihm abstarb, welkte und starb wie eine verdorrte Pflanze, und er fragte sich, ob das am Codein lag oder woran sonst. Er war fast überrascht, als er nach unten sah und feststellte, dass er immer noch die Pistole hielt.

Lyle lehnte sich gegen die Kommode zurück und wühlte in der Jackentasche nach einer Zigarette, steckte sie sich zwischen die Lippen und entzündete sie mit einer raschen Bewegung seines Feuerzeugs. »Und, was willst du jetzt machen, mich umlegen?«, fragte er. »Denn hier steht dein Wort gegen meins. Ich meine, wo sind deine Zeugen? Wo ist das Diebesgut? Du hast mich zu dir eingeladen, stimmt's? ›Jederzeit, Mann‹, das hast du doch gesagt, oder? Und da bin ich nun, dein werter Gast, und vielleicht hatten wir einen kleinen Streit, und du bist ein bisschen durchgeknallt – alten Typen passiert so was schon mal, stimmt's? Knallen die nicht dann und wann ein bisschen durch?« Er stieß einen blauen Rauchschleier aus. »Oder, ach was, Scheiße, ich meine, ich war gerade dabei, meine Immobilien-Adressen durchzugehen, und ich dachte, die Bude hier wär zu verkaufen, also wandere ich herein, unschuldig, absolut unschuldig, und plötzlich steht da ein Typ mit einer Knarre, und wer ist das? Das bist du.«

»Stimmt genau«, sagte Edison, »das bin ich. Edison Banks. Und wer zum Teufel bist du? Was hast du je geschrieben? Wie viele Platten hast du aufgenommen? Hä?«

Lyle führte die Zigarette zum Mund, und Edison sah zu, wie die Glut sich im Sauerstoffrausch rötete. Er hatte nichts zu sagen, aber sein Blick – das war genau der Blick wie von diesem Kerl am Strand. Genau. Haargenau derselbe. Nur dass es diesmal keine Verfolgungsjagd geben würde, denn Edison hatte ihn längst eingeholt.

Andrea Camilleri

Die Abkürzung

Calòrio hieß nicht Calòrio, aber er war in ganz Vigàta unter diesem Namen bekannt. Er war, woher wusste man nicht, vor ungefähr zwanzig Jahren in die Stadt gekommen, seine Hose, mehr Löcher als Stoff, war mit einer Schnur um die Hüfte gebunden, sein Jackett ganz aus Flicken wie bei einem Harlekin, die Füße waren nackt, aber sehr gepflegt. Er lebte vom Betteln, doch das machte er diskret, er belästigte niemanden und erschreckte keine Frauen und Kinder. An Wein vertrug er einiges, wenn er sich mal eine Flasche kaufen konnte, sodass ihn nie jemand auch nur angeheitert erlebt hatte: Dabei hatte es schon so manches Fest gegeben, bei dem er literweise Wein getrunken hatte.

Vigàta hatte ihn bald adoptiert, Patre Cannata versorgte ihn mit gebrauchter Kleidung und Schuhen, auf dem Markt verweigerte ihm niemand ein wenig Fisch oder Gemüse, ein Arzt behandelte ihn kostenlos und schenkte ihm Medikamente, wenn er welche brauchte. Im Allgemeinen war er bei guter Gesundheit, obwohl er bestimmt schon über siebzig war. Nachts schlief er im Portikus des Rathauses; im Winter schützte er sich vor der Kälte mit zwei alten Decken, die ihm jemand geschenkt hatte. Doch vor fünf Jahren war er umgezogen. Am einsamen westlichen Strand, vis-à-vis dem Strand, an dem die Leute badeten, hatte man das Wrack eines Fischkutters an Land gezogen. Es war in kürzester Zeit ausgeplündert worden, und nur der Rumpf war übrig geblieben. Calòrio hatte ihn in Besitz genommen und sich im ehemaligen Motorraum häuslich eingerichtet. Tagsüber ließ er sich bei schönem Wetter an Deck nieder. Zum Lesen. Und daher kam es, dass ihn die Leute in der Stadt Calòrio nannten, denn Vigàtas Schutzheiliger, den alle, ob gläubig oder nicht, sehr verehrten, war ein schwarzhäutiger Mönch mit einem Buch in der Hand. Die Bücher lieh sich Calòrio in der Stadtbibliothek aus; Signorina Melluso, die Leiterin, versicherte, niemand wisse besser als Calòrio, wie man Bücher zu behandeln habe, und gebe sie so pünktlich zurück wie er. Er liest alles, erklärte Signorina Melluso: Pirandello und Manzoni, Dostojewski und Maupassant ...

Commissario Montalbano, der oft lange Spaziergänge machte, mal auf der Mole, mal am westlichen Strand, welcher den Vorteil hatte, dass er immer menschenleer war, war eines Tages stehen geblieben und hatte ihn angesprochen.

»Was lesen wir denn Schönes?«

Der Mann hob, sichtlich verärgert, den Blick nicht von seinem Buch.

»Den *Urfaust*«, lautete die verblüffende Antwort. Und weil dieser aufdringliche Mensch nicht nur nicht abzog, sondern auch kein Erstaunen zeigte, rang er sich schließlich dazu durch, ihn anzusehen.

»In der Übersetzung von Liliana Scalero«, fügte er höflich hinzu, »ein bisschen altmodisch, aber in der Bücherei gibt es keine andere. Ich muss mich damit zufriedengeben.«

»Ich habe das Buch in der Übersetzung von Manacorda«,

sagte der Commissario. »Wenn Sie möchten, leihe ich es Ihnen.«

»Danke. Wollen Sie sich setzen?«, fragte der Mann und rückte auf dem Sack, auf dem er saß, zur Seite.

»Nein, ich muss noch arbeiten.«

»Wo denn?«

»Ich leite das hiesige Kriminalkommissariat, ich heiße Salvo Montalbano.«

Er reichte ihm die Hand. Der andere stand auf und streckte ihm ebenfalls die Hand hin.

»Ich heiße Livio Zanuttin.«

»So, wie Sie sprechen, klingen Sie wie ein Sizilianer.«

»Ich lebe seit über vierzig Jahren in Sizilien, bin aber in Venedig geboren.«

»Verzeihen Sie eine Frage. Wie kommt es, dass ein gebildeter, kultivierter Mann wie Sie so heruntergekommen ist?«

»Sie sind Polizist und deshalb von Natur aus und von Berufs wegen neugierig. Sagen Sie nicht ›heruntergekommen‹, es handelt sich um eine freie Entscheidung. Ich habe verzichtet. Auf alles verzichtet: Prestige, Ehre, Würde, Tugend, lauter Dinge, von denen die Tiere durch Gottes Gnade in ihrer glückseligen Unschuld nichts wissen. Befreit von …«

»Das gilt nicht«, unterbrach Montalbano ihn. »Sie antworten mit den Worten, die Pirandello dem Zauberer Cotrone in den Mund legt. Und übrigens lesen Tiere nicht.«

Sie lächelten sich an.

Das war der Anfang einer merkwürdigen Freundschaft. Montalbano besuchte ihn ab und zu und brachte ihm Geschenke: ein paar Bücher, ein Radio und, da Calòrio nicht nur las, sondern auch schrieb, einen Vorrat an Kugelschreibern und Heften. Wurde er beim Schreiben überrascht, steckte Calòrio das Heft sofort in eine vollgestopfte große Tasche. Als es einmal plötzlich zu regnen begann, lud er Montalbano in seinen Motorraum ein und hängte die Luke mit einem Stück Wachstuch zu. Dort unten war alles ordentlich und sauber. An einer Schnur, die von Wand zu Wand gespannt war, hingen ein paar Bügel mit den armseligen Kleidungsstücken des Bettlers; sogar ein kleines Regal hatte er gezimmert, auf dem Bücher, Kerzen und eine Petroleumlampe standen. Zwei Säcke waren sein Bett. Das einzige Merkmal von Unordnung waren zwei Dutzend leere Weinflaschen, die sich in einem Winkel stapelten.

Und jetzt lag er da, Calòrio, mit dem Gesicht im Sand, direkt neben dem Wrack, mit einer klaffenden Wunde im Nacken, ermordet. Ein Nachtwächter der nahen Zementfabrik hatte ihn gefunden, als er frühmorgens nach Hause ging. Der Nachtwächter hatte mit seinem Handy im Kommissariat angerufen und sich nicht von der Stelle gerührt, bis die Polizei eingetroffen war.

Der Mörder hatte aus dem ehemaligen Motorraum, Calòrios Schlafzimmer, alles mitgenommen, die Kleidung, die große Tasche, die Bücher. Nur die leeren Flaschen lagen noch an ihrem Platz. Aber gab es denn in Vigàta, fragte sich der Commissario, Menschen, die so arme Schlucker waren, dass sie einem anderen armen Schlucker seine elende Habe klauten?

Tödlich verletzt hatte Calòrio es irgendwie noch geschafft, vom Rumpf des Fischkutters herunterzukommen, und als er auf den Boden gefallen war, hatte er versucht, mit dem Zeigefinger der rechten Hand drei beinah unleserliche Buchstaben in den Sand zu schreiben. Glücklicherweise hatte es in der Nacht zuvor genieselt, sodass der Sand fest war: Doch die drei Buchstaben konnte man trotzdem nicht gut entziffern.

Montalbano wandte sich an Jacomuzzi, den Chef der Spurensicherung, der ein fähiger Mann, aber auch ein hoffnungsloser Wichtigtuer war.

»Kannst du mir sagen, was genau der arme Kerl noch schreiben wollte, bevor er starb?«

»Klar.«

Der Gerichtsmediziner Dottor Pasquano, ein schwieriger Mensch, der sich aber ebenfalls auf sein Fach verstand, rief Montalbano gegen fünf Uhr nachmittags an. Er konnte nur bestätigen, was er am Morgen nach der ersten Leichenschau bereits erklärt hatte.

So wie er den Fall rekonstruierte, mussten das Opfer und der Mörder vergangene Nacht gegen Mitternacht heftig aneinandergeraten sein. Calòrio, von einem Faustschlag mitten ins Gesicht getroffen, war nach hinten gestürzt und mit dem Kopf auf der verrosteten Winde aufgeschlagen, mit der früher das Fischernetz eingeholt worden war: Sie war blutverschmiert. Der Angreifer, der den Bettler für tot hielt, hatte alles zusammengerafft, was unter Deck zu finden gewesen war, und war abgehauen. Doch kurz darauf war Calòrio vorübergehend wieder zu sich gekommen und hatte versucht, von dem Fischkutter hinunterzuklettern, war aber, benommen und blutend, in den Sand gefallen. Er hatte noch vier oder fünf Minuten gelebt und sich in dieser

Zeit bemüht, die drei Buchstaben zu schreiben. Pasquanos Meinung nach gab es keinen Zweifel: Das war kein vorsätzlicher Mord.

»Ich bin vollkommen sicher, dass ich mich nicht täusche«, behauptete Jacomuzzi kategorisch. »Bevor er starb, hat der arme Kerl noch versucht, eine Abkürzung zu schreiben. Es handelt sich um ein P, ein O und ein E. Eine Abkürzung, todsicher.«

Er machte eine Pause.

»Könnte das nicht *Partito Operaio Europeo*, Europäische Arbeiterpartei, heißen?«

»Und was zum Teufel soll das sein?«

»Was weiß ich, heute reden doch alle von Europa ... Vielleicht eine subversive europäische Partei ...«

»Jacomù, hat dir einer ins Hirn geschissen?«

Jacomuzzi hatte wirklich höchst originelle Ideen! Montalbano legte auf, ohne sich zu bedanken. Eine Abkürzung. Was hatte Calòrio sagen, worauf hatte er hinweisen wollen? Vielleicht auf etwas, das den Hafen betraf? *Punto Ormeggio Est*, Ankerplatz Ost? *Pontone Ormeggiato Esternamente*, außen vertäuter Ponton? Nein, dieses Ratespiel war sinnlos, die drei Buchstaben konnten alles und nichts bedeuten. Doch als er starb, war es für Calòrio das Allerwichtigste gewesen, diese Abkürzung in den Sand zu schreiben.

Gegen zwei Uhr nachts spürte Montalbano im Schlaf eine Art Fausthieb auf den Kopf. Es war schon manchmal passiert, dass er so aufwachte, und er war zu der Überzeugung gekommen, dass, während er schlief, ein Teil seines Gehirns wach blieb und über irgendein Problem nachdachte. Und dann holte es ihn plötzlich in die Wirklichkeit zurück. Er stand auf, lief zum Telefon und wählte Jacomuzzis Nummer.

»Waren da Punkte?«

»Wer ist denn dran?«, fragte Jacomuzzi völlig verwirrt.

»Montalbano. Waren da Punkte?«

»Es wird welche geben.«

»Was heißt das, es wird welche geben?«

»Das heißt, dass ich jetzt gleich zu dir komm und dich verprügel, dann hast du ein Dutzend Punkte am Kopf, von den Stichen, wenn sie dich nähen!«

»Jacomù, glaubst du, ich rufe dich mitten in der Nacht an, um mir deinen Schwachsinn anzuhören? Waren da Punkte, ja oder nein?«

»Was denn nur für Punkte, *santa Madonna*?«

»Zwischen dem P und dem O und dem O und dem E.«

»Ah! Du meinst das, was in den Sand geschrieben war? Nein, da waren keine Punkte.«

»Und warum zum Teufel hast du dann gesagt, dass es eine Abkürzung ist?«

»Was sollte es denn sonst sein? Und glaubst du, dass einer, der im Sterben liegt, seine Zeit mit den Punkten einer Abkürzung verschwendet?«

Fluchend knallte Montalbano den Hörer auf und rannte, in der Hoffnung, das gesuchte Buch an seinem Platz zu finden, ans Bücherregal. Das Buch war da: Edgar Allan Poe, *Erzählungen*. Was Calòrio in den Sand geschrieben hatte, war keine Abkürzung, es war der Name eines Schriftstellers, und die Botschaft war für ihn, Montalbano, bestimmt, den Einzigen, der sie würde verstehen können. Die erste Erzählung des Buches hieß *Das Manuskript in der Flasche*, und mehr brauchte der Commissario nicht.

Im Schein der Taschenlampe flüchteten die Mäuse erschrocken in alle Richtungen. Es wehte ein heftiger kalter Wind, und der Luftzug, der durch die aus den Fugen gegangenen Planken fuhr, verursachte hin und wieder einen Klagelaut, der fast wie eine menschliche Stimme klang. In der fünfzehnten Flasche sah Montalbano, was er suchte, eine in dunkelgrünes Papier eingeschlagene Rolle, der Farbe der Flasche vollkommen angepasst. Calòrio war ein intelligenter Mann gewesen. Der Commissario drehte die Flasche um, aber die Rolle fiel nicht heraus, sie war aufgegangen. Montalbano wollte diesen Ort möglichst schnell wieder verlassen, also kletterte er aus dem Motorraum an Deck und ließ sich in den Sand fallen, wie es auch der arme Calòrio, wenn auch unfreiwillig, gemacht hatte.

Zu Hause in Marinella stellte er die Flasche auf den Tisch und betrachtete sie eine ganze Weile, die Neugier wie ein einsames Laster auskostend. Als er es nicht mehr aushielt, holte er einen Hammer aus der Werkzeugkiste und schlug nur einmal zu, fest und gezielt. Die Flasche zerbrach in zwei Teile, fast ohne zu splittern. Die Rolle war in ein Stück gefaltetes grünes Papier eingewickelt, wie es in Gärtnereien verwendet wird, um Blumentöpfe zu kaschieren.

Wenn diese Zeilen in die richtigen Hände gelangen, ist es gut; wenn nicht, sei's drum. Es wird die letzte meiner zahlreichen Niederlagen sein. Ich heiße Livio Zanuttin, zumindest ist das der Name, den man mir gegeben hat, da ich ein Findelkind bin. Im Standesamt bin ich registriert als in Venedig am 5. Januar 1923 geboren. Bis zu meinem zehnten Lebensjahr war ich in einem Waisenhaus in Mestre. Dann kam ich in ein Internat nach Padua, wo ich zur Schule ging. 1939, da war ich sechzehn, geschah etwas, was mein Leben erschütterte. Im Internat war ein gleichaltriger Junge, Carlo Z., der ganz und gar weiblich war und sich gern dafür hergab, unsere ersten jugendlichen Begierden zu befriedigen. Diese Treffen fanden nachts statt, in einem Souterrain, zu dem man durch eine Falltür im Vorratsraum gelangte. Nur einem Jungen aus unserem Schlafsaal verwehrte Carlo hartnäckig seine Gefälligkeiten: Attilio C. war ihm unsympathisch. Je mehr Carlo sich verweigerte, desto wütender wurde Attilio wegen der ihm unerklärlichen Ablehnung. Eines Nachmittags verabredete ich mich mit Carlo für halb eins in der Nacht im Souterrain (wir gingen um zehn Uhr ins Bett, die Lichter wurden eine Viertelstunde später gelöscht). Als ich hinunterkam, bot sich mir im Schein einer Kerze, die Carlo immer anzündete, ein entsetzlicher Anblick: Der Junge lag, Hose und Unterhose hinuntergezogen, in einer Blutlache auf dem Boden. Er war erstochen worden, nachdem man ihn vergewaltigt hatte. Von dem Grauen völlig verstört, drehte ich mich um, um wegzulaufen, da stand ich Attilio gegenüber, der sein Messer gegen mich erhob. Seine linke Hand blutete, er hatte sich verletzt, als er Carlo tötete.

»Wenn du redest«, sagte er, »wird es dir genauso ergehen.«

Und ich schwieg, aus Feigheit. Und das Traurige ist, dass man von dem armen Carlo nie mehr etwas gehört hat. Sicher hat jemand vom Internat die Leiche verschwinden lassen, nachdem er den Mord entdeckt hatte: möglicherweise irgendein Wächter, der verbotene Beziehungen zu Carlo gehabt hatte und aus Angst vor einem Skandal handelte. Wer weiß warum, aber als ich ein paar Tage später beobachtete, wie Attilio den blutigen Verband in den Müll warf, holte ich ihn heraus. Ein kleines Stück habe ich unten auf die letzte Seite geklebt, vielleicht ist es ja noch zu irgendetwas nutze. 1941 wurde ich eingezogen, ich habe gekämpft, ich wurde 1943 von den Alliierten in Sizilien gefangen genommen. Nach drei Jahren kam ich aus der Gefangenschaft zurück, aber mein Leben war längst gezeichnet, und ich brauche es hier nicht zu erzählen. Eine einzige Verkettung von Fehlern: vielleicht, ich sage vielleicht, die Reue für jene weit zurückliegende Feigheit, die Verachtung gegen mich selbst, weil ich geschwiegen habe. Vor einer Woche habe ich, hier in Vigàta, ganz zufällig Attilio gesehen und sofort wiedererkannt. Es war Sonntag, er ging gerade in die Kirche. Ich habe ihn beobachtet, ich habe mich erkundigt, ich habe alles über ihn erfahren: Attilio C. ist bei seinem Sohn zu Besuch, dem Direktor der Zementfabrik. Er selbst, Attilio, ist im Ruhestand, aber er ist im Vorstand von Saminex, der größten Konservenfabrik Italiens. Vorgestern habe ich ihn wiedergesehen und bin vor ihm stehen geblieben.

»*Ciao*, Attilio«, habe ich gesagt, »kennst du mich noch?«

Er hat mich lange angesehen, dann hat er mich erkannt und einen Satz nach hinten gemacht. In seinen Augen war der gleiche Blick wie damals in der Nacht im Souterrain.

»Was willst du?«

»Dein Gewissen sein.«

Aber das hat er bestimmt nicht geglaubt, er denkt wohl, ich hätte vor, ihn zu erpressen. In den nächsten Tagen oder in einer der nächsten Nächte wird er sicher hier auftauchen.

Es war schon fünf Uhr morgens, ins Bett brauchte Montalbano jetzt nicht mehr zu gehen. Er duschte ausgiebig, rasierte sich, zog sich an, setzte sich auf die Bank in der Veranda und sah aufs Meer hinaus, die Wellen brachen sich träge wie ein ruhiger Atem. Er hatte sich eine *napoletana* für vier Tassen gemacht: Hin und wieder stand er auf, ging in die Küche, schenkte sich nach und setzte sich wieder hinaus. Er freute sich für seinen Freund Calòrio.

Die Adresse hatte er im Telefonbuch nachgesehen. Punkt acht klingelte er an der Sprechanlage bei Dottor Eugenio Comaschi. Eine Männerstimme antwortete.

»*Chi è?*«

»Zustelldienst.«

»Mein Sohn ist nicht da.«

»Das macht nichts, es muss nur jemand unterschreiben.«

»Dritter Stock.«

Als der Fahrstuhl hielt, erwartete ihn am Treppenabsatz ein gepflegter alter Mann im Pyjama. Als Attilio Comaschi den Commissario sah, wurde er misstrauisch, er wusste sofort, dass dieser Mann nichts mit Zustellung zu tun hatte, zumal er gar nichts in der Hand trug.

»Was wollen Sie?«, fragte der Alte.

»Ihnen das hier geben«, sagte Montalbano und zog das dunkelbraun verfärbte Gazestückchen aus der Tasche.

»Was soll dieser dreckige Fetzen sein?«

»Das ist ein kleines Stück des Verbands, mit dem Sie vor achtundfünfzig Jahren die Wunde versorgten, die Sie sich zufügten, als Sie Carlo töteten.«

Es heißt, dass bestimmte Kugeln, wenn sie einen Menschen treffen, ihn drei, vier Meter nach hinten schleudern. Der Alte schien von einem dieser Geschosse in die Brust getroffen, er knallte buchstäblich gegen die Wand. Dann erholte er sich langsam und ließ den Kopf auf die Brust sinken.

»Livio ... ich wollte ihn nicht töten«, sagte Attilio Comaschi.

Henning Mankell

Der Mann am Strand

Am Nachmittag des 26. April 1987 saß Kriminalkommissar Kurt Wallander in seinem Dienstzimmer im Polizeipräsidium von Ystad und schnitt sich gedankenverloren Haare aus dem einen Nasenloch. Es war kurz nach fünf. Er hatte gerade eine Mappe zugeklappt, in der Material über die trostlose Fahndung nach einer Autoschieberbande gesammelt war, die gestohlene Luxusautos nach Polen schmuggelte. Die Ermittlung konnte sich inzwischen, gewisse Unterbrechungen eingerechnet, der zweifelhaften Ehre eines zehnjährigen Bestehens erfreuen. Sie war angelaufen, als Wallander gerade erst in Ystad zu arbeiten begonnen hatte. Insgeheim hatte er sich oft gefragt, ob sie auch an dem in ferner Zukunft liegenden Tag seiner Pensionierung noch weiterlaufen würde.

Auf seinem Schreibtisch war ausnahmsweise einmal vollkommene Ordnung. Längere Zeit hatte dort das Chaos geherrscht, und er hatte das schlechte Wetter zum Vorwand genommen, um zu arbeiten, denn er war Strohwitwer.

Einige Tage zuvor waren Mona und Linda auf die Kanarischen Inseln geflogen. Für Wallander war diese Reise eine totale Überraschung gewesen. Er hatte nichts davon gewusst, dass Mona das Geld dafür zusammengespart hatte, und auch Linda hatte nichts gesagt. Gegen den Widerstand ihrer Eltern hatte sie vor kurzem das Gymnasium geschmissen. Im Augenblick machte sie vor allem einen zornigen, müden und verwirrten Eindruck. Er hatte die beiden frühmorgens nach Sturup gefahren und auf dem Rückweg nach Ystad gedacht, dass er eigentlich nichts dagegen hatte, ein paar Wochen ganz für sich allein zu haben. Seine Ehe mit Mona knackte in allen Fugen. Woran es lag, wusste keiner von ihnen. Aber beiden war klar, dass in den letzten Jahren Linda ihre Beziehung zusammengehalten hatte. Was würde passieren, jetzt, wo sie die Schule aufgegeben und angefangen hatte, ihren eigenen Weg zu gehen?

Er stand auf und trat ans Fenster. Der Wind zerrte und rüttelte an den Bäumen auf der anderen Straßenseite. Es nieselte. Das Thermometer zeigte vier Grad über null. Noch war der Frühling in weiter Ferne.

Er zog die Jacke an und verließ das Zimmer. An der Anmeldung nickte er der Wochenendvertretung zu, die am Telefon sprach. Er fuhr mit dem Wagen ins Zentrum. Während er überlegte, was er fürs Abendessen einkaufen sollte, schob er eine Kassette mit Maria Callas in den Kassettenspieler.

Sollte er überhaupt etwas einkaufen? Hatte er überhaupt Hunger? Seine Unentschlossenheit ärgerte ihn. Gleichzeitig hatte er keine Lust, wieder in seine alte Unart zu verfallen und an irgendeinem Imbissstand Hamburger zu essen. Mona hatte ihn immer öfter darauf hingewiesen, dass er dick würde. Und sie hatte recht. Vor ein paar Monaten hatte er plötzlich eines Morgens sein Gesicht im Badezimmerspiegel angestarrt und eingesehen, dass seine Jugend unwiderruflich vorbei war. Er würde bald vierzig sein, sah aber älter aus. Früher hatte er eher jünger ausgesehen, als er war.

Verstimmt fuhr er auf den Malmöväg und hielt bei einem der Supermärkte an. Er wollte gerade die Tür zuschlagen, als im Wageninneren sein Autotelefon zu summen begann. Einen Moment lang überlegte er, ob er es ignorieren sollte. Was es auch sein mochte, sollte sich doch ein anderer darum kümmern. Im Augenblick hatte er mit seinen eigenen Problemen genug zu tun. Aber er überlegte es sich doch, griff zum Hörer und meldete sich.

»Wallander?«, hörte er seinen Kollegen Hansson fragen.

»Ja.«

»Wo bist du?«

»Ich wollte gerade einkaufen.«

»Mach das nachher. Komm stattdessen her. Ich bin im Krankenhaus. Ich warte draußen auf dich.«

»Was ist denn los?«

»Es ist ein bisschen schwer zu erklären. Es ist besser, wenn du gleich kommst.«

Das Gespräch war vorbei. Wallander wusste, dass Hansson nicht angerufen hätte, wenn es nichts Ernstes wäre. Er brauchte nur ein paar Minuten zum Krankenhaus. Vor dem Eingang kam Hansson ihm schon entgegen. Er schien zu frieren. Wallander versuchte, von seinem Gesicht abzulesen, was passiert war.

»Was ist denn los?«

»Dadrinnen sitzt ein Taxifahrer, der Stenberg heißt«, sagte Hansson. »Er trinkt Kaffee und ist völlig außer sich.«

Wallander folgte Hansson fragend durch die Glastüren.

Die Cafeteria lag rechts. Sie gingen an einem alten Mann vorbei, der im Rollstuhl saß und langsam einen Apfel kaute. Wallander erkannte Stenberg, der allein an einem Tisch saß. Er war ihm schon einmal begegnet, konnte sich aber nicht erinnern, in welchem Zusammenhang. Stenberg war um die fünfzig, korpulent und fast kahl. Seine Nase war verbogen, als sei er in seiner Jugend Boxer gewesen.

»Sie kennen vielleicht Kommissar Wallander?«, sagte Hansson.

Stenberg nickte und stand auf, um Wallander zu begrüßen.

»Bleiben Sie doch sitzen«, sagte Wallander. »Erzählen Sie lieber, was passiert ist.«

Stenbergs Blick flackerte. Wallander erkannte, dass der Mann entweder sehr beunruhigt war oder Angst hatte. Was von beidem zutraf, konnte er noch nicht sagen.

»Ich bekam eine Fahrt von Svarte«, sagte Stenberg. »Der Kunde wollte an der Hauptstraße warten. Er hieß Alexandersson. Als ich ankam, stand er da auch. Er setzte sich auf die Rückbank und sagte, er wolle in die Stadt. Ich sollte am Markt halten.

Ich sah im Rückspiegel, dass er die Augen zumachte. Ich dachte, er schliefe. Als wir in die Stadt kamen, hielt ich am Markt und sagte, dass wir da seien. Er reagierte überhaupt nicht. Ich stieg aus, öffnete die hintere Tür und fasste ihn ganz leicht an. Aber er reagierte nicht. Daher glaubte ich, er sei krank, und fuhr ihn hierher zur Notfallambulanz. Da sagten sie, er wäre tot.«

Wallander zog die Stirn kraus.

»Tot?«

»Sie haben Wiederbelebungsversuche gemacht«, sagte Hansson. »Aber es half nicht. Er war tot.«

Wallander überlegte.

»Sie brauchen fünfzehn Minuten von Svarte in die Stadt«, sagte er zu Stenberg. »Er machte nicht den Eindruck, als ginge es ihm nicht gut, als er einstieg?«

»Wenn er krank gewesen wäre, hätte ich es gemerkt«, sagte Stenberg. »Außerdem hätte er sich dann wohl zum Krankenhaus fahren lassen.«

»Und soweit Sie sehen konnten, war er nicht verletzt?«

»Nein. Er trug einen Anzug und einen hellblauen Mantel.«

»Hatte er etwas in den Händen? Eine Tasche oder sonst etwas?«

»Nichts. Ich dachte, es wäre am besten, die Polizei anzurufen. Obwohl das Krankenhaus das wohl auch muss, nehme ich an.«

Stenbergs Antworten kamen prompt und ohne Zögern. Wallander wandte sich an Hansson.

»Wissen wir, wer er ist?«

Hansson holte seinen Notizblock hervor.

»Göran Alexandersson«, sagte er. »Neunundvierzig Jahre alt. Selbständiger Unternehmer in der Elektronikbranche. Wohnhaft in Stockholm. Er hatte eine Menge Geld in der Brieftasche. Und viele Kreditkarten.«

»Komisch«, meinte Wallander. »Aber ich nehme an, er hatte einen Herzinfarkt. Was sagen denn die Ärzte?«

»Dass nur eine Obduktion eine eindeutige Klärung der Todesursache ergeben kann.«

Wallander nickte und stand auf.

»Sie müssen die Bezahlung für die Fahrt aus der Hinterlassenschaft beantragen«, sagte er zu Stenberg. »Wir melden uns, wenn wir noch Fragen haben.«

»Es war zwar unangenehm«, sagte Stenberg mit Nachdruck. »Aber ich werde den Teufel tun und mir von den Hinterbliebenen einen Leichentransport bezahlen lassen.«

Dann ging er.

»Ich würde ihn mir gern ansehen«, sagte Wallander. »Du brauchst nicht mitzukommen, wenn du nicht willst.«

»Lieber nicht«, gab Hansson zurück. »Ich versuche in der Zwischenzeit, seine Angehörigen zu erreichen.«

»Was hat er in Ystad gemacht?«, fragte Wallander nachdenklich. »Das sollten wir vielleicht auch herausfinden.«

Wallander blieb nur einen kurzen Augenblick an der Bahre, die in einem Raum in der Notfallambulanz stand. Vom Gesicht des Toten konnte er nichts ablesen. Er untersuchte seine Kleidung. Sie war wie die Schuhe von bester Qualität. Sollte sich zeigen, dass ein Verbrechen vorlag, mussten die Techniker die Kleidung genauer unter die Lupe nehmen. In der Brieftasche fand Wallander nichts außer dem, was Hansson schon genannt hatte. Anschließend sprach er mit einem der Ärzte in der Notfallambulanz.

»Es sieht ganz nach einem natürlichen Tod aus«, meinte der Arzt. »Keine Anzeichen von Gewalt, keine Verletzungen.«

»Und wer hätte ihn auf dem Rücksitz eines Taxis erschlagen sollen?«, sagte Wallander. »Aber ich möchte trotzdem so schnell wie möglich das Resultat der Obduktion haben.«

»Wir lassen ihn jetzt in die Gerichtsmedizin nach Lund

bringen«, sagte der Arzt. »Falls die Polizei nichts dagegen hat.«

»Nein«, erwiderte Wallander. »Warum sollten wir?«

Er fuhr zurück ins Polizeipräsidium und ging zu Hansson, der gerade ein Telefonat beendete. Während Wallander wartete, befühlte er missmutig seinen Bauch, der oberhalb des Gürtels hervorzuquellen begann.

»Ich habe gerade mit Alexanderssons Büro in Stockholm gesprochen«, sagte Hansson, nachdem er aufgelegt hatte. »Sowohl mit seiner Sekretärin als auch mit seinem engsten Mitarbeiter. Sie sind natürlich geschockt. Aber sie konnten mir wenigstens sagen, dass Göran Alexandersson seit sechs Jahren geschieden war.«

»Hatte er Kinder?«

»Einen Sohn.«

»Dann müssen wir den ausfindig machen.«

»Das geht nicht«, antwortete Hansson.

»Warum nicht?«

»Weil er tot ist.«

Wallander konnte sich oft über Hanssons umständliche Art, etwas auf den Punkt zu bringen, aufregen. Dies war ein solcher Fall.

»Tot? Wieso tot? Muss man dir alles aus der Nase ziehen?«

Hansson versuchte, seine Notizen zu entziffern.

»Sein einziges Kind, ein Sohn, starb vor fast sieben Jahren. Anscheinend war es irgendein Unglücksfall, ich habe das Ganze noch nicht durchschaut.«

»Hatte dieser Sohn möglicherweise einen Namen?«

»Bengt.«

»Hast du gefragt, was Göran Alexandersson in Ystad wollte? Oder in Svarte?«

»Er hat gesagt, er wolle eine Woche Urlaub machen. Er wollte im Hotel Kung Karl wohnen. Er kam vor vier Tagen her.«

»Dann fahren wir jetzt dahin«, sagte Wallander.

Sie durchsuchten Alexanderssons Hotelzimmer über eine Stunde, ohne irgendetwas von Interesse zu finden. Der Koffer war leer. Die Kleider waren ordentlich in den Schrank gehängt. Ein Extrapaar Schuhe.

»Kein Stück Papier«, sagte Wallander nachdenklich. »Nicht ein Buch. Nichts.«

Dann nahm er den Telefonhörer ab und fragte in der Rezeption nach, ob Göran Alexandersson selbst telefoniert oder Telefongespräche empfangen oder Besuch gehabt habe. Die Antwort war eindeutig. Niemand hatte Zimmer 211 angerufen. Niemand war zu Besuch gekommen.

»Er hat ein Zimmer hier in Ystad«, sagte Wallander. »Aber er ruft aus Svarte ein Taxi an. Fragt sich, wie er dahin kam.«

»Ich frage bei den Taxiunternehmen nach«, sagte Hansson.

Sie fuhren ins Präsidium zurück. Wallander blieb am Fenster stehen und betrachtete abwesend den Wasserturm auf der anderen Straßenseite. Er dachte an Mona und Linda. Vermutlich saßen sie in irgendeinem Straßenrestaurant und aßen zu Abend. Aber worüber sprachen sie? Bestimmt darüber, was Linda jetzt anfangen wollte. Er versuchte sich ihr Gespräch vorzustellen. Aber alles, was er hörte, war das Rauschen des Heizkörpers. Er setzte sich an den Schreibtisch, um einen vorläufigen Bericht abzufassen, während Hansson mit den Taxiunternehmen in Ystad telefonierte. Bevor er anfing, ging er jedoch noch einmal in den Essraum und raffte ein paar Stücke Gebäck an sich, die verloren auf einem Teller lagen. Es war fast acht, als Hansson an seine Tür klopfte und eintrat.

»Er ist in den vier Tagen, die er schon hier in Ystad war, dreimal nach Svarte gefahren«, sagte Hansson. »Er hat sich am Ortsrand absetzen lassen. Am frühen Morgen ist er rausgefahren, und am Nachmittag hat er ein Taxi gerufen.«

Wallander nickte abwesend.

»Das ist ja nicht verboten«, sagte er. »Vielleicht hatte er da draußen eine Geliebte?«

Wallander stand auf und trat ans Fenster. Der Wind hatte an Stärke zugenommen.

»Wir lassen ihn durch unsere Register laufen«, sagte er nach einer Weile. »Mein Gefühl sagt mir, dass es nichts bringt. Aber auf jeden Fall. Und dann können wir nur die Obduktion abwarten.«

»Es war bestimmt ein Herzinfarkt«, sagte Hansson und stand auf.

»Bestimmt«, sagte Wallander.

Anschließend fuhr er nach Hause und machte eine Dose Pyttipanna auf. Er hatte schon angefangen, Göran Alexandersson zu vergessen. Nachdem er sein kärgliches Mahl verzehrt hatte, schlief er vor dem Fernseher ein.

Am Tag danach ließ Wallanders Kollege Martinsson den Namen Göran Alexandersson durch alle zugänglichen Register laufen. Ohne Ergebnis. Martinsson war der Jüngste in der Kriminalabteilung und derjenige von ihnen, der für die neue Technik am aufgeschlossensten war.

Wallander widmete den Tag den gestohlenen Luxuswagen, die in Polen herumfuhren. Am Abend besuchte er seinen Vater in Löderup und spielte ein paar Stunden Karten. Es endete damit, dass sie sich darüber stritten, wer wem wie viel schuldig war. Auf dem Heimweg im Auto fragte Wallander sich, ob er, wenn er alt wurde, auch so werden würde wie sein Vater. Oder hatte er schon angefangen, zu werden wie er? Boshaft, griesgrämig und unfreundlich. Er sollte einmal jemanden fragen. Vielleicht nicht gerade Mona.

Am Morgen des 28. April klingelte Wallanders Telefon. Es war die Gerichtsmedizin in Lund.

»Ich rufe an wegen einer Person namens Göran Alexandersson«, sagte der Arzt. Er hieß Jörne, und Wallander kannte ihn aus seiner Malmöer Zeit.

»Was ist es denn?«, fragte Wallander. »Gehirnblutung oder Schlaganfall?«

»Keins von beiden«, erwiderte Jörne. »Entweder hat er Selbstmord begangen oder er ist ermordet worden.«

Wallander fuhr zusammen.

»Ermordet? Was meinst du damit?«

»Genau das, was ich sage.«

»Aber das ist undenkbar. Er kann nicht im Fond eines Taxis ermordet worden sein. Stenberg, der ihn gefahren hat, bringt keine Leute um. Aber er kann ja wohl auch kaum Selbstmord begangen haben?«

»Wie es zugegangen ist, kann ich nicht beurteilen«, sagte

Jörne ungerührt. »Dagegen kann ich mit Sicherheit sagen, dass er an einem Gift starb, das er mit einem Getränk oder mit etwas zu essen zu sich genommen hat. Und für mich deutet das auf Mord. Aber das rauszufinden ist natürlich euer Job.«

Wallander sagte nichts.

»Ich faxe euch die Papiere rüber«, sagte Jörne. »Bist du noch da?«

»Ja«, sagte Wallander. »Ich bin noch da.«

Er bedankte sich bei Jörne, legte auf und dachte nach über das, was er gerade gehört hatte. Dann drückte er das Haustelefon und bat Hansson, zu ihm herüberzukommen. Er zog einen seiner Notizblöcke heran und schrieb zwei Wörter.

Göran Alexandersson.

Draußen hatte der Wind weiter zugenommen. In den Böen erreichte er schon Sturmstärke.

Der böige Wind wehte weiter über Schonen. Wallander saß zurückgezogen in seinem Zimmer und musste sich eingestehen, dass er noch immer nicht wusste, was mit dem Mann passiert war, der vor zwei Tagen auf der Rückbank eines Taxis gestorben war. Um zehn Uhr am Vormittag begab er sich zu einem der Sitzungszimmer des Präsidiums und schloss die Tür hinter sich. Hansson und Rydberg saßen schon am Tisch. Wallander war überrascht, als er Rydberg sah. Er war wegen Rückenschmerzen krankgeschrieben und hatte seine Rückkehr nicht angekündigt.

»Wie geht es dir denn?«, fragte Wallander.

»Ich sitze hier«, sagte Rydberg abweisend. »Was ist denn

das für ein Quatsch von einem Mann, der im Fond eines Taxis ermordet worden ist?«

»Lass uns vorne anfangen«, entgegnete Wallander.

Dann blickte er in die Runde. Einer fehlte.

»Wo ist Martinsson?«

»Er hat angerufen und sich entschuldigt, er hat einen geschwollenen Hals«, antwortete Rydberg. »Aber vielleicht kann Svedberg dazukommen?«

»Wir warten ab, ob es nötig wird«, sagte Wallander und sortierte seine Papiere. Das Fax aus Lund war gekommen.

Dann sah er seine Kollegen an.

»Die Geschichte, die anfänglich so simpel zu sein schien, könnte sich als bedeutend schwieriger erweisen, als ich geglaubt habe. Ein Mann stirbt auf dem Rücksitz eines Taxis. Der Gerichtsmediziner in Lund hat festgestellt, dass er an einem Gift gestorben ist. Was wir immer noch nicht wissen, ist, wie viel Zeit zwischen der Einnahme des Giftes und dem Augenblick des Todes vergangen ist. Aber Lund hat versprochen, uns in ein paar Tagen Bescheid zu geben.«

»Mord oder Selbstmord?«, wollte Rydberg wissen.

»Mord«, antwortete Wallander entschieden. »Ich kann mir nur schwer einen Selbstmörder vorstellen, der erst Gift schluckt und dann nach einem Taxi telefoniert.«

»Könnte er das Gift vielleicht durch einen Irrtum genommen haben?«, fragte Hansson.

»Unwahrscheinlich«, sagte Wallander. »Den Ärzten zufolge ist es eine Giftmischung, die es eigentlich gar nicht gibt.«

»Was heißt das?«, fragte Hansson.

»Dass nur ein Spezialist sie mischen kann, ein Arzt zum Beispiel, ein Chemiker oder ein Biologe.«

Es wurde still.

»Also sollten wir es als Mord betrachten«, sagte Wallander. »Was wissen wir eigentlich über diesen Göran Alexandersson?«

Hansson blätterte in seinen Aufzeichnungen.

»Er war Geschäftsmann«, begann er. »Er hatte zwei Elektronikläden in Stockholm, einen in Västberga, den anderen am Norrtull. Er wohnte allein in einer Wohnung in der Åsögata. Familie scheint er nicht gehabt zu haben. Seine geschiedene Frau soll in Frankreich wohnen. Sein Sohn starb vor sieben Jahren. Und die Angestellten von ihm, mit denen ich geredet habe, charakterisierten ihn wortwörtlich gleich.«

»Und wie?«, unterbrach ihn Wallander.

»Er galt als nett.«

»Nett?«

»Das war das Wort, das sie benutzten: nett.«

Wallander nickte. »Sonst noch etwas?«

»Er scheint ein ziemlich eintöniges Leben geführt zu haben. Seine Sekretärin vermutete, dass er Briefmarken sammelte. Es kamen regelmäßig Kataloge ins Büro. Enge Freunde scheint er keine gehabt zu haben. Jedenfalls keine, die seine Mitarbeiter kannten.«

Es wurde still.

»Wir müssen Stockholm wegen seiner Wohnung um Hilfe bitten«, sagte Wallander, als das Schweigen allzu drückend wurde. »Und wir müssen Kontakt mit seiner Frau aufnehmen. Ich selbst werde versuchen herauszufinden, was er hier unten gemacht hat, in Ystad und Svarte. Wen hat er getroffen? Wir treffen uns heute Nachmittag wieder und stimmen unsere Ergebnisse miteinander ab.«

»Eins frage ich mich«, sagte Rydberg. »Kann ein Mensch ermordet werden, ohne selbst davon zu wissen?«

Wallander nickte.

»Es ist ein interessanter Gedanke«, sagte er. »Jemand gibt Göran Alexandersson unbemerkt ein Gift, das erst eine Stunde später wirkt. Ich werde Jörne danach fragen.«

»Wenn er es weiß«, murmelte Rydberg. »Da wäre ich nicht so sicher.«

Die Sitzung war beendet. Sie gingen auseinander, nachdem sie die Arbeit unter sich verteilt hatten. Wallander stellte sich mit einer Kaffeetasse in der Hand ans Fenster und versuchte zu entscheiden, womit er anfangen sollte.

Eine halbe Stunde später setzte er sich in sein Auto und fuhr nach Svarte hinaus. Der Wind hatte langsam abgenommen. Die Sonne schien durch die aufreißenden Wolken. Wallander hatte zum ersten Mal in diesem Jahr das Gefühl, dass der Frühling endlich auf dem Weg war. Als er an den Ortsrand von Svarte kam, hielt er an und stieg aus.

Hierher kam Göran Alexandersson, dachte er. Er kam am Morgen und fuhr am Nachmittag nach Ystad zurück. Beim vierten Mal wurde er vergiftet und starb auf dem Rücksitz eines Taxis.

Er ging in Richtung Ortsmitte. Viele der Häuser auf der Strandseite der Straße waren Sommerhäuser und jetzt verbarrikadiert.

Auf seinem Gang durch den Ort begegnete Wallander

nur zwei Menschen. Die Verlassenheit des Ortes bedrückte ihn plötzlich. Er machte kehrt und ging schnell zurück zum Auto.

Als er schon den Motor angelassen hatte, entdeckte er eine ältere Frau, die sich an einem Blumenbeet in einem Garten neben dem Wagen zu schaffen machte. Er stellte den Motor wieder ab und stieg aus. Als er die Wagentür zuschlug, schaute die Frau in seine Richtung. Wallander ging zum Zaun und hob die Hand zum Gruß.

»Ich hoffe, ich störe Sie nicht«, sagte er.

»Hier stört niemand«, sagte die Frau und sah ihn neugierig an.

»Ich heiße Kurt Wallander und bin Kriminalbeamter in Ystad«, sagte er.

»Ich kenne Sie«, sagte die Frau. »Habe ich Sie nicht in einem Diskussionsprogramm im Fernsehen gesehen?«

»Ich glaube kaum«, erwiderte er. »Aber leider hat es dann und wann Bilder von mir in der Zeitung gegeben.«

»Agnes Ehn«, sagte die Frau und reichte ihm die Hand.

»Wohnen Sie das ganze Jahr über hier?«, fragte Wallander.

»Nur im Sommerhalbjahr. Ich komme Anfang April hier heraus. Und bleibe bis Oktober. Im Winter wohne ich in Halmstad. Ich bin pensionierte Lehrerin. Mein Mann ist vor ein paar Jahren gestorben.«

»Es ist schön hier«, sagte Wallander. »Schön und still. Jeder kennt jeden.«

»Ich weiß nicht«, sagte sie. »Es kann auch so sein, dass man seinen eigenen Nachbarn nicht kennt.«

»Ihnen ist nicht zufällig ein Mann aufgefallen, der in der

vergangenen Woche ein paarmal mit dem Taxi nach Svarte gekommen ist? Und der am Nachmittag wieder von einem Taxi abgeholt worden ist?«

Ihre Antwort überraschte ihn.

»Er hat mein Telefon benutzt, um das Taxi zu bestellen«, sagte sie. »An vier Tagen hintereinander. Wenn es wirklich der gleiche Mann war.«

»Hat er gesagt, wie er heißt?«

»Er war sehr höflich.«

»Und hat sich vorgestellt?«

»Man kann höflich sein, auch ohne seinen Namen zu sagen.«

»Und er bat Sie darum, Ihr Telefon benutzen zu dürfen?«

»Ja.«

»Hat er sonst noch etwas gesagt?«

»Ist denn etwas passiert?«

Wallander fand, dass es keinen Grund gab, ihr nicht zu sagen, was passiert war.

»Er ist tot.«

»Das ist ja schrecklich. Und was ist geschehen?«

»Das wissen wir nicht. Im Moment wissen wir nur, dass er tot ist. Wissen Sie, was er hier in Svarte gemacht hat? Hat er gesagt, wen er besuchte? Und in welche Richtung ging er? War er in Begleitung? Alles, woran Sie sich erinnern können, ist wichtig.«

Wieder überraschte sie ihn mit ihrer klaren Antwort.

»Er ging unten am Strand spazieren«, sagte sie. »Hinter meinem Haus führt ein Pfad hinunter zum Strand. Dem folgte er. Dann ging er in westlicher Richtung. Und er kam erst am Nachmittag zurück.«

»Er ging am Strand spazieren? War er allein?«

»Das kann ich doch nicht wissen. Der Strand macht eine Biegung. Er kann dahinten jemanden getroffen haben, wo ich es nicht mehr sehen kann.«

»Hatte er irgendetwas bei sich? Eine Tasche oder ein Paket?«

Sie schüttelte den Kopf.

»Machte er irgendwie einen beunruhigten Eindruck?«

»Nicht, soweit ich sehen konnte.«

»Er benutzte also gestern Ihr Telefon?«

»Ja.«

»Und Sie haben nichts Auffälliges an ihm bemerkt?«

»Er machte den Eindruck eines netten und freundlichen Mannes. Er bestand darauf, die Telefongespräche zu bezahlen.«

Wallander nickte.

»Sie haben mir sehr geholfen«, sagte er und gab ihr eine Karte mit seiner Telefonnummer. »Wenn Ihnen noch etwas einfällt, möchte ich Sie bitten, mich anzurufen.«

»Das ist tragisch«, sagte sie. »Ein so angenehmer Mann.«

Wallander nickte und ging hinter das Haus, wo ein Weg zum Strand hinunterführte. Er ging bis ganz an die Wasserkante. Der Strand war verlassen. Als Wallander sich umdrehte, sah er Agnes Ehn dastehen und ihm nachschauen.

Er muss jemanden getroffen haben, dachte er. Etwas anderes ist undenkbar. Die Frage ist nur, wen.

Er fuhr zurück ins Präsidium. Rydberg hielt ihn auf dem Flur an und sagte, es sei ihm gelungen, Alexanderssons Exfrau an ihrem Wohnort an der Riviera ausfindig zu machen.

»Aber es nimmt niemand ab«, sagte er. »Ich versuche es weiter.«

»Gut«, sagte Wallander. »Sag mir Bescheid, wenn du sie erreicht hast.«

»Martinsson war hier«, fuhr Rydberg fort. »Man konnte kaum hören, was er sagte. Ich habe ihm gesagt, er soll wieder nach Hause gehen.«

»Das hätte ich wohl auch getan«, sagte Wallander.

Er ging in sein Zimmer, schloss die Tür und zog den Kollegblock an sich, auf dem er zuvor den Namen Göran Alexandersson aufgeschrieben hatte. Wen hast du am Strand getroffen?, dachte er. Wen? Das muss ich wissen.

Um ein Uhr war Wallander hungrig. Er hatte schon die Jacke an und wollte gerade gehen, als Hansson an seine Tür klopfte.

Es war ihm sofort anzusehen, dass er etwas Wichtiges zu sagen hatte.

»Ich habe da etwas, was sich möglicherweise als bedeutsam herausstellen könnte.«

»Was denn?«

»Wie du dich erinnerst, hatte Göran Alexandersson einen Sohn, der vor sieben Jahren starb. Er wurde erschlagen. Und soweit ich sehen kann, wurde nie ein Täter gefasst und verurteilt.«

Wallander sah Hansson lange an.

»Gut«, sagte er schließlich. »Jetzt haben wir einen Anhaltspunkt. Obwohl ich nicht richtig sagen kann, worin er eigentlich besteht.«

Der Hunger, den er eben noch verspürt hatte, war verschwunden.

Kurz nach zwei Uhr am Nachmittag des 28. April klopfte Rydberg an Wallanders halb geöffnete Tür.

»Ich habe Alexanderssons Frau erreicht«, sagte er und kam herein. Als er sich auf Wallanders Besucherstuhl setzte, verzog er das Gesicht.

»Was ist mit deinem Rücken?«, fragte Wallander.

»Ich weiß nicht«, erwiderte Rydberg. »Aber irgendetwas stimmt nicht.«

»Du hast vielleicht zu früh wieder angefangen zu arbeiten?«

»Es wird nichts besser davon, dass ich zu Hause liege und an die Decke starre.«

Damit war das Gespräch über Rydbergs Rücken beendet. Wallander wusste, dass es keinen Sinn hatte, ihn dazu überreden zu wollen, wieder nach Hause zu gehen und sich auszuruhen.

»Was hat sie gesagt?«, fragte er stattdessen.

»Sie war natürlich geschockt. Ich glaube, es dauerte eine Minute, bis sie etwas sagte.«

»Das wird teuer für die Staatskasse«, sagte Wallander. »Aber dann? Nachdem die Minute vorbei war?«

»Sie wollte natürlich wissen, was passiert ist. Ich sagte es ihr, wie es war. Sie hatte Schwierigkeiten zu verstehen, wovon ich redete.«

»Kein Wunder.«

»Ich habe auf jeden Fall erfahren, dass sie keinen Kontakt hatten. Der Ehefrau zufolge haben sie sich scheiden lassen, weil sie es zusammen so langweilig hatten.«

Wallander zog die Stirn in Falten.

»Was meinte sie denn damit?«

»Ich glaube, das ist eine häufigere Ursache für Scheidungen, als man ahnt«, sagte Rydberg. »Ich glaube, es muss grässlich sein, mit einem langweiligen Menschen zusammenzuleben.«

Wallander nickte gedankenverloren. Er fragte sich, ob Mona wohl ebenso dachte. Und was dachte er selbst?

»Ich habe sie gefragt, ob sie sich jemanden vorstellen könnte, der ihn würde umbringen wollen. Aber das konnte sie nicht. Dann fragte ich sie, ob sie erklären könnte, was er hier unten in Schonen getan hätte. Das konnte sie auch nicht. Das war alles.«

»Du hast nicht nach ihrem verstorbenen Sohn gefragt? Von dem Hansson sagt, er sei ermordet worden?«

»Doch, natürlich. Aber sie wollte nicht darüber sprechen.«

»Ist das nicht ein bisschen sonderbar?«

Rydberg nickte.

»Genau, was ich dachte.«

»Ich glaube, du musst sie noch einmal anrufen«, sagte Wallander.

Rydberg nickte und verließ das Zimmer. Wallander dachte, dass er bei Gelegenheit Mona fragen müsste, ob Langeweile das größte Problem in ihrer Ehe sei. Das Klingeln des Telefons riss ihn aus seinen Gedanken. Ebba von der Vermittlung teilte ihm mit, die Polizei in Stockholm wolle mit ihm sprechen. Wallander zog seinen Block heran und hörte zu. Es war ein Polizist namens Rendal, mit dem Wallander noch nie zu tun gehabt hatte.

»Wir haben uns diese Wohnung in der Äsögata angesehen«, sagte Rendal.

»Und, habt ihr etwas gefunden?«

»Wie sollten wir etwas finden können, wenn wir nicht wissen, wonach wir suchen sollen?«

Wallander konnte hören, dass Rendal gestresst war.

»Wie sah sie denn aus?«, fragte Wallander, so freundlich er konnte.

»Sauber und ordentlich«, sagte Rendal. »Geputzt. Ein bisschen pedantisch. Ich fand, es war eine typische Junggesellenwohnung.«

»Ist es ja auch«, sagte Wallander.

»Wir haben uns seine Post angesehen«, fuhr Rendal fort. »Er scheint höchstens eine Woche weg gewesen zu sein.«

»Das stimmt«, sagte Wallander.

»Er hatte einen Anrufbeantworter. Aber der war leer. Keiner hatte ihn angerufen.«

»Was hatte er selbst für eine Ansage?«, fragte Wallander.

»Nur die übliche.«

»Dann wissen wir das«, sagte Wallander. »Danke für die Hilfe. Wir melden uns wieder, wenn es noch mehr gibt.«

Wallander legte auf und sah, dass es Zeit war für das Nachmittagstreffen der Ermittlungsgruppe. Als er das Sitzungszimmer betrat, waren Hansson und Rydberg schon da.

»Ich habe gerade mit Stockholm gesprochen«, sagte Wallander. »Die Wohnung in der Äsögata hat nichts ergeben.«

»Ich habe die Frau noch einmal angerufen«, sagte Rydberg. »Sie wollte immer noch nicht über den Sohn sprechen. Aber als ich ihr erzählte, dass wir notfalls von ihr verlangen könnten, nach Hause zu kommen und uns bei der Ermittlung zu helfen, ging es etwas leichter. Ihr Sohn wurde auf offener Straße mitten in Stockholm niedergeschlagen. Es muss ein total sinnloser Überfall gewesen sein. Er ist nicht einmal beraubt worden.«

»Ich habe ein paar Unterlagen über diesen Überfall kommen lassen«, sagte Hansson. »So lange ist es ja noch nicht her, dass der Fall ad acta gelegt worden ist. Aber seit mehr als fünf Jahren hat keiner etwas in der Sache unternommen.«

»Gab es keine Tatverdächtigen?«, wollte Wallander wissen.

Hansson schüttelte den Kopf.

»Überhaupt keine. Es gab absolut nichts. Keine Zeugen, gar nichts.«

Wallander schob seinen Kollegblock von sich.

»Genauso wenig, wie wir jetzt in der Hand haben«, sagte er.

Es wurde still am Tisch. Wallander sah ein, dass er etwas sagen musste.

»Ihr müsst mit dem Personal in seinen Läden reden«, sagte er. »Wendet euch an einen Kollegen namens Rendal bei der Stockholmer Polizei und bittet ihn, euch zu helfen. Wir sehen uns morgen wieder.«

Sie verteilten die Arbeit unter sich, und Wallander ging zurück in sein Zimmer. Er hatte vor, seinen Vater in Löderup anzurufen und sich bei ihm für den Streit am Abend zuvor zu entschuldigen. Aber er nahm den Hörer nicht auf. Die Geschichte mit Göran Alexandersson ließ ihm keine Ruhe. Die ganze Situation war dermaßen absurd, dass sie allein deshalb geklärt werden musste. Seine Erfahrung sagte ihm, dass die meisten Morde, auch die meisten sonstigen

Verbrechen, irgendwo einen logischen Kern hatten. Es galt nur, die richtigen Puzzlestücke in der richtigen Reihenfolge umzudrehen und nach denkbaren Zusammenhängen zwischen den verschiedenen Zeichen zu suchen, die sichtbar wurden.

Um kurz vor fünf verließ er das Präsidium und fuhr auf der Küstenstraße nach Svarte. Diesmal parkte er seinen Wagen weiter im Ort. Er nahm ein Paar Gummistiefel aus dem Kofferraum und ging hinunter zum Strand. In der Ferne sah er ein Frachtschiff nach Westen ziehen. Er begann am Strand entlangzugehen und betrachtete die Häuser, die zu seiner Rechten lagen. In ungefähr jedem dritten Haus schienen Menschen zu sein. Er folgte dem Strand, bis er Svarte hinter sich gelassen hatte. Dann kehrte er um. Plötzlich hatte er das Gefühl, dass er hier ging und hoffte, Mona käme ihm entgegen. Er dachte zurück an damals, als sie in Skagen gewesen waren. Es war ihre beste gemeinsame Zeit gewesen. Sie hatten so viel zu reden, dass die Zeit nie ausreichte.

Er schüttelte die unerfreulichen Gedanken ab und konzentrierte sich wieder auf Göran Alexandersson. Während er weiter den Strand entlangging versuchte er, für sich selbst eine Zusammenfassung zu machen.

Was wussten sie? Dass Alexandersson alleinstehend war, dass er zwei Elektronikläden besaß, dass er neunundvierzig Jahre alt war und nach Ystad gereist und im Kung Karl abgestiegen war. Er hatte gesagt, er wolle Urlaub machen. Im Hotel hatte er weder Besuch noch Telefongespräche bekommen. Er selbst hatte auch nicht telefoniert.

Jeden Morgen war er mit dem Taxi nach Svarte gefahren,

wo er seine Tage damit verbracht hatte, am Strand entlangzulaufen. Spät am Nachmittag war er zurückgekehrt, nachdem er bei Agnes Ehn das Telefon benutzt hatte. Beim vierten Besuch hatte er sich in das Taxi gesetzt, in dem er gestorben war.

Wallander blieb stehen und sah sich um. Der Strand lag noch immer verlassen da. Fast die ganze Zeit ist Göran Alexandersson sichtbar, dachte er. Aber irgendwo hier am Strand verschwindet er. Dann taucht er wieder auf, und ein paar Minuten später ist er tot.

Er muss hier jemanden getroffen haben, dachte Wallander. Oder richtiger gesagt: Er muss sich mit jemandem verabredet haben. Man trifft nicht aus purem Zufall einen Giftmörder.

Wallander ging weiter. Er schaute sich die Villen an, die am Strand lagen. Am nächsten Tag würde er hier Klinken putzen gehen. Jemand muss ihn dort haben gehen sehen, vielleicht hatte jemand ihn einen anderen Menschen treffen sehen.

Wallander entdeckte plötzlich, dass er nicht mehr allein am Strand war. Ein älterer Mann kam ihm entgegen. Ein schwarzer Labrador lief gehorsam an seiner Seite. Wallander blieb stehen und sah den Hund an. In der letzten Zeit hatte er mehrfach daran gedacht, ob er Mona nicht vorschlagen sollte, dass sie sich einen Hund anschafften. Aber er hatte davon abgesehen, weil er zu so unregelmäßigen Zeiten arbeitete. Ein Hund würde mit größter Wahrscheinlichkeit mehr schlechtes Gewissen bedeuten als Gesellschaft.

Der Mann lüpfte sein Käppi, als er Wallander erreichte.

»Ob es wohl noch Frühling wird?«, fragte er. Wallander fiel auf, dass er kein Schonisch sprach.

»Er kommt sicher auch dieses Jahr«, gab Wallander zurück.

Der Mann nickte und wollte weitergehen, als Wallander ihn zurückhielt.

»Ich nehme an, Sie gehen hier jeden Tag?«, sagte Wallander.

Der Mann zeigte auf eins der Häuser.

»Ich wohne hier, seit ich pensioniert bin«, antwortete er.

»Ich heiße Wallander und bin Kriminalbeamter in Ystad. Sie haben nicht zufällig einen Mann um die fünfzig gesehen, der hier in den letzten Tagen allein am Strand spazieren gegangen ist?«

Die Augen des Mannes waren blau und klar. Unter dem Käppi ragte das weiße Haar hervor.

»Nein«, sagte er und lächelte. »Wer hätte das sein sollen? Hier geht niemand außer mir. Aber im Mai, wenn es wärmer wird, dann sieht es anders aus.«

»Sind Sie ganz sicher?«, fragte Wallander.

»Ich gehe dreimal täglich mit dem Hund«, erwiderte der Mann. »Und ich habe hier keinen Mann allein entlanglaufen sehen. Bis jetzt. Bis Sie kamen.«

Wallander nickte.

»Dann will ich Sie nicht weiter stören«, sagte er.

Wallander ging weiter. Als er stehen blieb und zurückschaute, war der Mann mit dem Hund verschwunden.

Woher der Gedanke oder, genauer gesagt, das Gefühl kam, konnte er sich später nie klarmachen. Und doch war er von dem Augenblick an ganz sicher. Etwas war im

Gesicht des alten Mannes aufgeblitzt, eine schwache, fast nicht wahrnehmbare Änderung in seinem Blick, als Wallander gefragt hatte, ob er einen Mann allein am Strand gesehen habe.

Er weiß etwas, dachte Wallander. Fragt sich nur, was.

Wallander blickte sich noch einmal um.

Der Strand war jetzt leer.

Er stand einige Minuten da, ohne sich zu bewegen.

Dann kehrte er zu seinem Wagen zurück und fuhr nach Hause.

Mittwoch, der 29. April, wurde in diesem Jahr der erste Frühlingstag in Schonen. Wallander wachte wie üblich früh auf. Er war verschwitzt und wusste, dass er einen Albtraum gehabt hatte, ohne sich erinnern zu können, wovon er gehandelt hatte. Vielleicht hatten ihn wieder einmal die Stiere verfolgt? Oder Mona hatte ihn verlassen? Er duschte, trank Kaffee und blätterte zerstreut *Ystads Allehanda* durch.

Schon um halb sieben saß er in seinem Zimmer im Polizeipräsidium. Die Sonne schien von einem klarblauen Himmel. Wallander hoffte, dass Martinsson wieder gesund wäre, damit er Hansson die Computerarbeit mit den Registern abnehmen konnte. Er pflegte schnellere und bessere Resultate zu erreichen. Wenn Martinsson gesund war, könnte er Hansson mit hinaus nach Svarte nehmen, um Klinken zu putzen. Aber das Wichtigste war im Moment vielleicht, ein so klares Bild von Alexandersson zu bekommen wie möglich. Martinsson war entschieden gründlicher, wenn es darum ging, Menschen zu befragen, die Auskünfte geben konnten. Wallander beschloss auch, dass sie ernsthaft untersuchen müssten, was eigentlich geschehen war, als Alexanderssons Sohn erschlagen wurde.

Sobald es sieben geworden war, versuchte Wallander Jörne zu erreichen, der die Obduktion von Göran Alexandersson durchgeführt hatte, aber vergebens. Er merkte, dass er ungeduldig war. Der Fall des toten Mannes auf der Rückbank von Stenbergs Taxi machte ihm Sorgen.

Um zwei Minuten vor acht trafen sie sich im Konferenzraum. Rydberg konnte ihm mitteilen, dass Martinsson immer noch Halsschmerzen und Fieber hatte. Wallander fand es typisch, dass es ausgerechnet Martinsson mit seiner Bazillenphobie so erwischt hatte.

»Dann müssen du und ich heute in Svarte die Häuser abklappern«, sagte er. »Und du, Hansson, gräbst hier zu Hause weiter. Ich würde gern mehr über Alexanderssons Sohn Bengt und seinen Tod wissen. Bitte Rendal um Hilfe.«

»Wissen wir mehr über dieses Gift?«, fragte Rydberg.

»Ich habe es heute Morgen schon versucht, aber ich erreiche niemanden«, antwortete Wallander.

Ihre Sitzung wurde sehr kurz. Wallander bat um eine Vergrößerung des Passfotos von Alexanderssons Führerschein und Kopien davon. Dann ging er zu Björk, ihrem Polizeipräsidenten. Er fand, dass Björk im Großen und Ganzen ein guter Chef war, der jeden machen ließ und keinem hineinredete. Doch manchmal raffte Björk sich auf und wollte sich einen raschen Überblick über die Lage an der Ermittlungsfront verschaffen.

»Wie geht es mit dieser Bande, die Autos exportiert?«, fragte Björk und ließ die Handflächen auf die Tischplatte fallen zum Zeichen dafür, dass er eine kurze und präzise Antwort wünsche.

»Schlecht«, antwortete Wallander wahrheitsgemäß.

»Sind irgendwelche Festnahmen aktuell?«

»Überhaupt keine«, antwortete Wallander. »Wenn ich mit dem, was ich habe, zu einem Staatsanwalt ginge und einen Haftbefehl beantragte, würde er mich rauswerfen.«

»Wir dürfen nur nicht aufgeben«, sagte Björk.

»Wo denkst du hin«, antwortete Wallander. »Ich mache weiter. Wenn wir nur erst diese Geschichte mit dem Mann, der in einem Taxi gestorben ist, aufgeklärt haben.«

»Hansson hat mich informiert«, sagte Björk. »Das klingt alles sehr sonderbar.«

»Es *ist* sonderbar«, sagte Wallander.

»Kann der Mann wirklich ermordet worden sein?«

»Die Ärzte behaupten es«, sagte Wallander. »Wir werden heute in Svarte Klinken putzen gehen. Irgendjemand muss ihn gesehen haben.«

»Halte mich auf dem Laufenden«, sagte Björk und stand auf zum Zeichen dafür, dass das Gespräch beendet war.

Sie fuhren in Wallanders Wagen nach Svarte.

»Schonen ist wirklich schön«, sagte Rydberg plötzlich.

»Auf jeden Fall an einem Tag wie heute«, gab Wallander zurück. »Aber im Herbst kann es hier verdammt ekelhaft sein. Wenn der Schlamm über die Türschwellen schwappt.«

»Wer will denn jetzt an den Herbst denken?«, sagte Rydberg. »Warum soll man einen Vorschuss auf die Unwetter nehmen? Sie kommen schon früh genug.«

Wallander antwortete nicht. Er konzentrierte sich darauf, einen Traktor zu überholen.

»Wir fangen mit den Häusern am Strand am westlichen Ortsrand an«, sagte er. »Wir nehmen jeder eine Seite und treffen uns nachher in der Mitte. Versuche auch herauszubekommen, wer in den Häusern wohnt, die jetzt leer stehen.«

»Was hoffst du eigentlich zu finden?«, fragte Rydberg.

»Die Lösung«, antwortete Wallander ganz einfach. »Jemand muss ihn da draußen am Strand gesehen haben. Jemand muss gesehen haben, dass er dort einen anderen Menschen getroffen hat.«

Wallander parkte. Er ließ Rydberg mit dem Haus anfangen, in dem Agnes Ehn wohnte. Rydberg machte sich auf den Weg, während Wallander von seinem Autotelefon aus Jörne zu erreichen suchte. Aber auch diesmal bekam er keine Antwort. Er fuhr ein Stück nach Westen, stellte den Wagen ab und ging dann in östlicher Richtung. Das erste Haus war ein altes und gut gepflegtes schonisches Landhaus. Er ging durch die Pforte und klingelte an der Tür. Als niemand aufmachte, klingelte er noch einmal.

Er wollte gerade gehen, als die Tür von einer Frau um die dreißig in einem fleckigen Overall geöffnet wurde.

»Ich mag es nicht, wenn man mich stört«, sagte sie und blickte Wallander irritiert an.

»Es ist aber manchmal notwendig«, entgegnete Wallander und zeigte ihr seinen Polizeiausweis.

»Und was wollen Sie?«

»Meine Frage ist vielleicht ein bisschen seltsam«, begann Wallander. »Aber ich möchte gern wissen, ob Sie in den letzten Tagen einen Mann um die fünfzig in einem hellblauen Mantel am Strand gesehen haben.«

Sie zog die Augenbrauen hoch und betrachtete Wallander amüsiert.

»Ich male bei vorgezogenen Gardinen«, sagte sie. »Ich habe nichts gesehen.«

»Sie sind Malerin«, sagte Wallander. »Ich dachte, Sie wollen Licht?«

»Ich nicht. Aber das ist ja wohl kaum strafbar?«

»Und Sie haben nichts gesehen?«

»Nein, nichts, wie schon gesagt.«

»Gibt es sonst jemand in diesem Haus, der etwas gesehen haben kann?«

»Ich habe eine Katze, die immer auf einer Fensterbank hinter den Gardinen liegt. Sie können ja mit der sprechen.«

Wallander merkte, dass er wütend wurde.

»Manchmal ist es nicht zu vermeiden, dass die Polizei Fragen stellen muss«, sagte er. »Glauben Sie nicht, dass ich das hier zu meinem Vergnügen mache. Und jetzt werde ich nicht weiter stören.«

Die Frau machte die Tür zu. Sie verschloss sie mit mehreren Schlössern. Er ging weiter zum nächsten Grundstück. Das eingeschossige Haus darauf war relativ neu erbaut. Im Garten stand ein kleiner Springbrunnen. Als Wallander klingelte, begann im Inneren des Hauses ein Hund zu bellen. Er wartete.

Der Hund hörte auf zu bellen, und die Tür wurde geöffnet. Es war der alte Mann, den Wallander am Vortag unten am Strand getroffen hatte. Wallander hatte sogleich das Gefühl, dass der Mann nicht erstaunt war, ihn zu sehen. Er hatte ihn erwartet und war auf der Hut.

»Sie wieder«, sagte der Mann.

»Ja«, gab Wallander zurück. »Ich gehe herum und klingele bei allen, die am Strand wohnen.«

»Ich sagte ja schon gestern, dass ich nichts gesehen habe.«

Wallander nickte.

»Manchmal fällt einem nachher etwas ein«, sagte er.

Der Mann trat zur Seite und ließ Wallander eintreten. Der Hund beschnüffelte ihn neugierig.

»Wohnen Sie das ganze Jahr hier?«, fragte Wallander.

»Ja«, sagte der Mann. »Ich war zweiundzwanzig Jahre Amtsarzt in Nynäshamn. Als ich pensioniert wurde, sind wir hierher gezogen, meine Frau und ich.«

»Vielleicht hat sie etwas gesehen?«, fragte Wallander. »Ist sie hier?«

»Sie ist krank«, sagte der Mann. »Sie hat nichts gesehen.«

Wallander zog einen Notizblock aus der Tasche.

»Darf ich fragen, wie Sie heißen?«, sagte er.

»Ich heiße Martin Stenholm«, sagte der Mann. »Meine Frau heißt Kajsa.«

Nachdem er die beiden Namen notiert hatte, steckte Wallander den Block wieder ein.

»Dann will ich nicht weiter stören«, sagte er.

»Aber ich bitte Sie«, sagte Martin Stenholm.

»Vielleicht kann ich in ein paar Tagen wiederkommen und mit Ihrer Frau sprechen«, sagte Wallander. »Manchmal ist es besser, wenn die Leute selbst erzählen, was sie gesehen oder nicht gesehen haben.«

»Ich glaube, das ist keine gute Idee«, sagte Stenholm.

»Meine Frau ist schwer krank. Sie hat Krebs und wird bald sterben.«

»Ich verstehe«, sagte Wallander. »Dann werde ich nicht zurückkommen und stören.«

Martin Stenholm öffnete ihm die Tür.

»Ist Ihre Frau auch Ärztin?«, fragte Wallander.

»Nein«, antwortete der Mann. »Sie ist Juristin.«

Wallander ging zurück auf die Straße. Dann besuchte er noch drei Häuser, ohne etwas zu erfahren, bevor er auf Rydberg stieß.

Beide machten sogleich kehrt. Wallander holte sein Auto und wartete vor Agnes Ehns Haus auf Rydberg. Als dieser kam, hatte er nur Negatives zu berichten. Niemand hatte Göran Alexandersson am Strand gesehen.

»Und ich habe immer gehört, die Menschen seien so neugierig«, sagte Rydberg. »Besonders auf dem Land, und besonders bei Fremden.«

Sie fuhren nach Ystad zurück. Wallander saß schweigend am Steuer. Als sie im Polizeipräsidium ankamen, bat er Rydberg, Hansson zu suchen und mit in sein Zimmer zu bringen. Er rief bei der Gerichtsmedizin an und erreichte Jörne endlich. Als er das Gespräch mit diesem beendete, waren Rydberg und Hansson schon gekommen. Wallander schaute Hansson fragend an.

»Etwas Neues?«

»Nichts, was unser bisheriges Bild von Alexandersson veränderte«, antwortete Hansson.

»Ich habe gerade mit Jörne telefoniert«, sagte Wallander. »Das Gift, das ihn getötet hat, kann er sehr wohl zu sich genommen haben, ohne es zu bemerken. Man kann nicht genau sagen, wie es wirkt. Jörne vermutete, dass es mindestens eine halbe Stunde dauern könnte. Wenn der Tod dann kommt, tritt er sehr schnell ein.«

»Soweit haben wir also recht«, sagte Hansson. »Hat dieses Gift einen Namen?«

Wallander las die komplizierte chemische Bezeichnung vor, die er auf seinem Block notiert hatte. Dann berichtete er von seinem Gespräch mit Martin Stenholm in Svarte.

»Ich weiß nicht, was es ist«, sagte er. »Aber ich werde das Gefühl nicht los, dass wir die Lösung im Haus dieses Arztes finden werden.«

»Ein Arzt kennt sich mit Gift aus«, sagte Rydberg. »Das ist schon mal ein Anfang.«

»Da hast du natürlich recht«, erwiderte Wallander. »Aber es ist noch etwas anderes. Ich komme nur nicht darauf, was es ist.«

»Soll ich die Register durchgehen?«, fragte Hansson. »Schade, dass Martinsson krank ist. Er kann das am besten.«

Wallander nickte. Dann kam ihm plötzlich ein Gedanke.

»Suche auch nach seiner Frau, Kajsa Stenholm.«

Während des Walpurgisfestes und Wochenendes ruhte die Ermittlung. Wallander verbrachte einen großen Teil der freien Zeit draußen bei seinem Vater. Einen Nachmittag benutzte er, um seine Küche neu zu streichen. Er rief auch Rydberg an und sprach mit ihm. Er hatte keinen anderen Anlass gehabt, als dass Rydberg genauso allein war wie er selbst. Doch als Wallander anrief, war Rydberg betrunken gewesen, und ihr Gespräch war schnell beendet.

Am Montag, dem 4. Mai, war Wallander früh im Präsidium. Während er darauf wartete, zu erfahren, was Hansson eventuell in seinen Registern gefunden haben konnte, beschäftigte er sich mit der Autoschmugglerbande. Erst am Tag danach, kurz nach elf Uhr, kam Hansson in sein Zimmer.

»Ich finde nichts über Martin Stenholm«, sagte er. »Er hat vermutlich während seines ganzen Lebens nie etwas Verbotenes getan.«

Wallander war nicht verwundert. Er war sich die ganze Zeit bewusst gewesen, dass sie vielleicht auf dem Weg in eine Sackgasse waren.

»Und die Frau?«, fragte er.

Hansson schüttelte den Kopf.

»Noch weniger«, sagte Hansson. »Sie war viele Jahre Staatsanwältin in Nynäshamn.«

Hansson legte einen Aktenordner mit Papieren auf Wallanders Schreibtisch.

»Ich rede noch einmal mit den Taxifahrern«, sagte er. »Vielleicht haben sie trotz allem irgendetwas gesehen.«

Als Wallander allein war, zog er den Aktenordner an sich, den Hansson ihm auf den Schreibtisch gelegt hatte. Er brauchte eine Stunde, um den Inhalt genau durchzusehen. Hansson hatte ausnahmsweise einmal nichts übersehen. Trotzdem wusste Wallander, dass Göran Alexanderssons Tod mit dem alten Arzt zu tun hatte. Er wusste es, ohne zu wissen, wie so häufig zuvor. Zwar misstraute er seiner eigenen Intuition, aber er konnte nicht abstreiten, dass sie ihn trotz allem häufig richtig geleitet hatte. Er rief Rydberg an, der sofort zu ihm herüberkam. Wallander gab ihm den Aktenordner.

»Lies das mal durch«, sagte er. »Weder Hansson noch ich können irgendetwas Auffälliges entdecken. Aber ich bin sicher, dass wir etwas übersehen.«

»Hansson können wir uns schenken«, meinte Rydberg und machte kein Hehl daraus, dass sein Respekt vor dem Kollegen sich in Grenzen hielt.

Am späten Nachmittag reichte Rydberg Wallander den Ordner wieder herein und schüttelte den Kopf. Auch er hatte nichts gefunden.

»Wir müssen wieder von vorn anfangen«, sagte Wallander. »Wir treffen uns hier morgen früh und entscheiden, wie wir weiter vorgehen wollen.«

Kurz danach verließ Wallander das Präsidium und fuhr nach Svarte. Wieder machte er einen langen Spaziergang am Strand. Er traf niemanden.

Danach saß er im Auto und las den Ordner, den er von Hansson bekommen hatte, noch einmal durch. Was sehe ich nicht?, dachte er. Es gibt einen Zusammenhang zwischen diesem Arzt und Göran Alexandersson. Nur ich sehe ihn nicht.

Er fuhr nach Ystad zurück und nahm den Ordner mit nach Hause in die Mariagata. Seit sie vor vierzehn Jahren nach Ystad gezogen waren, wohnten sie in derselben Dreizimmerwohnung.

Er versuchte, sich zu entspannen, aber der Ordner ließ ihm keine Ruhe. Spät am Abend, als es schon auf Mitternacht zuging, setzte er sich an den Küchentisch und ging das Ganze noch einmal durch.

Obwohl er inzwischen sehr müde war, fiel ihm jetzt plötzlich ein Detail auf. Er war sich dessen bewusst, dass es bedeutungslos sein konnte. Doch er beschloss, es gleich am nächsten Morgen zu untersuchen.

In dieser Nacht schlief er schlecht.

Kurz vor sieben war er wieder im Präsidium. Über Ystad fiel ein leichter Nieselregen. Wallander wusste, dass der Mann, den er jetzt aufsuchen wollte, ein ebenso früher Vogel war wie er selbst. Er ging hinüber in den Flügel des Gebäudes, in dem die Staatsanwaltschaft untergebracht war, und klopfte an Per Åkesons Tür. Wie üblich herrschte dort drinnen große Unordnung. Åkeson und Wallander arbeiteten seit vielen Jahren zusammen und hatten großes Vertrauen in das Urteilsvermögen des anderen. Åkeson schob die Brille in die Stirn und betrachtete Wallander.

»Du hier?«, sagte er. »So früh? Das bedeutet, dass du mir etwas Wichtiges zu sagen hast.«

»Ob es wichtig ist, weiß ich nicht«, entgegnete Wallander. »Aber ich brauche deine Hilfe.«

Er nahm einen Aktenstapel vom Besucherstuhl und legte ihn auf den Fußboden. Dann setzte er sich und berichtete Åkeson in knappen Worten von Alexanderssons Tod.

»Hört sich reichlich seltsam an«, sagte Åkeson, nachdem Wallander geendet hatte.

»Manchmal passieren seltsame Dinge«, sagte Wallander. »Das weißt du ebenso gut wie ich.«

»Aber du bist doch kaum um sieben Uhr in der Frühe hergekommen, um mir das Ganze zu erzählen? Ich nehme an, du möchtest vorschlagen, dass wir diesen Arzt festnehmen?«

»Ich brauche deine Hilfe wegen seiner Frau, Kajsa Stenholm«, sagte Wallander. »Sie ist deine Kollegin gewesen. Sie hat viele Jahre in Nynäshamn gearbeitet. Aber ein paarmal war sie beurlaubt. In diesen Perioden hat sie manchmal kurzzeitige Vertretungen übernommen. Vor sieben Jahren hatte sie eine Vertretung in Stockholm. Diese Vertretung fällt in die Zeit, als Göran Alexanderssons Sohn überfallen und getötet wurde. Und ich brauche deine Hilfe, um herauszufinden, ob zwischen diesen beiden Ereignissen eine Verbindung besteht.«

Wallander blätterte in seinen Papieren, bevor er fortfuhr.

»Der Sohn hieß Bengt. Bengt Alexandersson. Er war achtzehn Jahre alt, als er starb.«

Per Åkeson balancierte auf zwei Beinen seines Stuhls und betrachtete Wallander stirnrunzelnd.

»Was stellst du dir eigentlich vor?«, fragte er.

»Ich weiß nicht«, antwortete Wallander. »Aber ich will trotzdem untersuchen, ob es eine Verbindung gibt. Ob Kajsa Stenholm in irgendeiner Weise mit der Ermittlung von Bengt Alexanderssons Tod befasst war.«

»Und ich nehme an, du möchtest die Antwort so schnell wie möglich?«

Wallander nickte.

»Du kennst mich doch inzwischen gut genug, um zu wissen, dass Geduld für mich ein Fremdwort ist«, sagte er und stand auf.

»Ich will sehen, was ich tun kann«, sagte Åkeson. »Aber erwarte nicht zu viel.«

Als Wallander kurz darauf an der Anmeldung vorüberkam, sagte er zu Ebba, dass sie Rydberg und Hansson in sein Zimmer schicken sollte, sobald sie kämen.

»Wie geht es dir eigentlich?«, fragte Ebba. »Bekommst du nachts genug Schlaf?«

»Manchmal habe ich das Gefühl, ich schlafe zu viel«, sagte Wallander ausweichend. Ebba war in der Anmeldung sozusagen ein Fels in der Brandung und hatte ein wachsames Auge auf das Wohlbefinden aller. Wallander musste sich dann und wann in aller Freundlichkeit ihrer Fürsorge erwehren.

Um Viertel nach acht kam Hansson, kurz darauf Rydberg. In knappen Worten referierte Wallander, was er in »Hanssons Papieren«, wie er sie inzwischen nannte, entdeckt hatte.

»Wir müssen abwarten, was Per Åkeson herausfindet«, schloss er. »Vielleicht ist es eine sinnlose Vermutung meinerseits. Aber wenn es sich auf der anderen Seite zeigt, dass Kajsa Stenholm zur gleichen Zeit, als Bengt Alexandersson getötet wurde, eine Vertretung hatte, und wenn sie mit der Ermittlung befasst war, dann haben wir wirklich einen Zusammenhang hergestellt.«

»Hast du nicht gesagt, dass sie auf den Tod liegt?«, fragte Rydberg.

»Das behauptet ihr Mann«, antwortete Wallander. »Sie selbst habe ich nicht gesehen.«

»Mit allem Respekt vor deiner Fähigkeit, dich durch komplizierte Verbrecherermittlungen zu manövrieren, kommt mir dies alles doch sehr vage vor«, sagte Hansson. »Nehmen wir an, du hast recht. Dass Kajsa Stenholm als Leiterin der Voruntersuchung im Fall des gewaltsamen Todes von Bengt Alexandersson tätig war. Was bedeutet das heute? Sollte eine krebskranke Frau einen Mann ermordet haben, der von irgendwoher aus ihrer Vergangenheit auftaucht?«

»Es *ist* sehr vage«, räumte Wallander ein. »Lasst uns einfach abwarten, was Åkeson eventuell herausbekommt.«

Nachdem die beiden anderen gegangen waren, saß Wallander lange unschlüssig da. Er fragte sich, was Mona und Linda wohl gerade machten. Und worüber sie redeten. Um kurz vor halb zehn holte er sich eine Tasse Kaffee, um halb elf noch eine. Er kam gerade in sein Zimmer zurück, als das Telefon klingelte.

Es war Per Åkeson.

»Es ging schneller, als ich dachte«, sagte er. »Hast du was zum Schreiben?«

»Ich schreibe«, antwortete Wallander.

»Zwischen dem 10. März und dem 9. Oktober 1980 hatte Kajsa Stenholm eine Vertretung als Staatsanwältin in Stockholm. Mit Hilfe eines tüchtigen Archivars beim Landgericht bekam ich auch eine Antwort auf deine zweite Frage, inwieweit sie mit der Ermittlung im Fall des Todes von Bengt Alexandersson befasst war.«

Er verstummte. Wallander wartete gespannt.

»Du hattest tatsächlich recht«, sagte Åkeson. »Sie leitete die Voruntersuchung, und sie war es auch, die die Ermittlung schließlich auf Eis legte. Ein Täter wurde nie gefasst.«

»Danke für die Hilfe«, sagte Wallander. »Ich lass mir das alles durch den Kopf gehen. Ich melde mich später wieder.«

Als er aufgelegt hatte, stand er auf und trat ans Fenster. Die Scheibe war beschlagen. Es regnete jetzt stärker als am frühen Morgen. Es gibt nur eins, dachte er. Hingehen und herausfinden, was eigentlich passiert ist. Er beschloss, nur Rydberg mitzunehmen. Über das Haustelefon rief er ihn und Hansson zu sich. Er erzählte ihnen, was Åkeson gesagt hatte.

»Donnerwetter!«, sagte Hansson.

»Ich dachte, du und ich fahren hin«, sagte Wallander zu Rydberg. »Drei ist einer zu viel.«

Hansson nickte. Er verstand.

Sie fuhren schweigend in Wallanders Wagen nach Svarte. Wallander parkte hundert Meter hinter Stenholms Haus.

»Was erwartest du von mir?«, fragte Rydberg, als sie durch den Regen gingen.

»Dass du dabei bist. Sonst nichts.«

Plötzlich wurde es Wallander bewusst, dass Rydberg zum ersten Mal ihm assistierte und nicht umgekehrt. Rydberg hatte sich nie formell als sein Vorgesetzter verhalten, es passte nicht zu seinem Temperament, Chef zu sein, sondern sie hatten immer Seite an Seite gearbeitet. Aber seit Wallander in Ystad war, hatte er Rydberg als seinen Lehrer betrachtet. Das berufliche Können, über das Wallander heute verfügte, verdankte er hauptsächlich Rydberg.

Sie traten durch die Gartenpforte und gingen zum Haus.

Wallander klingelte. Als habe er sie erwartet, öffnete der alte Arzt ihnen fast auf der Stelle die Tür. Wallander schoss der Gedanke durch den Kopf, wie merkwürdig es war, dass der Labrador sich nicht zeigte.

»Ich hoffe, ich störe nicht«, sagte Wallander. »Aber ich habe noch einige Fragen, die leider nicht warten können.«

»Was für Fragen?«

Wallander merkte, dass jede Freundlichkeit bei dem Mann jetzt verschwunden war. Er wirkte verängstigt und zugleich gereizt.

»Nach dem Mann, der am Strand spazieren ging«, sagte Wallander.

»Ich habe Ihnen doch schon gesagt, dass ich ihn nicht gesehen habe.«

»Wir würden auch gern mit Ihrer Frau sprechen.«

»Ich habe Ihnen schon gesagt, dass sie todkrank ist. Was hätte sie denn sehen sollen? Sie liegt im Bett. Ich begreife nicht, warum Sie uns nicht in Frieden lassen können!«

Wallander nickte.

»Dann werden wir nicht mehr stören«, sagte er. »Jedenfalls im Moment nicht. Aber ich bin ziemlich sicher, dass wir wiederkommen werden. Und dann werden Sie uns hereinlassen müssen.«

Er nahm Rydberg am Arm und ging mit ihm zur Gartenpforte. Hinter ihnen wurde die Tür zugeschlagen.

»Warum hast du so schnell nachgegeben?«, fragte Rydberg.

»Das hast du mir doch beigebracht«, antwortete Wallander. »Dass es nicht schadet, die Leute zum Nachdenken zu bringen. Außerdem brauche ich von Åkeson einen Durchsuchungsbefehl.«

»Hat wirklich er Alexandersson getötet?«, sagte Rydberg.

»Ja«, sagte Wallander. »Ich bin mir sicher. Er war es. Aber wie das Ganze zusammenhängt, weiß ich noch immer nicht.«

Am gleichen Nachmittag bekam Wallander seinen Durchsuchungsbefehl. Er beschloss, bis zum nächsten

Morgen damit zu warten. Um sich abzusichern, ließ er sich von Björk die Zustimmung dazu geben, das Haus solange zu bewachen.

Als Wallander in der Morgendämmerung des folgenden Tages, es war der 7. Mai, aufwachte und das Rollo hochschnappen ließ, war die Stadt in Nebel getaucht. Bevor er duschte, tat er etwas, was er am Abend zuvor vergessen hatte. Er schlug den Namen Stenholm im Telefonbuch nach. Es gab darin weder eine Kajsa noch einen Martin Stenholm. Als er die Auskunft anrief, wurde ihm mitgeteilt, die Nummer sei geheim. Er nickte stumm, als habe er genau das erwartet.

Während er Kaffee trank, überlegte er, ob er Rydberg mitnehmen oder allein nach Svarte fahren sollte. Erst als er sich ins Auto setzte, entschied er sich dafür, allein zu fahren. Über der Küste lag dichter Nebel.

Wallander fuhr sehr langsam. Kurz vor acht Uhr hielt er unmittelbar vor Stenholms Haus. Er ging durch die Gartenpforte und klingelte. Erst beim dritten Klingeln wurde aufgemacht. Als Martin Stenholm sah, dass es Wallander war, versuchte er, die Tür zuzuschlagen. Wallander konnte jedoch einen Fuß dazwischenschieben und drückte die Tür auf.

»Was gibt Ihnen das Recht, hier einzudringen?«, rief der alte Mann mit gellender Stimme.

»Ich dringe nicht ein«, sagte Wallander. »Ich habe einen Hausdurchsuchungsbefehl. Es ist das Beste, Sie akzeptieren es sofort. Können wir uns irgendwo setzen?«

Stenholm schien plötzlich zu resignieren. Wallander

folgte ihm in ein Zimmer, dessen Wände voller Bücher waren. Wallander setzte sich in einen Ledersessel, der alte Mann ihm gegenüber.

»Haben Sie mir wirklich nichts zu sagen?«, fragte Wallander.

»Ich habe keinen Mann hier am Strand spazieren gehen sehen. Und meine Frau, die schwer krank ist, auch nicht. Sie liegt oben.«

Wallander beschloss, ohne Umschweife zur Sache zu kommen. Es gab keinen Grund mehr zu zweifeln.

»Ihre Frau ist Staatsanwältin gewesen«, begann er. »Den größeren Teil des Jahres 1980 hatte sie eine Vertretung in Stockholm. Sie leitete unter anderem die Voruntersuchung der Umstände, die zum Tod des damals achtzehnjährigen Bengt Alexandersson geführt hatten. Und sie war es auch, die nach einigen Monaten das Verfahren einstellte. Erinnern Sie sich an dieses Ereignis?«

»Natürlich nicht«, sagte Stenholm. »Wir hatten es uns zur Gewohnheit gemacht, zu Hause Gespräche über unsere Arbeit zu vermeiden. Weder sprach sie von Angeklagten noch ich von Patienten.«

»Der Mann, der hier am Strand spazieren ging, war der Vater des toten Bengt Alexandersson«, fuhr Wallander fort. »Er wurde außerdem vergiftet und starb auf der Rückbank eines Taxis. Finden Sie, dass dies nach Zufall aussieht?«

Stenholm antwortete nicht. Wallander meinte plötzlich, den gesamten Verlauf des Geschehens vor sich sehen zu können.

»Nach Ihrer Pensionierung ziehen Sie von Nynäshamn hier herunter nach Schonen«, sagte er langsam. »In eine kleine, anonyme Gemeinde mit Namen Svarte. Sie stehen nicht einmal im Telefonbuch, denn Ihre Nummer ist geheim. Natürlich kann der Grund dafür sein, dass Sie im Alter ungestört und anonym sein wollen. Aber vielleicht kann man sich auch eine andere Möglichkeit denken. Dass Sie in aller Heimlichkeit wegziehen, um etwas oder jemanden loszuwerden. Vielleicht einen Mann, der es nicht versteht, warum eine Staatsanwältin nicht mehr Mühe darauf verwendet, den sinnlosen Mord an seinem einzigen Kind aufzuklären. Sie ziehen fort, doch er findet Sie. Wie ihm das gelingt, werden wir wohl nie erfahren. Plötzlich steht er hier draußen am Strand. Sie begegnen ihm eines Tages, als Sie mit dem Hund gehen. Es ist natürlich ein schwerer Schock. Er wiederholt seine Anklagen. Vielleicht stößt er sogar Drohungen aus. Im Obergeschoss liegt Ihre schwer kranke Frau. Ich bezweifle nicht, dass es so ist. Der Mann am Strand kommt Tag auf Tag wieder. Er lässt nicht locker. Sie sehen keine Möglichkeit, ihn loszuwerden. Sie sehen überhaupt keinen Ausweg. Da bitten Sie ihn ins Haus. Wahrscheinlich versprechen Sie ihm, dass er mit Ihrer Frau sprechen kann. Sie geben ihm ein Gift, vielleicht in einer Tasse Kaffee. Dann bitten Sie ihn plötzlich, am nächsten Tag wiederzukommen. Ihre Frau hat starke Schmerzen, oder vielleicht schläft sie. Aber Sie wissen, er wird nie wiederkommen. Das Problem ist gelöst. Göran Alexandersson wird an etwas sterben, das aussieht wie ein Herzinfarkt. Niemand hat Sie zusammen gesehen, niemand kennt die Verbindung zwischen Ihnen. War es nicht so?«

Stenholm saß unbeweglich da.

Wallander wartete. Durchs Fenster konnte er sehen, dass

der Nebel noch immer sehr dicht war. Dann hob der Mann den Kopf.

»Meine Frau hat keine Fehler gemacht«, sagte er. »Aber die Zeiten änderten sich, die Verbrechen nahmen zu und wurden schlimmer. Polizei und Staatsanwaltschaft und Gerichte waren überfordert und kämpften einen aussichtslosen Kampf. Das sollten Sie als Polizeibeamter wissen. Deshalb war es zutiefst ungerecht, dass Göran Alexandersson meiner Frau zum Vorwurf machte, dass der Mord an seinem Sohn nie aufgeklärt wurde. Er hat uns sieben Jahre lang verfolgt und bedroht und terrorisiert. Und er tat das auf eine Art und Weise, dass ihm nie beizukommen war.«

Stenholm verstummte. Dann stand er vom Stuhl auf.

»Gehen wir hinauf zu meiner Frau. Sie kann es selbst erzählen.«

»Das ist nicht mehr nötig«, sagte Wallander.

»Für mich ist es nötig«, sagte der Mann.

Sie stiegen die Treppe ins Obergeschoss hinauf. In einem großen und hellen Raum lag Kajsa Stenholm in einem Krankenbett. Auf dem Boden daneben lag der Labrador.

»Sie schläft nicht«, sagte der Mann. »Gehen Sie zu ihr und fragen sie, was Sie wollen.«

Wallander trat ans Bett. Ihr Gesicht war so abgemagert, dass die Haut sich über dem Schädel spannte.

Im gleichen Augenblick sah Wallander, dass sie tot war. Er wandte sich heftig um. Der alte Mann war in der Türöffnung stehen geblieben Er richtete eine Pistole auf Wallander.

»Ich wusste, dass Sie kommen würden«, sagte er. »Deshalb konnte sie ebenso gut sterben.«

»Legen Sie die Pistole fort«, sagte Wallander.

Stenholm schüttelte den Kopf. Wallander spürte, wie die Angst ihn lähmte.

Dann ging alles sehr schnell. Stenholm richtete plötzlich die Waffe auf seine eigene Schläfe und drückte ab. Der Knall hallte im Raum wider. Von der Wucht des Schusses wurde der Mann fast durch die Tür hinausgeschleudert. Das Blut war über die Wände gespritzt. Wallander war nahe daran, in Ohnmacht zu fallen. Dann stürzte er durch die Tür und die Treppe hinunter. Er wählte die Nummer des Polizeipräsidiums. Ebba nahm ab.

»Hansson oder Rydberg«, sagte er. »Und zwar verdammt schnell.«

Rydberg nahm ab.

»Es ist vorbei«, sagte Wallander. »Kleine Besetzung in das Haus in Svarte. Ich habe zwei Tote hier.«

»Hast du sie getötet? Was ist passiert?«, fragte Rydberg. »Bist du verletzt? Warum bist du allein da hinausgefahren, verdammt noch mal?«

»Ich weiß nicht«, sagte Wallander. »Macht schnell. Ich bin unverletzt.«

Wallander ging aus dem Haus, während er wartete. Der Strand war nebelverhangen. Er dachte an das, was der alte Arzt gesagt hatte, über die Verbrechen, die mehr wurden und immer gröber. Wallander hatte ähnliche Überlegungen angestellt. Er kam sich mehr und mehr wie ein Polizeibeamter vor, der eigentlich einer anderen Zeit angehörte. Und das, obwohl er gerade mal vierzig war. Vielleicht brauchte die Gegenwart eine andere Sorte Polizisten?

Er wartete im Nebel, dass die Kollegen aus Ystad kamen.

Er fühlte sich elend. Wieder einmal war er gegen seinen Willen gezwungen gewesen, in einer Tragödie mitzuspielen. Er fragte sich, wie lange er das noch aushalten würde.

Als die Kollegen kamen und Rydberg aus dem Wagen stieg, entdeckte er Wallander als schwarzen Schatten in dem weißen Nebel.

»Was ist passiert?«, fragte Rydberg.

»Wir haben den Fall des Mannes gelöst, der im Fond von Stenbergs Taxi gestorben ist«, sagte Wallander einfach.

Er sah, dass Rydberg auf eine Fortsetzung wartete, die nicht kommen würde.

»Das ist alles«, sagte er. »Das ist alles, was wir getan haben.«

Dann drehte Wallander sich um und ging hinunter zum Strand. Nach kurzer Zeit hatte der Nebel ihn verschluckt.

Javier Marías

Sonntag mit Fleisch

Wir waren im Hotel de Londres abgestiegen, und während der ersten vierundzwanzig Stunden in der Stadt hatten wir das Zimmer nicht verlassen, wir waren nur auf die Terrasse hinausgetreten, um von dort aus die Bucht La Concha zu sehen, zu voll, um einen erfreulichen Anblick zu bieten. Angenehm ist nur, was nicht massig, was unterscheidbar ist, und dort konnte man unmöglich mit dem Blick auf jemandem verweilen, trotz des Fernglases, ein Übermaß an Fleisch ebnet ein und macht gleich. Wir hatten es mitgenommen, falls wir an einem Sonntag nach Lasarte gehen würden, zur Pferderennbahn, es gibt nicht viel zu tun in San Sebastián an den Sonntagen im August, wir würden drei Wochen da sein, unser Urlaub, vier Sonntage, aber drei Wochen, denn jener zweite Tag unseres Aufenthalts war ein Sonntag, und wir würden an einem Montag abreisen.

Ich trat mehr hinaus als meine Frau, Luisa, immer mit dem Fernglas in der Hand, oder besser gesagt, um den Hals gehängt, damit es mir nicht entgleiten und von der Terrasse hinunterfallen und zerbrechen konnte. Ich versuchte, jemanden am Strand auszumachen, jemanden auszuwählen, aber es gab zu viele Menschen, um irgendeinem treu zu sein, ich machte Schwenks mit der Naheinstellung, sah Hunderte von Kindern, Dutzende von Dicken, ebenso viele junge Mädchen (keine mit bloßen Brüsten, in San Sebastián ist das noch selten), junges und reifes und altes Fleisch, Kinderfleisch, das noch kein Fleisch ist, Mutterfleisch, das dagegen am meisten Fleisch ist, weil es sich bereits reproduziert hat. Schon bald wurde ich es leid zu schauen und kehrte zum Bett zurück, wo Luisa ruhte, ich gab ihr ein paar Küsse, dann kehrte ich zur Terrasse zurück und schaute abermals durch das Fernglas. Vielleicht langweilte ich mich, und deshalb war ich ein wenig neidisch, als ich sah, dass zwei Zimmer weiter, zu meiner Rechten, ein Mann stand, der, ebenfalls mit einem Fernglas, dieses fest auf irgendeinen interessanten Punkt gerichtet hielt und es erst nach einer ganzen Weile sinken ließ und es nicht bewegte, solange er schaute; er hielt es vor die Augen, reglos, ein paar Minuten lang, dann ließ er den Arm ausruhen, und nach kurzer Zeit hob er ihn wieder, immer in der gleichen Position, er wich nicht im mindesten ab von seiner Blickrichtung. Er war nicht hinausgetreten, im Gegenteil, er beobachtete vom Innern des Zimmers her, und deshalb konnte ich nur seinen behaarten Arm sehen, wohin, wohin genau schaute er wohl, fragte ich mich voll Neid, ich wollte meinen Blick gern fest auf etwas richten, nur dann ruht man wirklich aus und verknüpft Interesse mit dem, was man betrachtet, ich machte nur Schwenks, Fleisch und noch mehr Fleisch, das nicht als Einzelnes hervortrat, wenn wir schließlich das Zimmer verlassen würden, Luisa und ich, und zum Strand hinuntergingen (wir warteten ab, dass er ein wenig leerer wurde, voraussichtlich zur Zeit des Mittagessens), wären auch wir Teil des Konglomerats aus Fleisch, das aus der Ferne identisch war, unsere erkennbaren Körper würden untergehen in der Gleichförmigkeit, die der Sand und das Wasser und die Badekleidung schaffen, vor allem die Badekleidung. Und jener Mann zu meiner Rechten würde uns nicht wahrnehmen, niemand, der von oben schaute – wie er und ich es taten –, würde uns wahrnehmen, wären wir erst einmal Teil des unangenehmen Schauspiels. Vielleicht deshalb, um nicht ausgemacht zu werden, um nicht aufs Korn genommen noch unterschieden zu werden, finden die Sommerurlauber Gefallen daran, sich ein wenig auszuziehen und sich in Sand und Wasser unter andere Halbnackte zu mischen.

Ich versuchte zu berechnen, auf welchen Punkt die festen Augen des Mannes, meines Nachbarn, gerichtet sein konnten, und es gelang mir, einen Raum zu begrenzen, der nicht klein genug war, um meinen Blick völlig zur Ruhe kommen und Interesse an dem Interessanten aufkommen zu lassen, aber auf diese Weise, indem ich seinen Blick nachahmte oder versuchte, diesen zu erraten, konnte ich den größten Teil der vor mir liegenden Fläche – ein Strand – ausschließen.

»Was schaust du an?«, fragte mich meine Frau vom Bett her. Es war sehr heiß, und sie hatte sich ein feuchtes Handtuch auf die Stirn gelegt, es verdeckte ihr fast die Augen, die sich für nichts interessierten.

»Das weiß ich noch nicht«, sagte ich, ohne mich umzudrehen. »Ich versuche zu sehen, was ein Mann sieht, der hier neben mir ist, auf einer anderen Terrasse.«

»Warum? Das kann dir doch egal sein. Sei nicht neugierig.«

Es war mir gleich, in der Tat, aber im Sommer geht es vor allen anderen Dingen darum, Zeit zu verlieren, sonst hat man nicht das Gefühl, in dieser Jahreszeit zu sein, die langsam sein muss und ohne Ziel.

Meinen Berechnungen und Beobachtungen zufolge musste der Mann zu meiner Rechten eine von vier Personen anschauen, die sich alle ziemlich dicht beieinander befanden, nebeneinander in der letzten Reihe, weit vom Wasser entfernt. Rechts von diesen Personen tat sich eine leere Stelle auf, links ebenfalls, das war es, was mich auf den Gedanken brachte, dass er eine dieser vier anschaute. Die erste (von links nach rechts, wie bei den Fotos) zeigte mir oder zeigte uns das Gesicht, da sie der Sonne den Rücken zugewandt hatte; es war eine noch junge Frau, sie las eine Zeitung, sie hatte das Oberteil des Bikinis aufgeknüpft, nicht ausgezogen (das wird in San Sebastián noch immer ungern gesehen). Die zweite, ebenfalls eine Frau, älter, korpulenter, in einem Badeanzug und mit einem Strohhut, saß und cremte sich ein; bestimmt eine Mutter, aber ihre Kinder hatten sie verlassen, vielleicht spielten sie zusammen am Ufer. Die dritte Person war ein Mann, möglicherweise ihr Ehemann oder ihr Bruder, er war schlanker, er zitterte aus Laune auf seinem Handtuch stehend, als sei er gerade aus dem Wasser gekommen (er zitterte aus Laune, weil das Meer nicht kalt sein konnte). Die vierte war mehr als unterscheidbar, weil sie bekleidet war, zumindest der Oberkörper war bedeckt; es war ein älterer Mann (der Nacken grau), der mit dem Rücken zu mir saß, aufrecht, als wäre er seinerseits damit beschäftigt, jemanden am Ufer oder ein paar Reihen weiter vorne zu beobachten oder zu überwachen, der Strand als Theater. Ich richtete meinen Blick auf ihn; er war zweifellos allein, er hatte nichts zu tun mit dem, der sich links von ihm befand, dem unecht zitternden Mann. Er trug ein grünes, kurzärmeliges Hemd, ich konnte nicht sehen, ob er eine Badehose oder eine lange Hose darunter trug, ob er bekleidet war, unpassend an diesem Ort, wenn, dann würde er deshalb auffallen. Er kratzte sich den Rücken, er kratzte sich die Taille, die Taille war dick, sie musste schwer sein, bestimmt war er einer dieser Männer, die es große Mühe kostet, aufzustehen, zu diesem Zweck musste er die Arme nach vorne schwingen, mit ausgestreckten Fingern, als würde einer an ihnen ziehen. Er kratzte sich den Rücken, ein wenig so, als würde er auf sich zeigen. Ich fand keine Zeit, um festzustellen, ob er so aufstand, mühsam, oder um zu sehen, ob er lange Hosen oder eine Badehose trug, wohl aber, um zu erkennen, dass er das Ziel meines Nachbarn war, denn plötzlich sah ich, mein Fernglas endlich auf seine dicke Taille und seinen breiten Rücken gerichtet, wie er zusammensackte, er fiel nach vorn, sitzend, wie es die Marionetten tun, wenn die Hand sie loslässt, die sie führt. Ich hatte einen kurzen, gedämpften Knall gehört und konnte gerade noch sehen, dass das, was von der Terrasse zu meiner Rechten verschwand, nicht mehr der Arm meines Nachbarn mit dem Fernglas war, sondern sein Arm und der Lauf einer Waffe. Ich glaube, niemand bemerkte etwas, obwohl der zitternde Mann jetzt stillstand, denn ihm war nicht mehr kalt.

Siegfried Lenz

Küste im Fernglas

Lauschend kam der dicke Burow aus dem Gasthaus heraus, als über der glatten morgendlichen Bucht das Tuckern der auslaufenden Fischkutter erklang. Schwerfällig, angetan nur mit Hose und kragenlosem Hemd, stieg er die Zementstufen der schäbigen Veranda hinab, ging lauschend weiter durch das kalte Gras, überquerte den Hügel und trat unter das Teerdach des zur Bucht offenen Schuppens. Bedächtig zog er aus einer Hosentasche ein Fernglas hervor, setzte sich auf einen Hauklotz und hob das Glas an die müden, geröteten Augen: scharf, in ausgestochenen Scheiben, erschien die Steilküste auf der anderen Seite der Bucht; körniger, kreidiger Fels wurde deutlich, steile Rinnen, die der Regen gerissen hatte, und über der Steilküste, hingebogen vom ewigen Wehen des Ostwindes, tauchten in den münzrunden Ausschnitten Strandkiefern auf, schräge Stämme mit niedergezwungenen Kronen, die bis zum äußersten Ende der Bucht wuchsen, dort, wo die Steilküste jäh abwinkelte. Suchend senkte der Mann das Glas, senkte es so weit, bis er die schwarzen ausgespülten Löcher unten am kreidigen Felsen erkannte; weiter lief sein Blick, weiter am Fuß der Felsen entlang, über das flache grau schimmernde Wasser, aus dem sich einzelne Felsbrocken heraushoben, rundgewaschen von der See. Ohne abzusetzen, richtete er das Glas hinaus auf das Wasser: draußen, wo die Steilküste abwinkelte, krauste und riffelte es sich, warf kurze Wellen im Zusammenstoß zweier Strömungen; zur Mitte der Bucht hin wurde das Wasser dunkler, tiefgrün über der Fahrrinne, die in der Mündung des Flusses lag, und auf seiner Seite, wo das Land flach zur See auslief, mit einem breiten, sandigen Strand, hatte das Wasser einen hellbraunen Schimmer. Suchend lief sein Blick darüber hin, streifte die kleinen Fischkutter, die unter gleichmäßigem Tuckern in Kiellinie ausfuhren, und glitt jetzt prüfend den Sandstrand hinab: ein zerschlagener Kutter erschien in den ausgestochenen Scheiben des Fernglases, die von der Sonne gebleichten Trockenpfähle für die Netze, die beiden Landungsstege dann und schließlich das Dorf. Friedlich lagen die Fischerkaten da. Räuchertonnen standen hinter den angebauten Schuppen, Stapel von Bretterzeug, weißgewaschenes Schnittholz, das sie aus der See gefischt hatten. Eine schmutzige Linie lief durch den Sand: verdorrter Tang, den der letzte Sturm auf Land geworfen hatte, Lappenreste, verrostete Schachteln und zerbrochene Korkstücke – eine Markierung, die der letzte Sturm wie zur Erinnerung daran zurückgelassen hatte, wie weit er hinaufgeschlagen war auf den Strand.

Bis zur Mündung des schnell fließenden Flusses suchte der Mann die Bucht ab, bis zur Stelle, wo das Land allmählich zu steigen, sich zu erheben begann und als Steilküste die eine Seite der Bucht begrenzte. Wie jeden Morgen suchte er ergebnislos. Seufzend stand er vom Hauklotz auf, ein schwerer Mann mit bekümmertem Karpfengesicht; Müdigkeit in den Augen, Müdigkeit um den kleinen, trockenen Mund, so stand er frierend in der klaren, kalten Luft jenes Morgens. Sein Gesicht war blaß; es hatte die Blässe eines angedünsteten Fisches, und eine Spur von verstörter Traurigkeit zeigte sich auf ihm. Langsam kam er aus dem Schuppen hervor, steckte das Fernglas in die Hosentasche, stopfte den schmalen Lederriemen nach und stand und sah mit bloßem Auge auf die gekalkten Wände der Katen hinab. Die Wände leuchteten in der frühen Sonne. Zögernd, nach einem schnellen Blick zum Gasthaus hinüber, trat Burow auf den ausgefahrenen Sandweg, der zu den sauberen, gekalkten Katen hinabführte, zwischen ihnen hindurch und weiter bis zu den Landungsstegen. Ohne Eile ging er, während das Glas bei jedem Schritt gegen seinen Oberschenkel stieß, den Sandweg hinab; Fische, Kistenholz und Teer strömten einen strengen Geruch aus, der immer stärker wurde, je näher er den Katen kam. Die Katen waren grob verputzt, dickwandig, mit kleinen Fenstern zur Seeseite hin, Fenstern wie Gucklöcher; vor den Fenstern hingen grobe, gehäkelte Gardinen; und in die rauchigen, schwarzen Türpfosten waren Kerben eingeschnitten, eckige Zahlen, eckige Namen. Ausgetreten, gesprungen manchmal waren die Steintreppen, die in die lichtlosen Flure führten; neben den Steintreppen standen Bänke, kurz, gedrungen, mit trockenen Fischschuppen bedeckt, die weißgrau schimmerten. Ruhig ging der Mann an den alten Katen vorbei, an den angebauten Schuppen, die gefüllt waren mit gespaltenem Holz, mit Säcken voll Sägespänen, und in denen an breiten Haken in der Längswand schwere Riemen hingen, Drahtrollen und Stangen mit Aalgabeln. An einer Feuerstelle vorbei, auf der ein Kessel zum Kochen der Netze stand, ging er hinunter zum Strand, zu dem zerschlagenen Kutter, den sie aus dem Wasser geschleppt hatten. Die Spanten des Kutters standen in der Luft, gebogen und ausgedörrt wie Rippen. Burow sah, daß jetzt auf dem zertrümmerten Bug des Kutters ein Mann saß, ein Alter mit speckiger Joppe, mit Schirmmütze und nikotingelbem Bartkranz. Den Oberkörper auf einen Stock gestützt, blickte er über die Bucht, blickte den Kuttern nach, die mit dumpf tuckerndem Geräusch hinter der Steilküste verschwanden. Der Alte war mager. Es war Feddersen. Burow erkannte ihn wieder, und er ging langsam, mit knirschenden Schritten auf ihn zu. Leicht hob der Alte den Stock zum Gruß, sein Kopf begann zu nicken, die wäßrigen Augen schlossen sich fast ganz unter einem freundlichen Grinsen, das die Haut straffte, sein Gesicht starr und maskenhaft machte. Feddersen war der älteste Fischer im Dorf. Seine Haut war trocken und ausgezehrt, die Gelenke steif, die Finger gekrümmt, er sah aus, als ob ihn das Salz der See überkrustet, eingepökelt hätte.

»Nu«, machte er freundlich, »nu«, und hob fragend die Schultern. »Wieder nichts«, sagte Burow leise. Das müde Gesicht mit den geröteten Augen senkte sich: »Alles habe ich abgesucht, die Steilküste drüben, die Mündung, die ganze Bucht; wieder nichts. Ich werde sie nicht mehr sehen.«

Der Alte blickte sorgfältig den Strand hinab, zur Steilküste hinüber und weit über die Bucht; er hob den Stock dabei, drehte ihn langsam in Hüfthöhe, beschrieb einen offenen Kreis: niemals stand der Stock still, und der Mann stieß ihn wieder in den Sand und schüttelte den Kopf.

»Nu«, machte er, »nu.«

»Vor der Bucht war es«, sagte Burow. »Am Ausgang der Bucht sind sie gekentert, und da ist sie ertrunken. Das Boot wurde angetrieben, auch ein Kissen wurde angetrieben – nur sie nicht, meine Frau hat keiner gefunden.«

Der Alte hustete, schluckte angestrengt; eine kleine Öffnung entstand im nikotingelben Bart: »Im Frühjahr«, sagte er freundlich, »im Frühjahr wird sie antreiben der Wind. Das Frühjahr is gut dafür; dann steht der Wind auf der Bucht und bringt alles an Land. Aufs Frühjahr is Verlaß, Herr.«

Ein mildes Erschrecken glitt über das müde Gesicht Burows, zeigte sich in den traurigen Augen.

»Nein«, sagte er, »ich bin nur gekommen, um sie zu begraben. Bis zum Frühjahr kann ich nicht warten, ich muß zurück in mein Geschäft.«

»Aufs Frühjahr is man mehr Verlaß als auf den Herbst«, sagte der Alte. »Is schön bei uns im Frühjahr, große Aale, geräucherte Flundern.«

Burow trat an ihn heran, suchte seinen wäßrigen Blick, roch den strengen Geruch des Alten, einen Geruch nach Fischen und Kautabak, und er sprach flüsternd in das hautstraffe Gesicht hinein: »Sie war nicht allein im Boot, aber von ihm hört man gar nichts, niemand weiß, was mit ihm geschehen ist, mit dem Vertreter, der sie rausgebracht hat. Vertreter war er, weiter nichts; mit ihm ist sie weggegangen, an einem Sonnabendmorgen, am Tag, wo am meisten zu tun ist. Ein kleiner Vertreter war er, der nichts hatte als sein Fixum und seine Bügelfalten. Vom Segeln verstand er nichts: nur das Boot wurde angetrieben und das Kissen. Niemand weiß, was mit ihm geschehen ist.«

»Im Frühjahr«, sagte der Alte, »im Frühjahr steht der Wind auf der Bucht und bringt alles an Land, auch Vertreter. Im Frühjahr is man viel zu finden hier, da is schon manch einer überrascht worden. Was sich die Fische nicht holen und die Strömung nicht fortnimmt, das bringt der Wind alles an Land.«

Er hustete, würgte, sein Gesicht verfärbte sich; krampfhaft umschlossen die Finger den Stock, so daß die Knöchel weiß anliefen, dann spuckte er kräftig aus und lächelte. Lächelnd wartete er, bis sich sein Atem beruhigte, der Druck auf der Brust nachließ. »Im großen Frühjahr is alles besser«, sagte er mühsam, »wenn man nur erst der nächste Winter vorbei is.«

Das Tuckern der Fischkutter war nicht mehr zu hören, nacheinander waren sie hinter der Steilküste verschwunden; leer lag die Bucht jetzt da, durchschnitten von dem tiefgrünen Streifen der Flußmündung, auf dem treibende Möwen saßen, Heringsmöwen mit gelben Schnäbeln, roten Augen und schiefergrauen Flügeln. Sie saßen auf dem glatt strömenden Wasser, ließen sich hinaustreiben aus der Bucht und kehrten in kreischendem Flug wieder zur Mündung zurück.

Burow sah hinüber zu einer kreischenden Gruppe von Möwen, als er unvermutet eine Berührung spürte, eine kurze streifende Berührung vom Stock des Alten; überrascht wandte er sich um. Der Alte machte ihm ein vergnügtes Zeichen, hinter sich zu blicken, zu den Katen, ein Zeichen auch, nicht zu sprechen, und er blickte stumm in die Richtung, in die der Stock wies. Die verschrammte Eisenspitze des Stockes zitterte leicht, sie zeigte auf eine Kate mit tief herabgezogenem Schilfdach, auf ein niedriges Seitenfenster, aus dem behutsam, ruckweise ein verschnürter Karton gestoßen wurde. Lautlos beinahe fiel der Karton in den Sand, und gleich darauf erschien das mißtrauische Gesicht eines Jungen neben dem Türpfosten: blondes, stumpfes Haar, breite Wangen und starke Kiefer, die an die großen Kiemen eines Kaulbarsches erinnerten; hastig lauschte der Junge über die Bucht, horchte in die Kate zurück und schlüpfte schließlich barfuß die Steintreppen hinab und um die Ecke der Kate zu seinem Karton. Er griff mit beiden Händen unter die Schnur des Kartons, hob ihn hoch und entfernte sich rückwärts gehend von der Kate; rückwärts gehend näherte er sich den Männern, bis er sich plötzlich instinktiv umwandte und erschrocken den Alten entdeckte und Burow. »Nu«, machte der Alte vergnügt, »nu«, und mit fröhlichem Glucksen sagte er: »Is man zu früh zum Reisen, Jungchen, solltest bis zum großen Frühjahr warten.«

Der Junge sah ihn zaudernd mit erschrockenem Lächeln an, er sah zur Kate zurück und dann, forschend und unruhig, in das blasse Karpfengesicht Burows, in die vor Müdigkeit geröteten Augen, die ihn rätselhaft musterten, mit rätselhaftem Vorwurf.

»Ich – ich muß weiter«, sagte der Junge.

»Nein«, sagte Burow, »du bleibst hier. Du gehst jetzt nicht weg. Du wirst mir erst sagen, woher du den Schal hast: es ist der Schal meiner Frau.«

Der Alte legte den Kopf auf die Seite, neugierig, freundlich grinsend betrachtete er den Schal, den der Junge lose gebunden über einem verwaschenen Leinenhemd trug.

»Woher hast du den Schal?« fragte Burow.

Der Junge nickte zur Bucht hinüber; er stand jetzt in lauernder Haltung da, fluchtbereit, den Karton in beiden Händen.

»Hast du den Schal gefunden?«

»Vater«, sagte der Junge, »er hat ihn rausgeholt mit den Dorschangeln, der Schal war an zwei Haken fest.«

»Gib ihn her. Es ist der Schal meiner Frau; sie hat ihn von mir.«

Vorsichtig trat der Junge einen Schritt zurück, duckte sich, wandte sich unerwartet um und lief, den Karton gegen die Brust gedrückt, den Strand hinauf; lief weiter, ohne sich umzusehen, über den flachen Grünstrich, zwischen angepflockten Ziegen vorbei, weiter um die Katen herum bis zum Sandweg, der ansteigend am Schuppen des Gasthauses vorbeiführte und durch einen lichten Buchenwald hinaus aus dem Dorf. Auch als er auf der Höhe des Gasthauses war, dieses vernachlässigten, fremdartigen Hauses, das aussah wie eine Geschwulst des Hügels, sah er nicht zurück, lief mit seinem Karton und der Angst. Burow machte keinen Versuch, ihn einzuholen.

»Nu«, gluckste der Alte, »nu«, und er drückte sich vom Gerippe des Kutters ab, ging stockend in Richtung der Flußmündung, und Burow folgte ihm. Der Sand knirschte unter ihren Schritten. Eine Seeschwalbe stürzte wie ein Geschoß ins Wasser, tauchte auf und flog davon.

»Es war ihr Schal«, sagte Burow, »sie hat ihn zum Urlaub bekommen.«

»War in der Dorschangel«, sagte der Alte, »schön festgehakt, so fest wie der Matrose damals mit den feinen Stiefeln: vier Jahr, Herr, hab ich die Stiefel können tragen. Und der Bosack hat die Hosen können brauchen. Im Frühjahr is oft was drin in den Angeln, was paßt.«

»Ich wollte sie nur begraben«, sagte Burow. »Wenn sie nicht tot wäre – wahrscheinlich wäre ich dann nicht gekommen. Aber sie muß ertrunken sein, sonst hätte sie sich gemeldet.«

Sie gingen bis zum Fluß vor der Mündung, sie blickten schweigend den schnell strömenden Lauf des Flusses hinauf; lautlos floß er heran, zerrend an überhängendem Weidengestrüpp, an losem Astgeflecht; heftig schwankte, zitterte Hechtkraut in der Strömung, Blätter trieben vorbei, kleine Grasinseln, die, von den Strudeln erfaßt, herumgewirbelt und gegen das Ufer gedrückt wurden, einen Augenblick nur, denn gleich riß das drängende Wasser sie wieder los, führte sie zur Mitte, drehend, ein grünes Karussell auf dem dunklen Lauf des Flusses.

Burow zog das Fernglas aus der Tasche, hob es an die Augen, während der Alte ihn grinsend beobachtete; langsam drehte sich das Glas, und jetzt, ja, jetzt erschien in dem münzrunden Ausschnitt ein laufender Junge mit einem Karton auf der Schulter, über die zerrissene Steilküste lief er dahin, auf einem schmalen Weg, der in die Strandkiefern führte. Und bevor er noch die Strandkiefern erreicht hatte, sah Burow eine Frau sich von der Erde erheben, sah, wie sie auf den Jungen zutrat und ihm das Paket abnahm. Er erkannte sie wieder, es war seine Frau. Er beobachtete, wie sie dem Jungen etwas gab und dann allein zu den Strandkiefern ging und in einer Bodenwelle verschwand. Der Alte zupfte ihn am Ärmel.

»Is da was?« fragte er.

»Nein«, sagte Burow, »da ist nichts.«
»Wer ertrinkt, is man tot«, sagte der Alte freundlich.
»Ja«, sagte Burow.

Vladimir Nabokov

Iris

Die Sonne hatte wieder alles unter Kontrolle, als wir in einen Garten eintraten, der von der Straße durch eine Mauer aus Naturstein und eine Zeile Zypressen geschieden war. Emblematische Iris umsäumte ein grünes Tümpelchen mit einem Bronzefrosch als Vorsitzendem. Unter einer lockigen Steineiche hervorkommend, verlief ein Kiesweg zwischen zwei Orangenbäumen. An einem Ende des Rasens warf ein Eukalyptusbaum seinen gerieften Schatten über das Leinen eines Liegestuhls. Dies ist nicht die Arroganz eines perfekten Gedächtnisses, sondern der Versuch einer zärtlichen Rekonstruktion, basierend auf alten Schnappschüssen in einer alten Bonbondose mit einer Lilie auf dem Deckel. Zwecklos, die drei Stufen zum Vordereingang zu erklimmen, »unter der Last von zwei Tonnen Steinen«, sagte Ivor Black: Er hatte den Ersatzschlüssel vergessen, hatte keine Bediensteten, die am Samstagnachmittag auf Türklingeln reagierten, und konnte sich, so hatte er mich vorgewarnt, nicht auf normale Weise mit seiner Schwester verständigen, obgleich sie irgendwo im Hause stecken musste; höchstwahrscheinlich saß sie weinend in ihrem Schlafzimmer, wie gewöhnlich beim Eintreffen von Gästen, vor allem Wochenendgästen, die rund um die Uhr zugegen wären, bis in den späten Dienstag hinein. So gingen wir um das Haus herum, Feigendisteln streifend, die sich an dem Regenmantel über meinem Arm verfingen. Plötzlich hörte ich einen fürchterlichen subhumanen Laut und warf einen Blick auf Ivor, aber der Schuft grinste nur.

Es war ein großer indigoblauer Ara mit zitronengelber Brust und streifigen weißen Backen, der in Abständen von seiner kahlen Sitzstange aus dem Hintergrund der Veranda herüberkreischte. Ivor hatte ihn Mata Hari getauft, zum Teil wegen seines Akzents, doch in der Hauptsache wegen seiner politischen Vergangenheit. Seine verstorbene Tante, Lady Wimberg, war um neunzehnvierzehn, -fünfzehn herum, als sie schon ein wenig senil war, nett zu dem tragischen alten Vogel gewesen, von dem es hieß, er sei von einem finsteren Fremdling mit Narbengesicht und einem Monokel ausgesetzt worden. Er konnte *»allô«* sagen, »Otto« und »Pa-pa«, ein bescheidenes Vokabular, das irgendwie an eine kleine, ängstliche Familie in einem heißen Land fern der Heimat denken ließ. Manchmal, wenn ich zu lange arbeite und die Spione des Denkens das Übermitteln von Nachrichten einstellen, fühlt sich ein falsches Wort in Bewegung etwa so an wie ein trockenes Biskuit in der großen, langsamen Kralle eines Papageien.

Ich kann mich nicht erinnern, Iris vor dem Abendessen zu Gesicht bekommen zu haben (oder vielleicht sah ich sie an einem farbigen Fenster auf der Treppe stehen, mit dem Rücken zu mir, als ich aus der *salle d'eau* und ihren Unschlüssigkeiten zurück in mein asketisches Gelass auf der anderen Seite des Treppenabsatzes schlüpfte). Ivor hatte mich ausführlich belehrt, dass sie taubstumm war und darüber hinaus so scheu, dass sie sich noch heute, mit einundzwanzig, nicht dazu vermochte, männliche Lippen zu lesen. Das klang verquer. Ich hatte immer gemeint, das fragliche Gebrechen hielte den Patienten in einer absolut sicheren Muschel von der Durchsichtigkeit und Stärke bruchsicheren Glases verschlossen, wo es weder Scham noch Schein geben konnte. Bruder und Schwester unterhielten sich in Zeichensprache und benutzten dabei ein Alphabet, das von ihnen in der Kindheit erfunden worden war und seither mehrere revidierte Fassungen durchlaufen hatte. Die gegenwärtige bestand aus lächerlich ausgefeilten Gestikulationen im Flachrelief einer Pantomime, die die Dinge nachahmte, anstatt sie zu symbolisieren. Ich mischte mich mit irgendeinem grotesken Beitrag meinerseits ein, aber Ivor bat mich streng, nicht den Narren zu spielen, sie sei leicht verletzbar. Das Ganze (mit einer verdrossenen Bediensteten, einer alten Frau aus Cannice, die am Rande der Szene Teller hinknallte) gehörte zu einem anderen Leben, einem anderen Buch, einer Welt vage inzestuöser Spiele, die ich noch nicht bewusst erfunden hatte.

Die beiden jungen Leute waren klein, aber wohlgestalt, und die Familienähnlichkeit konnte einem nicht entgehen, wenn auch Ivor mit seinem sandfarbenen Haar und den Sommersprossen recht unscheinbar aussah, wogegen sie eine sonnengebräunte Schönheit war mit schwarzem Schopf und Augen wie klarer Honig. Ich erinnere mich nicht an das Kleid, das sie bei unserer ersten Begegnung trug, doch ich weiß, dass ihre dünnen Arme unbedeckt waren und meine Sinne bei jeder Palmengrotte, jedem medusengeplagten Eiland peinigten, die sie in der Luft umschrieb, während ihr Bruder mir ihre Muster in idiotischen Apartes übersetzte. Nach dem Essen bekam ich meine Revanche. Ivor war hinausgegangen, um meinen Whisky zu holen. Iris und ich standen auf der Terrasse in frommem Halbdunkel. Ich steckte mir meine Pfeife an, während Iris heimlich mit der Hüfte die Balustrade berührte und mit Meerjungfraugesten, die Wellen ähneln sollten, auf den Schimmer von Strandlichtern in einem Einschnitt des tintenblauen Küstengebirges hinwies. In diesem Augenblick läutete das Telefon im Salon hinter uns, und sogleich wandte sie sich um, verwandelte aber ihren Laufschritt mit bewundernswerter Geistesgegenwart in einen unverfänglichen Schaltanz. Inzwischen war Ivor schon quer über das Parkett in Richtung Telefon geschlittert, um sich anzuhören, was Nina Lecerf oder irgendeine andere Nachbarin wollte. In unserer Vertrautheit, später, riefen Iris und ich uns mit Vorliebe jene Enthüllungsszene ins Gedächtnis – wie Ivor Getränke herbeischleppte, um auf ihre märchenhafte Genesung anzustoßen, und sie, ohne sich durch seine Gegenwart stören zu lassen, ihre leichte Hand auf meine Knöchel legte: Ich aber umklammerte in übertriebener Verstimmung die Balustrade und war nicht rasch genug, armer Gimpel, ihre Entschuldigung mit einem kontinentalen Handkuss anzunehmen.

Ein vertrautes Symptom meines Leidens, nicht das gravierendste, jedoch dasjenige, das ich nach jedem Rückfall am schwersten wieder loswurde, gehört zum »Numerischen Nimbus«-Syndrom, wie es Moody, der Londoner Spezialist, als Erster genannt hat. Sein Bericht über meinen Fall ist kürzlich in seinen gesammelten Werken von neuem gedruckt erschienen. Er wimmelt von lächerlichen Ungenauigkeiten. Jener »Nimbus« bedeutet gar nichts. »Mr. N., ein russischer Adliger«, zeigte *keinerlei* »Anzeichen von Degeneration«. Er war nicht »32«, sondern 22, als er jene törichte Berühmtheit konsultierte. Am schlimmsten: Moody wirft mich mit einem Mr. V. S. in einen Topf, der weniger ein Postscriptum zur gekürzten Schilderung *meines* »Nimbus« als vielmehr ein Eindringling ist, dessen Gefühlswelt das ganze gelehrte Traktat hindurch mit der meinen vermengt wird. Es stimmt, das besagte Symptom ist nicht leicht zu beschreiben, doch ich glaube, es wird mir besser gelingen als Professor Moody oder meinem vulgären und zungenfertigen Mitdulder.

Schlimmstenfalls lief es folgendermaßen ab: Etwa eine Stunde nach dem Einschlafen (gewöhnlich lange nach Mitternacht und mit der bescheidenen Unterstützung von ein wenig Old Mead oder Chartreuse) pflegte ich auf- (oder vielmehr hinein)zuwachen in einen Zustand momentanen Irrsinns. Der scheußliche Schmerz im Gehirn wurde durch eine schwache Lichtspur in meiner Blickrichtung ausgelöst, denn egal, wie sorgfältig ich die wohlgemeinten Bemühungen des Dieners durch eigene Kämpfe mit Blenden und Blindheiten übertroffen haben mochte, stets blieb da irgendein verdammter Schlitz, irgendein Atom oder Schummer künstlicher Straßenbeleuchtung oder natürlichen Mondlichts, die unaussprechliche Gefahren signalisierten, sobald ich den Kopf keuchend über den Rand eines erstickenden Traums emporriss. Den verdammten Schlitz entlang wanderten in schrecklich bedeutungsvollen Abständen hellere Punkte. Jene Flecken korrespondierten womöglich mit meinem rasenden Herzschlag oder verbanden sich optisch mit dem Plinkern nasser Augenwimpern, aber das Rationale daran ist unwesentlich; das Schreckliche war, dass ich in hilfloser Panik erkennen musste: Das Ereignis, wenngleich mit Notwendigkeit eingetreten, war von mir, dumm genug, nicht vorhergesehen worden. Es war die Verkörperung eines schicksalhaften Problems, das unbedingt gelöst werden musste, wollte ich nicht zugrunde gehen, und das in der Tat jetzt hätte gelöst werden können, wenn ich es vorausbedacht hätte oder in diesem alles entscheidenden Augenblick weniger schläfrig und schwachköpfig gewesen wäre. Das Problem selbst war kalkulatorischer Natur: Bestimmte Relationen zwischen den Glitzerpunkten mussten gemessen oder, in meinem Fall, geschätzt werden, da meine Erstarrung mich davon abhielt, sie genau zu zählen oder gar mich zu erinnern, wie die *sichere Zahl* hätte lauten müssen. Jeder Irrtum zog unmittelbare Vergeltung nach sich – von einem Riesen geköpft zu werden oder Schlimmeres; die richtige Schätzung indes würde mir die Flucht in eine bezaubernde Gegend jenseits der Kluft eröffnen, durch die ich mich in diesem dornigen Rätsel hindurchwinden musste, eine Gegend, die in ihrer idyllischen Abstraktion jenen kleinen Landschaften ähnelte, wie man sie als eindringliche Vignetten – ein See, eine Serpentine – neben Initialen von sonderbarer, wilder Gestalt eingraviert findet, etwa einem Fraktur-S, mit dem ein Kapitel in alten Büchern für leicht zu ängstigende Kinder beginnt. Doch wie konnte ich in meiner Erstarrung und Panik wissen, dass dies die simple Lösung war, dass der See und die Sonne und das Strahlen der Sterne alle mit dem Initial des Seins begannen?

Natürlich gab es Nächte, in denen mein Verstand sofort zurückkehrte und ich die Vorhänge zurechtzupfte und auf der Stelle einschlief. Aber unter anderen, kritischeren Umständen, wenn ich noch weit vom Wohlsein entfernt war und den Nimbus jenes Adligen zu durchleiden hatte, bedurfte es oft mehrerer Stunden, bis ich den optischen Krampf überwunden hatte, den selbst das Tageslicht nicht auszulöschen vermochte. Meine erste Nacht an jedem neuen Ort ist mit Sicherheit scheußlich, und ein elender Tag folgt ihr. Ich wurde von Neuralgie zermartert, ich war sprunghaft und picklig und unrasiert, und ich weigerte mich, die Blacks zu einer Strandparty zu begleiten, zu der ich tatsächlich oder angeblich gleichfalls eingeladen war. In der Tat sind jene ersten Tage in der Villa Iris in meinem Tagebuch so schlimm entstellt und in meiner Erinnerung so verschwommen, dass ich nicht sicher bin, ob nicht Iris und Ivor vielleicht bis zur Mitte der Woche abwesend waren. Jedoch erinnere ich mich, dass sie die Freundlichkeit hatten, für mich einen Termin bei einem Arzt in Cannice zu vereinbaren. Dies erwies sich als glänzende Gelegenheit, die Inkompetenz meiner Londoner Leuchte mit der einer hiesigen zu vergleichen.

Die Verabredung galt einem Professor Junker, einer Doppelpersönlichkeit, bestehend aus Ehemann und -frau. Seit dreißig Jahren führten sie ihre Praxis im Team, und jeden Sonntag, an einer abgeschiedenen und daher ziemlich schmutzigen Stelle des Strandes, analysierten die beiden einander. Ihre Patienten hielten sie montags für besonders munter, doch ich war's nicht, nachdem ich mich in ein oder zwei Kneipen fürchterlich hatte volllaufen lassen, ehe ich das gemeine Viertel erreichte, wo die Junkers und andere Ärzte wohnten, wie ich mitbekommen zu haben glaubte. Der Vordereingang, zwischen den Blumen und Birnen eines Wochenmarktes gelegen, war in Ordnung, aber warten wir die Rückseite ab. Ich wurde vom weiblichen Partner empfangen, einer untersetzten alten Schachtel in Hosen, was 1922 ein köstliches Wagnis war. Dieses Thema wurde sogleich draußen vor dem Fenster des WC (wo ich eine absurde Phiole zu füllen hatte, deren Größe zwar dem Bedürfnis eines Arztes entsprach, nicht aber dem meinen) mit der Darbietung eines Windstoßes über einer Straße fortgeführt, die so eng war, dass drei Paar lange Unterhosen an einer Leine sie in ebenso vielen Schritten oder Sprüngen überqueren konnten. Hierzu wie auch zu einem bunten Glasfenster im Sprechzimmer, das eine malvenfarbene Dame ähnlich der auf dem Treppenabsatz der Villa Iris zeigte, machte ich dann ein paar Bemerkungen. Frau Junker fragte mich, ob ich Jungen oder Mädchen lieber hätte, und ich blickte mich um und sagte vorsichtig, dass ich nicht wüsste, was sie zu bieten habe. Sie lachte nicht. Die Konsultation war kein Erfolg. Ehe sie eine Kieferneuralgie diagnostizierte, legte sie mir nahe, einen Zahnarzt aufzusuchen, sobald ich nüchtern sei. Genau gegenüber, sagte sie. Ich weiß, sie rief ihn an, um meinen Besuch zu vereinbaren, aber ich kann mich nicht mehr erinnern, ob ich noch am selben Nachmittag hinging oder erst am nächsten. Sein Name war Molnar, mit jenem ›n‹ wie ein Körnchen in einem Zahnloch; ich benutzte ihn etwa vierzig Jahre später in *Ein Königreich am Meer.*

Ein Mädchen, das ich für die Assistentin des Zahnarztes hielt (wofür sie jedoch viel zu ferienhaft gekleidet war), saß mit übergeschlagenen Beinen im Flur und telefonierte; ohne sich im Geringsten unterbrechen zu lassen, wies sie nur mit der Zigarette, die sie rauchte, auf eine Tür. Schon befand ich mich in einem banalen, schweigenden Zimmer. Die besten Plätze waren besetzt. Ein großes, konventionelles Ölgemälde über einem vollgestopften Bücherbord stellte einen alpinen Sturzbach dar, über dem ein entwurzelter Baum lag. Von dem Bord waren in einer früheren Sprechstunde bereits einige Zeitschriften zu einem ovalen Tisch hinübergewandert, der sein eigenes bescheidenes Arrangement von Gegenständen trug, wie eine leere Blumenvase und ein taschenuhrgroßes *casse-tête*. Dieses war ein rundes Winzlingslabyrinth mit fünf silbrigen Erbsen im Innern, die durch geschickte Drehungen des Handgelenks ins Zentrum der Schnecke bugsiert werden mussten. Für wartende Kinder.

Es war kein einziges da. Ein Armstuhl in der Ecke enthielt einen dicken Burschen mit einem Strauß Nelken auf dem Schoß. Zwei ältliche Damen saßen auf einem braunen Sofa - einander fremd, wenn man den höflichen Abstand zwischen ihnen berücksichtigte. Meilen von ihnen entfernt saß auf einem Polsterstuhl ein kultiviert aussehender junger Mann, vielleicht ein Romancier, ein kleines Notizbuch in der Hand, in das er fortwährend die unterschiedlichsten Sachen eintrug - womöglich die Beschreibung dessen, was seine Augen zwischen den Notizen streiften -, die Decke, die Tapete, das Bild und den behaarten Nacken eines Mannes, der, die Hände hinter sich verschränkt, am Fenster stand und müßig, über flatterndes Unterzeug und das malvenfarbene WC-Fenster der Junkers, über Dächer und

Vorberge hinweg, auf eine ferne Bergkette starrte, wo, dachte ich träge, immer noch jene verwitterte Föhre existieren mochte, die den gemalten Sturzbach überbrückte.

Da flog am Ende des Zimmers unter Gelächter eine Tür auf, und der Zahnarzt trat ein, rotgesichtig, beschlipst, in einem schlecht sitzenden, festlich grauen Anzug mit einer ziemlich kecken schwarzen Armbinde. Händedrücken, Gratulationen. Ich wollte ihn an unseren Termin erinnern, wurde aber von einer würdigen alten Dame, in der ich Frau Junker wiedererkannte, zurückgehalten, die erklärte, es sei ihr Fehler. Inzwischen zwängte Miranda, die Tochter des Hauses, die ich kurz zuvor gesehen hatte, die langen, bleichen Stängel der Nelken ihres Onkels in eine enge Vase auf dem nunmehr wie durch ein Wunder drapierten Tisch. Eine Soubrette stellte unter viel Applaus eine große Torte in Sonnenuntergangsrosa darauf, mit einer »50« aus kalligraphischer Creme. »Wie charmant und aufmerksam!«, rief der Witwer. Tee wurde gereicht, und etliche Gruppen nahmen Platz, andere blieben stehen, Gläser in den Händen. Ich hörte, wie mich Iris mit warmem Wispern warnte, dass es gewürzter Apfelsaft sei, kein Alkohol, und so schrak ich mit erhobenen Händen vor dem Tablett zurück, das mir Mirandas Verlobter darbot, jener Mensch, den ich dabei erwischt hatte, wie er in einem Moment der Muße gewisse Details der Mitgift überprüfte. »Wir hatten dich gar nicht hier erwartet«, sagte Iris und deckte damit den ganzen Schwindel auf, denn dies konnte unmöglich jene *partie de plaisir* sein, zu der ich eingeladen worden war (»Sie haben ein wunderschönes Anwesen auf einem Felsvorsprung«). Nein, ich glaube, viele der konfusen Eindrücke, die hier im

Zusammenhang mit Doktoren und Dentisten aufgeführt sind, müssen als Traumerlebnis während einer trunkenen Siesta eingestuft werden. Dies ist handschriftlich belegt. Wenn ich meine frühesten Notizen in Taschennotizbüchern durchsehe, wo sich Telefonnummern und Namen mühsam ihren Weg durch Berichte von tatsächlichen oder mehr oder minder erfundenen Ereignissen bahnen, merke ich, dass Träume oder andere Verzerrungen der »Wirklichkeit« in einer besonderen linksgeneigten Handschrift aufgezeichnet sind - wenigstens in den früheren Eintragungen, ehe ich es aufgab, mich nach allgemein anerkannten Unterscheidungen zu richten. Eine Menge von meinen Sachen aus Prä-Cambridge-Tagen weist jene Handschrift auf (doch der Soldat brach wirklich auf dem Fluchtweg des Königs zusammen).

Ich weiß, man hat mich einen gravitätischen Sauertopf genannt, aber ich verabscheue nun einmal schlechte Späße und empfinde nichts als bohrende Langeweile (»Nur humorlose Menschen gebrauchen so eine Redewendung«, laut Ivor) bei einem Dauergeplätscher von witzigen Beleidigungen und vulgären Wortspielen (»Ein harter Bohrer ist besser als ein weicher« - wieder Ivor). Jedoch, er war ein netter Kerl, und es war in Wahrheit nicht die Erholung von seinen Spötteleien, was es mir lieb machte, dass er werktags nicht da war. Er arbeitete in einem Reisebüro, das von dem ehemaligen *homme d'affaires* seiner Tante Betty betrieben wurde, auch er ein Exzentriker *par excellence*, der Ivor einen Bonus in Gestalt eines Ikarus Phaeton versprochen hatte, wenn er tüchtig sei.

Meine Gesundheit und Handschrift kehrten alsbald zur Normalität zurück, und ich fing an, den Süden zu genießen. Iris und ich faulenzten stundenlang (sie im schwarzen Badeanzug, ich in Flanellhose und Blazer) im Garten, den ich zunächst, vor der unausweichlichen Verführung zum Baden im Meer, dem Fleisch der *plage* vorzog. Ich übersetzte ihr etliche kurze Gedichte von Puschkin und Lermontow, und um der größeren Wirkung willen paraphrasierte und retuschierte ich sie. Ich erzählte ihr in dramatischen Details von der Flucht aus meinem Land. Ich erwähnte große Exilierte von einst. Sie hörte mir zu wie Desdemona.

»Ich würde zu gern Russisch lernen«, sagte sie mit der höflichen Versonnenheit, die ein solches Geständnis zu begleiten pflegt. »Meine Tante ist praktisch in Kiew geboren und hatte noch mit fünfundsiebzig ein paar russische und rumänische Wörter im Kopf, aber ich bin eine erbärmliche Linguistin. Wie heißt ›Eukalyptus‹ in Ihrer Sprache?«

»Ewkalipt.«

»Oh, das wäre ein hübscher Name für einen Mann in einer Kurzgeschichte. ›F. Clipton‹. Bei Wells gibt es einen ›Mr. Snooks‹, der sich von ›Seven Oaks‹ herleitet. Ich mag Wells, Sie auch?«

Ich sagte, er sei der größte Romancier und Magier unserer Tage, aber sein soziologisches Zeugs könne ich nicht verknusen.

Konnte sie auch nicht. Und ob ich mich an Stephens Worte in *Die große Leidenschaft* erinnerte, als er das Zimmer verließ – das neutrale Zimmer –, wo er seine Geliebte zum allerletzten Mal sehen durfte?

»Kann ich, kann ich. Die Möbel dort waren mit Schonbezügen versehen, und er sagte: ›Es ist wegen der Fliegen.‹«

»Ja! Ist das nicht wunderbar? Einfach mit irgendetwas herauszuplatzen, bloß um nicht weinen zu müssen? Man denkt gleich an die Hausfliege, die ein alter Meister seinem Modell auf die Hand malte, wenn er andeuten wollte, dass der Betreffende inzwischen gestorben war.«

Ich sagte, dass ich die wortwörtliche Bedeutung einer Beschreibung immer der symbolischen, die dahintersteckte, vorzöge. Sie nickte gedankenverloren, schien aber nicht überzeugt.

Und wer war unser Lieblingsdichter unter den Modernen? Wie wär's mit Housman?

Ich hatte ihn öfter aus der Ferne gesehen, einmal sogar in voller Größe. In der Trinity-Bibliothek. Er stand, ein aufgeschlagenes Buch in den Händen, sah aber an die Decke, als versuche er, sich etwas ins Gedächtnis zurückzurufen – vielleicht wie ein anderer Autor jene Zeile übersetzt hatte.

Sie sagte, das hätte sie »schrecklich aufgeregt«. Sie äußerte dies, indem sie ihr ernstes kleines Gesicht emporwarf und es schüttelte, das Gesicht mit seinen glatten Ponysträhnen, aufs heftigste.

»Sie sollten *jetzt* aufgeregt sein! Schließlich bin ich *hier*, dies ist der Sommer des Jahres 1922, dies ist das Haus Ihres Bruders ...«

»Ist es nicht«, sagte sie, dem Problem ausweichend (und beim Abdrehen ihres Satzes spürte ich eine plötzliche Überschneidung im Gewebe der Zeit, als sei dies schon früher passiert oder werde von neuem passieren), »es ist *mein* Haus, Tante Betty hat es *mir* hinterlassen, mitsamt einem bisschen Geld, aber Ivor ist zu dumm oder zu stolz, mich seine entsetzlichen Schulden bezahlen zu lassen.«

Der Schatten meiner Zurechtweisung war mehr als ein Schatten. Denn selbst damals schon, in meinen frühen Zwanzigern, glaubte ich wirklich und wahrhaftig, dass ich um die Mitte des Jahrhunderts ein berühmter und freier Autor sein würde, der in einem freien, weltweit respektierten Russland etwa am Englischen Kai der Newa oder auf einem meiner prächtigen Güter lebte und dort Prosa und Poesie in der grenzenlosen plastischen Sprache meiner Vorfahren schrieb: Zu ihnen durfte ich eine von Tolstojs Großtanten und zwei von Puschkins Zechkumpanen rechnen. Das Vorgefühl des Ruhms war so schwer wie die alten Weine der Nostalgie. Es war Erinnerung in der Umkehr, eine riesige Eiche am Seeufer, so malerisch in solch klaren Wassern gespiegelt, dass ihre reflektierten Zweige wie verklärte Wurzeln wirkten. Ich spürte diesen künftigen Ruhm in den Zehen, in den Fingerspitzen, im Haar meines Kopfes, wie man den Schauder spürt, der von einem Gewitter, von der sterbenden Schönheit der dunklen Stimme eines Sängers kurz vor dem Donner ausgeht oder auch von einer Zeile in *König Lear.* Warum trüben Tränen meine Brille, wenn ich jene Ruhmesphantasie heraufbeschwöre, wie sie mich damals versuchte und quälte, vor fünf Jahrzehnten? Ihr Bild war unschuldig, ihr Bild war echt, der Unterschied zu dem, was dann tatsächlich sein sollte, bricht mir das Herz wie Abschiedsschmerz.

Kein Ehrgeiz, keine Ehrungen trübten die phantastische Zukunft. Der Präsident der Russischen Akademie trat unter den Klängen getragener Musik auf mich zu mit einem

Kranz auf dem Kissen, das er vor sich her trug – und musste sich brummelnd zurückziehen, da ich mein ergrauendes Haupt schüttelte. Ich sah mich die Druckfahnen eines neuen Romans korrigieren, der dem russischen literarischen Stil eine neue Richtung geben sollte, *meine* Richtung (ohne Eigenliebe, ohne Selbstzufriedenheit, ohne Überrumpelung meinerseits), sah mich so viel davon auf dem Rand – dort, wo die Inspiration ihre süßesten Weidegründe findet – neu ausarbeiten, dass das Ganze noch einmal gesetzt werden musste. Wenn endlich das Buch mit Verspätung erschiene, während ich mählich alterte, würde ich mir einen Spaß daraus machen, ein paar speichelleckerische Freunde im Hain meines Lieblingsbesitzes zu empfangen, in Marewo mit seiner Springbrunnenallee und seinem schimmernden Blick auf ein jungfräuliches Stück Wolga-Steppe (wo ich zuerst die »Harlekine gesehen« hatte). So *musste* es kommen.

Von meinem kalten Bett in Cambridge aus überblickte ich eine ganze Epoche neuer russischer Literatur. Ich freute mich auf die erfrischende Gegenwart feindlicher, aber höflicher Kritiker, die mich in den St. Petersburger Literaturzeitschriften wegen meines pathologischen Desinteresses an Politik, an bedeutenden Ideen in unbedeutenden Köpfen und an so schwerwiegenden Problemen wie der Übervölkerung in Ballungszentren schmähen würden. Nicht weniger amüsant war es, sich das unausweichliche Pack von Gaunern und Hohlköpfen vorzustellen, die den lächelnden Marmor beschimpften und krank vor Neid, verrückt gemacht vom eigenen Mittelmaß, in trippelnden Horden in ihr Lemmingsverderben stürzten, sogleich jedoch von der anderen Seite der Bühne zurückgerannt kamen, weil sie nicht nur die Pointe meines Buches, sondern auch ihr eigenes Nager-Gadara verpasst hatten.

Die Gedichte, die ich zu schreiben begann, nachdem ich Iris begegnet war, sollten sich eigentlich mit ihren wirklichen, einzigartigen Zügen befassen – mit der Art, wie ihre Stirn Falten warf, wenn sie die Brauen hochzog und darauf wartete, dass ich ihren Witz kapierte, oder mit der Art, wie sie einen völlig anderen Satz weicher Fältelungen hervorbrachte, wenn sie die Stirn runzelte über dem Tauchnitz-Band, worin sie nach der Passage fahndete, die sie mit mir teilen wollte. Doch mein Instrument war noch zu stumpf und unreif; es konnte dem göttlichen Detail keinen Ausdruck geben, und *ihre* Augen, *ihr* Haar fanden sich in meinen sonst wohlgeformten Strophen hoffnungslos verallgemeinert wieder.

Nicht eines jener beschreibenden und – seien wir offen – banalen Gedichte war gut genug (vor allem nicht in nackter Anglisierung ohne Reim oder Verrat), um Iris präsentiert zu werden; und darüber hinaus hielt eine fremde Scheu – die ich nie zuvor empfunden hatte, wenn ich bei den forschen Präliminarien meiner fleischlichen Jugend einem Mädchen den Hof machte – mich davon ab, Iris eine Aufstellung ihrer Reize zu unterbreiten. In der Nacht zum 20. Juli schrieb ich indes ein etwas verdeckteres, etwas metaphysischeres kleines Gedicht, das ich ihr beim Frühstück zu zeigen beschloss – in einer wörtlichen Übersetzung, die mich mehr Zeit kostete als das Original. Der Titel, unter dem es in einer Emigrantenzeitung in Paris erschien (am 8. Oktober 1922, nach zahlreichen Nachfragen und einer Bitte-zurück-Forderung meinerseits), lautete und lautet in den verschiedenen Anthologien und Sammlungen, die es im Laufe der nächsten fünfzig Jahre nachdrucken sollten, *Wljubljónnost* (Verliebt sein), was in einer einzigen goldenen Nussschale zusammenfasst, wozu das Englische drei und das Deutsche zwei ganze Wörter nötig hat.

My sabywájem schto wljubljónnost
Ne prósto poworót lizá,
A pod kupáwami besdónnost,
Notschnája pánika plowzá.

Pokúda snítsja, snís, wljubljónnost,
No probushdénijem nje mútsch,
I lútschsche nedogoworjónnost
Tschem éta stschél i étot lútsch.

Napominá ju schto wljubljónnost
Ne jáw, schto métiny ne té,
Schto móshet-byt potustorónnost
Priotworílas w temnoté.

»Entzückend«, sagte Iris. »Klingt wie eine Beschwörung. Was bedeutet es?«

»Ich hab's hier auf der Rückseite. Es geht so. Wir vergessen – oder vielmehr neigen dazu, zu vergessen –, dass Verliebtsein *(wljubljónnost)* nicht von einer Kopfwendung der Geliebten abhängt, sondern ein bodenloser Fleck unter den Teichrosen ist, *des Schwimmers Panik in der Nacht* (hier ist der jambische Tetrameter zufällig wiedergegeben – letzte Zeile der ersten Strophe, *notschnája pánika plowzá).* Nächste Stanze: Während das Träumen vorankommt – im Sinne von ›während die Dinge vorankommen‹ – erschein uns doch weiter in unseren Träumen, *wljubljónnost*, aber quäl uns nicht, indem du uns aufweckst oder zu viel erzählst: Verschwiegenheit ist besser als dieser Spalt oder jener Strahl Mondlicht. Nun kommt die letzte Strophe dieses philosophischen Liebesgedichts.«

»Dieses was?«

»Philosophischen Liebesgedichts. *Napominάju*, ich rufe Ihnen in Erinnerung, dass *wljubljónnost* keine hellwache Wirklichkeit ist, dass die Muster nicht dieselben sind (eine mondgestreifte Zimmerdecke, *polossatyj ot luny potolok*, ist zum Beispiel nicht dieselbe Art Realität wie eine Zimmerdecke bei Tage) und dass womöglich das Jenseits im Dunkel einen Spaltbreit offen steht. *Voilà.*«

»Ihr Mädchen«, meinte Iris, »muss es in Ihrer Gesellschaft sehr gut haben. Ah, hier kommt unser Ernährer. *Bonjour*, Ives. Der Toast ist alle, fürchte ich. Wir dachten, du wärst schon seit Stunden fort.«

Sie legte einen Moment lang ihre Handfläche an die Wange der Teekanne. Und es ging in *Ardis* ein, dies alles ging in *Ardis* ein, meine arme tote Liebe.

Nach fünfzig Sommern (oder zehntausend Stunden) Sonnenbaden in verschiedensten Ländern, auf Stränden, Bänken, Dächern, Felsen, Simsen, Rasen, Bohlen und Balkonen hätte ich vielleicht unfähig sein können, mein Noviziat in sinnlicher Detailliertheit wieder wachzurufen, hätte es nicht jene alten Notizen von mir gegeben, die einem pedantischen Memoirenschreiber, wenn er über seine

Krankheiten, Ehen und literarischen Taten berichtet, solch ein Trost sind. Enorme Mengen von Shaker's Cold Cream wurden mir von der knienden, girrenden Iris in den Rücken gerieben, während ich ausgestreckt auf einem Frotteetuch in der Glut der *plage* lag. Unter meinen geschlossenen Augenlidern, die ich auf den Unterarm gepresst hielt, schwammen purpurne fotomatische Umrisse: »Durch die Prosa der Sonnenpusteln drang die Poesie ihrer Berührung ...«, so in meinem Taschentagebuch, doch kann ich meine jugendliche Preziosität ein wenig verbessern. Durch das Jucken meiner Haut hindurch, und in der Tat von diesem Jucken bis zu einem exquisiten Grad ziemlich lächerlichen Genusses gewürzt, glich das Gleiten ihrer Hand auf meinen Schulterblättern und entlang meiner Wirbelsäule zu sehr einer absichtlichen Liebkosung, um keine absichtliche Mimikry zu sein, und ich konnte eine versteckte Reaktion auf jene gelenkigen Finger nicht unterdrücken, als sie mit einem letzten unbegründeten Flattern bis ganz zu meinem Steißbein hinabfuhren, bevor sie erstarben.

»Das war's«, sagte Iris mit genau der gleichen Betonung wie, am Ende einer spezielleren Behandlung, Violet McD., eine erfahrene und mitleidige Jungfrau, eines meiner Liebchen in Cambridge.

Sie, Iris, hatte zahlreiche Liebhaber gehabt, und als ich die Augen öffnete und mich zu ihr hindrehte und sie sah, und die tanzenden Diamanten im blaugrünen Innern einer jeden herannahenden und brechenden Woge, und die nassen Kiesel auf dem glatten Vorstrand, wo toter Schaum auf lebendigen wartete – und, oh, da kommt er, der Wellenkamm, kommt wieder dahergetrottet wie eine Zeile weißer Zirkusponys –, da verstand ich, während ich sie vor jenem Hintergrund wahrnahm, wie viel Schmeichelei, wie viele Liebhaber geholfen hatten, meine Iris zu formen und zu vervollkommnen, mit ihrem makellosen Teint, jenem Mangel an irgendeiner Ungewissheit im Profil ihres hohen Wangenknochens, der Eleganz der Höhlung darunter, dem *accroche-cœur* einer schicken kleinen Schäkerin.

»Übrigens«, sagte Iris, indem sie aus der knienden in eine halb aufgerichtete Position wechselte, die Beine unter sich verschränkt, »übrigens habe ich mich noch nicht für meine grässliche Bemerkung über das Gedicht entschuldigt. Ich habe jetzt Ihre *»Valley Blondies« (wljubljonnost)* wohl noch hundertmal gelesen, beide Fassungen, die englische Fassung wegen des Stoffs und die russische wegen der Musik. Ich finde, es ist ein absolut göttliches Stück Literatur. Vergeben Sie mir?«

Ich spitzte die Lippen, um das braune, irisierende Knie in meiner Nähe zu küssen, aber ihre Hand umfasste meine Stirn, als wollte sie bei einem Kind Fieber messen, und stoppte die Annäherung.

»Wir werden beobachtet«, sagte sie, »von diversen Augen, die scheinbar überall hinschweifen, nur nicht in unsere Richtung. Die beiden netten englischen Lehrerinnen zu meiner Rechten – sagen wir zwanzig Schritt weg – haben mir bereits erzählt, dass Ihre Ähnlichkeit mit dem nackthalsigen Foto von Rupert Brooke *a-huri-sang* sei – sie können ein bisschen Französisch. Sollten Sie je wieder versuchen, mich oder mein Bein zu küssen, werde ich Sie bitten zu gehen. Ich habe im Leben schon genug erlitten.«

Eine Pause. Das Irisieren ging von pulverisiertem Quarz

aus. Wenn ein Mädchen anfängt, wie ein Groschenroman zu tönen, braucht man nur etwas Geduld.

Hatte ich das Gedicht jener Emigrantenzeitung geschickt? Noch nicht; zuerst musste mein Sonettenkranz eingesandt werden. Die beiden Leute zu meiner Linken (meine Stimme senkend) waren Mitexpatriierte, gewissen kleinen Indizien nach zu urteilen. »Stimmt«, sagte Iris, »sie standen praktisch in Habtachtstellung, als Sie diese Sache von Puschkin zitierten, über die Wellen, die sich ihr anbetend zu Füßen legen. Was gibt es sonst noch für Anzeichen?«

»Er strich sich dauernd ganz langsam von oben nach unten den Bart, während er den Horizont betrachtete, und sie rauchte eine Zigarette mit einem Pappmundstück.«

Es lief auch noch ein Mädchen von zehn oder so mit einem großen gelben Strandball herum, den es in seinen nackten Armen wiegte. Sie schien nichts weiter zu tragen als eine Art gefälteltes Zaumzeug und einen sehr kurzen Plisseerock, der ihre strammen Schenkel enthüllte. Sie war, was in einem späteren Zeitalter von Amateuren eine »Nymphette« genannt werden sollte. Als sie meinen Blick auffing, schenkte sie mir, unter ihrem nussbraunen Pony hervor, über unseren durchsonnten Globus hinweg, ein süßes, lüsternes Lächeln.

»Mit elf oder zwölf«, sagte Iris, »war ich genauso hübsch wie dieses französische Waisenkind. Das ist ihre Großmutter, die dort ganz in Schwarz auf dem ausgebreiteten *Cannice-Matin* sitzt und strickt. Ich ließ mich von riechenden Gentlemen betatschen. Ich spielte unschickliche Spiele mit Ivor – oh, nichts allzu Ungewöhnliches, und jetzt mag er ja sowieso lieber Dons als Donnas – zumindest behauptet er das.«

Sie erzählte ein wenig von ihren Eltern, die durch ein faszinierendes Zusammentreffen am selben Tag gestorben waren, sie um sieben Uhr morgens in New York, er mittags in London, vor knapp zwei Jahren. Sie hatten sich bald nach dem Krieg getrennt. Sie war Amerikanerin und ein Schrecken. So spricht man nicht über seine Mutter, aber sie war wirklich ein Schrecken. Dad war Vizepräsident der Samuels-Zement GmbH, als er starb. Er kam aus einer angesehenen Familie und verfügte über »gute Beziehungen«. Ich wollte wissen, was für eine Art Groll Ivor gegenüber der »Gesellschaft« hegte und umgekehrt. Sie erwiderte vage, er habe etwas gegen die »Fuchsjagd-Clique« und den »Yacht-Klüngel«. Ich sagte, das seien abscheuliche Klischees, wie sie nur von Philistern benutzt würden. In meinem Clan, in meiner Welt, im opulenten Russland meiner Kindheit standen wir so weit über jedem »Klassen«-Denken, dass wir nur lachten oder gähnten, wenn wir etwas von »japanischen Baronen« oder »neuenglischen Patriziern« lasen. Doch merkwürdig, Ivor hörte erst auf herumzukaspern und wurde erst in dem Moment ein normaler, ernst zu nehmender Mensch, als er sein altes, scheckiges, kahles Steckenpferd sattelte und über die englischen *upper classes* zu lästern begann – vor allem über ihre Sprechweise. Das sei aber, wandte ich ein, eine Sprache, die dem besten Pariser Französisch, ja sogar dem Russisch eines Petersburgers überlegen war; ein köstlich moduliertes Gewieher, das sie beide, er und Iris, in ihren alltäglichen Gesprächen recht erfolgreich, wenn auch zweifellos unbewusst imitierten, falls sie sich nicht gerade ausgiebig über das gestelzte oder veraltete Englisch eines harmlosen Fremdlings lustig machten. Nebenbei, welcher Nationalität war wohl der braungebrannte alte Mann mit dem eisgrauen Haar auf der Brust, der aus der niedrigen Brandung hervorgewatet kam, hinter seinem triefenden Hund her – ich meinte sein Gesicht zu kennen.

Das sei, sagte sie, Kanner, der große Pianist und Schmetterlingsjäger. Sein Gesicht und sein Name standen an allen Litfasssäulen. Sie würde Karten für mindestens zwei seiner Konzerte bekommen; und da, genau da, wo sein Hund sich schüttelte, hatte die Familie P. (vornehmer alter Name) im Juni, als praktisch alles hier leer war, sich gesonnt und Ivor geschnitten, obwohl er den jungen L. P. noch vom Trinity College her kannte. Sie waren jetzt dort unten hingezogen. Noch exklusiver als vorher. Sehen Sie den orangenen Flecken da? Das ist ihr Badehäuschen. Zu Füßen des Mirana Palace. Ich schwieg, aber auch ich kannte den jungen P. und mochte ihn nicht.

Am selben Tag. Lief ihm in der Herrentoilette des Mirana in die Arme. Wurde überschwänglich begrüßt. Ob ich seine Schwester kennenlernen wolle, morgen sei was? Samstag. Schlug vor, morgen Nachmittag einen Bummel bis vor das Victoria zu machen. Eine Art Bucht zur Rechten. Bin dort mit Freunden. Sie kennen doch Ivor Black. Wie verabredet tauchte der junge P. auf, mitsamt anmutiger, langbeiniger Schwester. Ivor – schrecklich grob. Steh auf, Iris, du vergisst, dass Rapallowitsch und Tschitscherini zum Tee kommen. In der Art etwa. Blöde Zwiste. Lydia P. kreischte vor Lachen.

Als ich im Stadium eines gekochten Hummers den Effekt dieser Wundercreme entdeckte, tauschte ich meinen konservativen *caleçon de bain* gegen eine kürzere Variante (damals in strengeren Paradiesen noch immer verboten). Der verspätete Wechsel hatte eine bizarre Schichtung der Bräune zur Folge. Ich sehe mich noch in Iris' Zimmer schleichen und mich in ihrem großen Ankleidespiegel betrachten – dem einzigen im Haus –, an einem Morgen, den sie sich für einen Besuch im Schönheitssalon frei gehalten hatte, wo ich anrief, um mich zu vergewissern, dass sie auch dort war und nicht in den Armen eines Galans. Mit Ausnahme eines provenzalischen Jungen, der das Geländer polierte, war niemand zugegen, was es mir erlaubte, einem meiner ältesten und ungezogensten Laster zu frönen, nämlich splitternackt ein fremdes Haus zu durchstöbern.

Das lebensgroße Porträt war kein voller Erfolg, oder vielmehr, es enthielt ein Element der Leichtfertigkeit, wie es bei Spiegeln und mittelalterlichen Darstellungen exotischer Tiere vorkommen kann. Mein Gesicht war braun, Arme und Torso waren karamellfarben, ein karmesinroter Äquatorgürtel unterstrich das Karamell, dann kam eine weiße, mehr oder weniger dreieckige, nach Süden deutende Fläche, beidseitig mit überflüssigem Karmesin gesäumt, und meine Beine waren (weil ich den ganzen Tag Shorts trug) so braun wie mein Gesicht. Zur Spitze hinunter stellte das Weiß des Abdomens in erschreckendem *repoussé*, mit einer Hässlichkeit, die ich so nie zuvor wahrgenommen hatte, den tragbaren Zoo des Mannes zur Schau, eine symmetrische Masse von tierischen Attributen, den Elefantenrüssel und die beiden Seeigel, das Gorillababy, das mit dem Rücken zum Publikum an meinem Bauche hing.

Ein warnender Spasmus schoss durch mein Nervensystem. Die Teufel meines unheilbaren Leidens, »geschundenes Bewusstsein«, stießen meine Harlekine beiseite. Ich suchte Erste-Hilfe-Ablenkung bei den Spielsachen in meiner Liebsten lavendelduftendem Schlafzimmer: ein lila gefärbter Teddy, ein seltsamer französischer Roman *(Du côté de chez Swann)*, den ich ihr gekauft hatte, ein ordentlicher Stapel frisch gebügelter Betttücher in einem Moïse-Körbchen, ein Farbfoto zweier Mädchen in einem modischen Rahmen mit der schrägen Aufschrift »Lady Cressida und Deine süße Nell, Cambridge 1919«; ich verwechselte die erstgenannte mit Iris selbst, unter Goldperücke und rosa Make-up; doch bei näherem Hinsehen entpuppte sie sich als Ivor in der Rolle jener höchst verwirrenden jungen Frau, die in Shakespeares nicht fehlerloser Farce ein und aus geht. Jedoch auch Mnemosynes Farbdiaskop kann einem langweilig werden.

Im Musikzimmer staubte inzwischen der Junge kakophonisch die Tastatur des Bechsteins ab, während ich mit weniger Emphase meinen Nacktspaziergang wieder aufnahm. Er fragte mich etwas, das wie *»Hora?«* klang, und ich wendete demonstrativ mein Handgelenk hin und her, das nichts offenbarte als das fahle Gespenst von Uhr und Armband. Er missverstand meine Geste völlig und wandte sich unter dümmlichem Kopfschütteln ab. Es war ein Morgen der Irrtümer und Misserfolge.

Ich begab mich in die Pantry auf ein, zwei Glas Wein, das beste Frühstück in Zeiten der Bedrängnis. Im Durchgang trat ich auf eine Tonscherbe (wir hatten am Vorabend das Splittern gehört) und tanzte fluchend auf einem Fuß herum bei dem Versuch, den eingebildeten Schnitt in der Mitte meiner bleichen Sohle in Augenschein zu nehmen.

Der Liter Rotwein, den ich mir ausgemalt hatte, stand tatsächlich da, nur konnte ich in keinem der Schubfächer einen Korkenzieher finden. Zwischen dem Poltern der Kästen war der Ara zu hören, der etwas Grobes und Trübseliges hinausschrie. Der Postbote war gekommen und gegangen. Der Herausgeber der *Neuen Aurora [Nowaja Sarja]* fürchtete (grässliche Feiglinge, diese Herausgeber), dass sein »bescheidenes Emigrantenunternehmen *[natschinanije]*« leider nicht etc. – ein zerknäultes Etcetera, das in den Mülleimer flog. Weinlos, wütend, mit Ivors *Times* unterm Arm, schlurfte ich die Hintertreppe zu meinem muffigen Zimmer hinauf. Der Aufruhr in meinem Gehirn war jetzt voll in Gang.

Da entschloss ich mich, schrecklich ins Kissen schluchzend, dem morgigen Heiratsantrag eine Beichte voranzustellen, die ihn für meine Iris womöglich unannehmbar machen würde.

Wenn man von unserer Gartenpforte die asphaltierte Allee entlangblickte, die durch leopardenfleckige Schatten etwa zweihundert Schritt nach Osten zum Dorf hinführte, sah man den rosa Würfel der kleinen Post, die grüne Bank vor der Tür, die Fahne darüber, all dies in der starren Klarheit eines Farbtransparents zwischen die letzten zwei Platanen gemalt, deren Zwillingsreihen auf beiden Straßenseiten marschierten.

Auf der rechten (südlichen) Seite der Allee, jenseits eines Straßengrabens, der mit Brombeeren überwuchert war, enthüllten die Leerstellen zwischen den gefleckten Stämmen Lavendel- oder Luzerneflächen und, noch weiter entfernt, die niedrige weiße Mauer eines Friedhofs, die parallel zu unserem Spalier verlief, wie dergleichen eben zu sein pflegt. Auf der linken (nördlichen) Seite blickte man durch analoge Zwischenräume auf eine ausgedehnte, ansteigende Fläche, einen Weinberg, ein fernes Gehöft, Pinienhaine und die Umrisse von Bergen. An den vorletzten Baumstamm jener Seite war von jemandem eine zusammenhanglose Nachricht gepappt, von einem anderen zum Teil wieder abgekratzt worden.

Fast jeden Morgen zogen wir, Iris und ich, jene Allee hinunter, um zum Dorfplatz und von dort über reizende Abkürzungswege nach Cannice und ans Meer zu gelangen. Hin und wieder ging sie gern zu Fuß zurück, denn sie war eine von jenen kleinen, aber starken Mädchen, die Hürden laufen und Hockey spielen und Felsen erklimmen können und dann noch Shimmy tanzen bis in bleiche verrückte Stunden (*do besúmnowo blédnowo tschássa*, um aus meinem ersten an sie gerichteten Gedicht zu zitieren). Gewöhnlich trug sie ihr »indisches« Gewand, eine Art durchscheinenden Wickel, über ihrem knappen Badeanzug, und wenn ich dicht hinter ihr her ging und die Einsamkeit, die Sicherheit und den alles gestattenden Traum spürte, hatte ich Mühe, in meinem Bestienzustand Schritt zu halten. Zum Glück war es nicht die nicht-allzu-sichere Einsamkeit, die mich zurückhielt, sondern der moralische Entschluss, etwas sehr Ernstes zu beichten, ehe ich sie besäße.

Von jenen Abrisskanten aus betrachtet, lag das Meer tief unten in majestätischen Runzeln ausgebreitet, und Entfernung und Höhe bewirkten, dass die stets erneuerte

Schaumkrone in ziemlich komischer Zeitlupe einherkam, wussten wir doch, dass sie sich ihrer strammen Gangart so sicher war wie wir, und nun diese Zurückhaltung, diese Würde ...

Plötzlich drang aus dem Durcheinander der Natur um uns herum ein unirdisches ekstatisches Gebrüll.

»Du lieber Himmel«, sagte Iris, »hoffentlich ist das kein glücklicher Ausbrecher aus Kanners Zirkus.« (Kein Zusammenhang – so schien es wenigstens – mit dem Pianisten.)

Wir gingen weiter, Seite an Seite nunmehr: Nachdem unser Pfad zum ersten von einem halben Dutzend Malen die kehrenreiche Fahrstraße gekreuzt hatte, wurde er geräumiger. An jenem Tag stritt ich mich mit Iris wie gewöhnlich über die englischen Bezeichnungen der wenigen Pflanzen, die ich identifizieren konnte – Cistrosen und blühende Griselda, Agaven (die sie ›Hundertjahr‹ nannte), Ginster und Wolfsmilch, Myrthe und Erdbeerbaum. Gesprenkelte Schmetterlinge tauchten wie flinke Sonnenflecke in zufälligen Laubtunneln auf und unter, und einmal setzte sich ein kolossaler olivgrüner Bursche mit einem Hauch Rosa unterwärts einen Moment lang auf eine Distelkrone. Ich weiß nichts über Schmetterlinge, kann vor allem die wolligeren Nachtfalter nicht leiden und würde sehr ungern mit ihnen in Berührung kommen: Auch der schönste lässt mich erschaudern wie daherfliegende Spinnweben oder diese Badezimmerpest der Riviera, das Silberfischchen.

An dem Tag, der jetzt im Brennpunkt steht, denkwürdig wegen einer wichtigeren Sache als des Transports von allen möglichen synchronen Trivialitäten, die an ihn geheftet waren wie Wildwuchs oder wie von Salzwasserparasiten überkrustet, bemerkten wir zwischen den blumenbewachsenen Felsen ein Schmetterlingsnetz, und schon erschien der alte Kanner – sein Panamahut baumelte am Band vom Westenknopf, die weißen Locken flogen um die Scharlachstirn, und insgesamt strahlte er noch immer jene Ekstase aus, deren Echo wir ohne Zweifel vor einer Minute vernommen hatten.

Als ihm Iris auf der Stelle das spektakuläre grüne Wesen beschrieb, wischte es Kanner mit der Bemerkung »eine Pandora« (so zumindest steht's in meinen Notizen) beiseite, ein verbreiteter Falter des Südens. »Aber«, donnerte er mit erhobenem Zeigefinger, »falls Sie eine wirkliche Rarität sehen wollen, die westlich von Niederösterreich nie zuvor beobachtet wurde, dann zeige ich Ihnen, was ich gerade gefangen habe.«

Er lehnte sein Netz gegen einen Felsen, es fiel sofort um (Iris hob es eilfertig auf), und mit überschwänglichen Dankeschöns (für Psyche? Beelzebub? Iris?), die auch das Weitere begleiteten, holte er aus einem Nebenfach seines Ranzens ein kleines Briefmarkentütchen, aus dem er sehr behutsam einen zusammengefalteten Schmetterling auf seine Handfläche schüttelte.

Auf den ersten Blick meinte Iris, es sei bloß ein winziger, noch ganz junger Kohlweißling. (Sie hatte eine Theorie, der zufolge zum Beispiel Stubenfliegen wuchsen.)

»Sehen Sie mal etwas aufmerksamer hin«, sagte Kanner, ihre wunderliche Bemerkung überhörend und mit zusammengedrückter Pinzette auf das dreieckige Insekt deutend. »Was Sie vor sich haben, ist die Unterseite – das Unterweiß des linken Vorderflügels und das Untergelb des linken Hinterflügels. Ich will die Flügel nicht öffnen, aber ich denke, Sie können mir glauben, was ich Ihnen jetzt erzähle. Auf der Oberseite, die Sie nicht sehen können, hat diese Art mit ihren nächsten Verwandten – dem Kleinen Kohlweißling und Manns Weißling, die beide hier vorkommen – die typischen kleinen Flecken auf dem Vorderflügel gemein, nämlich einen schwarzen Punkt beim Männchen und einen schwarzen Doppelpunkt beim Weibchen. Bei jenen Verwandten wiederholt sich die Interpunktion auf der Unterseite, und nur bei der Spezies, von der Sie hier ein gefaltetes Exemplar auf meiner flachen Hand erblicken, ist die Flügelunterseite leer – eine typographische Laune der Natur! *Ergo* ist es eine Ergane.«

Eins der Beinchen des auf der Seite liegenden Schmetterlings zuckte.

»Oh, er lebt!«, rief Iris.

»Nein, er kann nicht wegfliegen – da genügte ein kurzer Druck«, entgegnete Kanner beruhigend, indem er das Exemplar wieder in seine durchsichtige Hölle zurücktat; und schon, Arme und Netz in triumphierenden Abschiedsgesten schwingend, nahm er seine Kletterei wieder auf.

»So ein Rohling!«, jammerte Iris. Sie brütete über die tausend kleinen Kreaturen nach, die er gemartert hatte, doch ein paar Tage später, als Ivor uns in das Konzert des Mannes mitnahm (eine höchst poetische Wiedergabe von Grünbergs Suite *Les Châteaux*), zog sie etwas Trost aus ihres Bruders verächtlicher Bemerkung: »Diese ganze Schmetterlingschose ist nichts weiter als ein Reklamegag.« Ach, das wusste ich als Mit-Irrer besser.

Alles, was ich zum Zweck der Sonnenaufnahme tun

musste, sobald wir unser Stück Strand erreichten, war, Hemd, Hose und Halbschuhe abzuwerfen. Iris wand sich mit einem Schulterzucken aus ihrem Wickel und glitt mit entblößten Gliedmaßen auf das Handtuch neben dem meinen. In Gedanken probte ich die Ansprache, die ich vorbereitet hatte. Der Hund des Pianisten war heute in Begleitung einer ansehnlichen alten Dame, seiner vierten Frau. Die Nymphette wurde gerade von zwei jungen Tölpeln im heißen Sand begraben. Die Russin las eine Emigrantenzeitung. Ihr Gatte betrachtete den Horizont. Die beiden Engländerinnen tanzten im blitzenden Meer auf und nieder. Eine vielköpfige französische Familie von leicht geröteten Albinos versuchte einen Gummidelphin aufzublasen.

»Mir wär nach einer Abkühlung«, sagte Iris.

Sie nahm aus dem Strandbeutel (den die Concierge des Victoria für sie aufbewahrte) ihre gelbe Badekappe, und wir trugen unsere Handtücher und die übrigen Sachen in die vergleichsweise Abgeschiedenheit einer Art von ausgedientem Kai, auf dem sie hinterher gern trocknete.

Schon zweimal in meinem jungen Leben hatte mich ein Anfall von Totalkrampf – physisches Gegenstück zum aufblitzenden Irrsinn – in der Panik und Schwärze bodenlosen Wassers fast überwunden. Ich sehe mich als Fünfzehnjährigen in der Dämmerung mit einem athletischen Cousin einen schmalen, aber tiefen Fluss durchschwimmen. Schon lässt er mich hinter sich, da wird aus der besonderen Anstrengung, die ich mache, ein Gefühl unaussprechlicher Euphorie, Wunder an Antriebskraft verheißend, Traumtrophäen auf Traumkonsolen, das aber auf seinem teuflischen Höhepunkt von einem nicht zu ertragenden Spasmus abgelöst wird – erst in einem Bein, dann im andern, dann in den Rippen und beiden Armen. In späteren Jahren habe ich gelehrten und ironischen Ärzten oft zu erklären versucht, welche befremdliche, hinterhältige, segmenthafte Qualität jene pulsierenden Schmerzen hatten, die aus mir einen riesigen Wurm machten, mit Gliedern, die in aufeinanderfolgende Windungen der Agonie verwandelt wurden. Durch irgendeinen fabelhaften Dusel war ein dritter Schwimmer, ein Fremder, direkt hinter mir und half, mich aus einem abgründigen Gewirr von Wasserlilienstängeln zu befreien.

Das zweite Mal war ein Jahr darauf, an der Küste Westkaukasiens. Mit einem Dutzend älterer Kumpane hatte ich auf der Geburtstagsfeier des Sohnes vom Bezirksgouverneur getrunken, und gegen Mitternacht hatte ein forscher junger Engländer, Allan Andoverton (der um 1939 herum mein erster britischer Verleger werden sollte!), ein Bad im Mondschein vorgeschlagen. Solange ich mich nicht allzu weit ins Meer hinauswagte, schien es ein ganz spaßiges Erlebnis. Das Wasser war warm; der Mond schien wohlwollend auf das gestärkte Hemd meines ersten Abendanzugs, der auf dem kieseligen Strand ausgebreitet lag. Um mich herum hörte ich fröhliche Stimmen; Allan, erinnere ich mich, hatte sich gar nicht erst ausgezogen und alberte mit einer Champagnerflasche in der scheckigen Dünung herum; doch plötzlich wurde alles von einer Wolke verschlungen, eine riesige Woge hob und überrollte mich, und bald waren meine Sinne viel zu durcheinander, als dass ich hätte sagen können, wohin es ging, Jalta oder Tuapse. Gemeine Angst setzte unverzüglich den Schmerz frei, den ich schon kannte, und ich wäre auf der Stelle ertrunken, hätte mich nicht die nächste Woge emporgeschwemmt und in der Nähe meiner eigenen Hose niedergesetzt.

Der Schatten jener abstoßenden und ziemlich farblosen Erinnerungen (Todesgefahr ist farblos) blieb bei meinem ›Dippen‹ und ›Plätschern‹ mit Iris (auch eine ihrer Prägungen) immer gegenwärtig. Sie gewöhnte sich an meine Art, mit dem Grund der Untiefen bequemen Kontakt zu halten, während sie in einiger Entfernung ›Kraul‹-Bewegungen vollführte (falls dies der richtige Ausdruck ist für die Hand-über-Kopf-Schwimmzüge der zwanziger Jahre); aber an jenem Morgen tat ich beinahe etwas ausgesprochen Dummes.

Ich trieb sacht hin und her, parallel zur Küste, und senkte dann und wann probeweise einen großen Zeh hinab, um festzustellen, ob der Schlickboden mit seinem für die Berührung unappetitlichen, aber gleichwohl insgesamt freundlichen Gemüse noch ertastbar war, als mir klar wurde, dass die See sich verändert hatte. In mittlerer Distanz hatte ein braunes Motorboot mit einem jungen Mann als Besatzung, in dem ich L. P. wiedererkannte, einen gischtigen Halbkreis beschrieben und neben Iris gestoppt. Sie hielt sich an der blitzenden Bordkante fest, und er redete auf sie ein und tat dann so, als wollte er sie ins Boot ziehen, sie aber stieß sich ab, und er rauschte davon, lachend.

Alles in allem konnten nicht mehr als zwei Minuten vergangen sein, aber hätte der Bursche mit seinem Habichtsprofil und dem weißen Zopfmuster-Sweater auch nur ein paar Sekunden länger ausgeharrt oder wäre mein Mädchen von ihrem neuen Beau im Donner und Dunst entführt worden, es wäre mein Untergang gewesen; denn noch während die Szene andauerte, hatte mich irgendein männlicher Instinkt, kein auf Selbsterhaltung gerichteter, bewogen, ein paar sinnlose Meter auf sie zuzuschwimmen, und nun, da ich eine senkrechte Stellung einnahm, um wieder Atem zu schöpfen, fand ich zu Füßen nichts als Wasser. Ich machte kehrt und schwamm landwärts – und spürte auch schon das ominöse Vorglühen, die fremde, noch nie beschriebene Aura des Totalkrampfs über mich kommen und den tödlichen Pakt mit der Schwerkraft schließen. Da plötzlich stießen meine Knie auf gesegneten Sand, und gegen einen milden Sog kroch ich auf allen vieren den Strand hinauf.

»Ich muss Ihnen ein Geständnis machen, Iris, was meine geistige Gesundheit anbelangt.«

»Sekunde. Lassen Sie mich erst mal dieses schreckliche Dings hier abpellen – so weit runter – weit runter, wie es mit Anstand geht.«

Wir lagen, ich rücklings, sie bäuchlings, auf dem Kai. Sie hatte die Badekappe vom Kopf gezogen und mühte sich, die Träger ihres nassen Badeanzugs abzuschütteln, damit sie den gesamten Rücken der Sonne aussetzen konnte; ein anderes Ringen fand an der mir zugewandten Seite statt, in der Nähe ihrer sandigen Achselhöhle, wo sie ohne Erfolg versuchte, ja nicht das Weiß einer kleinen Brust an ihrer zarten Verbindung mit den Rippen zu zeigen. Sobald sie sich in eine wohlanständige Position gewunden hatte, drehte sie sich halb um, während sie das Oberteil an ihre Brust gepresst hielt und die andere Hand jene entzückend hastige Affengrapscherei vollführte, mit der Mädchen in ihren Handtaschen fingern – in diesem Fall nach einem malvenfarbenen Päckchen billiger Salammbôs und einem teuren Feuerzeug; worauf sie ihren Busen wieder aufs ausgebreitete Handtuch presste. Ihr Ohrläppchen brannte rot durch ihre schwarze befreite ›Medusa‹, wie jene Art Haarschopf in den frühen Zwanzigern genannt wurde. Die Modellierung ihres braunen Rückens, mit einem erbsgroßen Schönheitsfleck unter dem linken Schulterblatt und einer langen Rückgratsvertiefung, die alle Irrtümer der tierischen Evolution wettmachte, lenkte mich schmerzlich von dem Entschluss ab, den ich gefasst hatte, nämlich meinem Antrag ein spezielles, furchtbar wichtiges Geständnis voranzustellen. Einige Aquamarine aus Wasser funkelten noch immer an der Unterseite ihrer braunen Schenkel und an ihren kräftigen braunen Waden, und ein paar Körner nassen Kiessandes klebten an ihren rosig braunen Knöcheln. Wenn ich in meinen amerikanischen Romanen *(Ein Königreich am Meer, Ardis)* so oft die unerträgliche Magie eines Mädchenrückens beschrieb, so vor allem, weil ich Iris geliebt habe. Ihre kompakten kleinen Pobacken, die quälendste, vollste und süßeste Blüte ihrer knabenhaften Schönheit, waren die noch unausgepackte Überraschung unter dem Weihnachtsbaum.

Nachdem dieser kleine Aufruhr vorüber war und Iris sich in der geduldigen Sonne wieder zurechtgerückt hatte, schob sie die dicke Unterlippe vor, stieß Rauch aus und bemerkte: »Ihre geistige Gesundheit reicht völlig aus, finde ich. Sie sind manchmal komisch und düster, oft auch dumm, aber das verträgt sich durchaus mit *ce qu'on appelle* Genie.«

»Was nennen Sie ›Genie‹?«

»Na, Dinge wahrnehmen, die andere nicht wahrnehmen. Oder vielmehr die unsichtbaren Verbindungen zwischen ihnen.«

»Dann spreche ich von einem bescheidenen krankhaften Zustand, der mit ›Genie‹ nichts zu tun hat. Fangen wir mit einem spezifischen Beispiel und einem authentischen Dekor an. Schließen Sie bitte einen Moment lang die Augen. Jetzt stellen Sie sich die Allee vor, die von der Post zu Ihrer Villa führt. Sehen Sie die Platanen in der Perspektive zusammenrücken und die Gartenpforte zwischen den beiden letzten?«

»Nein«, sagte Iris, »die letzte rechts ist durch einen Laternenpfahl ersetzt worden – man kann es vom Dorfplatz nicht so klar erkennen, aber es ist wirklich ein Laternenpfahl in einem Efeumantel.«

»Wie auch immer. Hauptsache, wir stellen uns vor, wir blicken von hier aus dem Dorf zu der Pforte dort. Auf das Hier und Dort müssen wir bei diesem Problem besonders Acht haben. Zunächst einmal ist dort das grüne Sonnenquadrat in der halb geöffneten Gartentür. Nun gehen wir die Allee hinauf. An dem zweiten Baumstamm der rechten Zeile erkennen wir Spuren einer lokalen Bekanntmachung ...«

»Ivors Bekanntmachung war das. Er gab bekannt, die Lage habe sich geändert, und die Protegés von Tante Betty sollten ihre wöchentlichen Besuche unterlassen.«

»Prächtig. Wir gehen weiter auf die Gartenpforte zu. Zwischen den Platanen sind Landschaftsabschnitte erkennbar. Zu Ihrer Rechten – halten Sie bitte die Augen geschlossen, dann sehen Sie besser – zu Ihrer Rechten liegt ein Weinberg, zu Ihrer Linken ein Friedhof. Sie können seine lange, niedrige, sehr niedrige Mauer unterscheiden …«

»Das klingt bei Ihnen ziemlich gruselig. Und ich möchte etwas hinzufügen. Zwischen den Brombeeren entdeckten Ivor und ich einen verwitterten alten Grabstein mit der Inschrift *Dors, Médor!* und sonst nur noch dem Todesjahr, 1889; ein zugelaufener Hund, zweifellos. Das ist genau vor dem letzten Baum auf der linken Seite.«

»Sodass wir jetzt die Gartenpforte erreichen. Gerade wollen wir eintreten – da bleiben Sie plötzlich stehen: Sie haben vergessen, diese hübschen neuen Briefmarken für Ihr Album zu kaufen. Wir beschließen, zur Post zurückzugehen.«

»Darf ich jetzt die Augen öffnen? Weil ich nämlich sonst einschlafe, fürchte ich.«

»Ganz im Gegenteil – dies ist der Augenblick, die Augen fest zu schließen und sich zu konzentrieren. Bitte, stellen Sie sich vor: Sie machen auf dem Absatz kehrt, sodass im selben Moment ›rechts‹ zu ›links‹ wird und Sie augenblicklich das ›Hier‹ als ein ›Dort‹ sehen, mit dem Laternenpfahl jetzt zu Ihrer Linken und dem toten Médor zu Ihrer Rechten, und die Platanen laufen in Richtung Post zusammen. Gelingt Ihnen das?«

»Schon passiert«, sagte Iris. »Kehrtwende vollzogen. Jetzt stehe ich mit dem Gesicht in Richtung auf eine sonnige Öffnung, in der ein kleines rosa Haus und ein Stück blauer Himmel zu erkennen sind. Können wir den Rückweg antreten?«

»Sie können, ich kann es nicht. Darum geht es mir bei diesem Experiment. Im tatsächlichen körperlichen Leben kann ich mich so einfach und rasch umdrehen wie jeder andere auch. Aber im Geiste, mit geschlossenen Augen und unbewegtem Körper, bin ich unfähig, diesen Richtungswechsel zu vollziehen. Irgendeine Schaltzelle in meinem Gehirn funktioniert nicht. Natürlich kann ich mogeln, indem ich den geistigen Schnappschuss der einen Aussicht beiseite tue und mir in aller Ruhe den umgekehrten Blick für den Weg zurück zum Ausgangspunkt heraussuche. Aber wenn ich nicht mogle, hindert mich irgendein grässliches Hindernis, das mich verrückt machte, würde ich insistieren, daran, mir die Drehung vorzustellen, die die eine Richtung in die andere, entgegengesetzte verwandelt. Ich bin erschlagen, ich trage die ganze Welt auf dem Rücken, wenn ich mir vorzustellen versuche, wie ich mich umdrehe und mich dazu bringe, das als ›rechts‹ zu sehen, was ich gerade als ›links‹ sah, und umgekehrt.«

Ich dachte schon, sie sei eingeschlafen, doch bevor ich den Gedanken aufkommen lassen konnte, dass sie weder gehört noch verstanden hatte, was mich zerstörte, rührte sie sich, zog die Träger hoch und setzte sich auf.

»Erstens: Kommen wir überein«, sagte sie, »derartige Experimente zu unterlassen. Zweitens: Sagen wir uns, dass unser Versuch darauf hinauslief, ein dummes philosophisches Rätsel zu lösen – etwa in der Art, was bedeuten ›links‹ und ›rechts‹ in unserer Abwesenheit, wenn sowieso niemand zuguckt, im reinen Raum, und was, nebenbei, ist Raum; als ich noch ein Kind war, dachte ich, Raum sei das Innere einer Null, irgendeiner Null, die mit Kreide auf Schiefer geschrieben war, vielleicht nicht ganz ordentlich, aber eine gute, saubere Null immerhin. Ich möchte nicht, dass Sie verrückt werden oder mich verrückt machen, denn solche Verwirrungen sind ansteckend, und deshalb lassen wir diese ganze Alleendreherei sein. Ich würde unseren Pakt gern mit einem Kuss besiegeln, aber das werden wir aufschieben müssen. Ivor kommt in ein paar Minuten, um uns zu einer Rundfahrt in seinem neuen Auto mitzunehmen, aber vielleicht kommen Sie nicht gern mit, und darum schlage ich vor, wir treffen uns auf ein, zwei Minuten im Garten vor dem Abendessen, während er sein Bad nimmt.«

Ich fragte, was Bob (L. P.) zu ihr gesagt habe in meinem Traum. »Das war kein Traum«, sagte sie. »Er wollte nur wissen, ob seine Schwester wegen einer Tanzerei angerufen habe, zu der wir alle drei eingeladen seien. Wenn ja, ist jedenfalls niemand zu Hause gewesen.«

Wir begaben uns auf einen kleinen Imbiss und einen Drink in die Bar des Victoria, und sogleich kam Ivor hinzu. Er sagte, Blödsinn, auf der Bühne könne er wunderschön tanzen und fechten, sei aber ein regelrechter Bär auf Privatveranstaltungen und sehe es gar nicht gern, wenn seine unschuldige Schwester von allen *rastaquouères* der Côte betatscht werde.

»Übrigens«, fügte er hinzu, »schätze ich auch P.s Rochus auf Pfandleiher nicht. Den besten in Cambridge hat er so gut wie ruiniert, weiß aber nichts als konventionelle Bosheiten über sie zu verbreiten.«

»Mein Bruder ist lustig«, sagte Iris, zu mir gewandt, wie im Spiel. »Er verbirgt unsere Vorfahren wie einen dunklen Schatz, braust aber öffentlich auf, sobald jemand jemanden einen Shylock nennt.«

Ivor plapperte weiter: »Der alte Maurice [sein Arbeitgeber] isst heute Abend bei uns. Kalte Platten und einen Fruchtsalat mit Rum. Ich werde auch eine Dose Spargel im englischen Laden kaufen; der ist viel besser als der, den sie hier ernten. Der Wagen ist zwar kein Royce, aber rollen tut er. Schade, dass es Vivian zu schlecht geht und sie nicht kommen kann. Heute früh habe ich Madge Titheridge getroffen, und sie sagte, die französischen Reporter würden ihren Familiennamen wie ›*Si c'est riche*‹ aussprechen. Keiner lacht heute.«

Weil ich viel zu aufgeregt war, um meine gewohnte Siesta zu halten, verbrachte ich fast den ganzen Nachmittag mit der Arbeit an einem Liebesgedicht (und dies ist die letzte Eintragung in meinem Taschenkalender-Tagebuch von 1922 – exakt einen Monat nach meiner Ankunft in Carnavaux). In jenen Tagen hatte ich offenbar zwei Musen: die essenzielle, hysterische, echte, die mich mit trügerischen Brocken von Bildwelten folterte und die Hände rang über meine Unfähigkeit, die mir die gewährte Magie und Sinnverwirrung anzueignen; und ihren Lehrling, ihr Palettenmädchen und Double, eine kleine Logikerin, die die von ihrer Meisterin gerissenen Lücken mit erklärenden oder Versfuß heilenden Füllseln stopfte, welche immer häufiger wurden, je weiter ich mich von der anfänglichen, schwindenden, wilden Perfektion entfernte. Die verräterische Musik russischer Reime kam mir täuschend zu Hilfe wie jene Dämonen, die das schwarze Schweigen in der Hölle des Künstlers mit Imitationen griechischer Dichter und prähistorischer Vögel brechen. Eine weitere endgültige Täuschung kam dann immer mit der Reinschrift, worin für kurze Zeit Kalligraphie,

Velinpapier und chinesische Tusche einen toten Knittelvers verschönten. Und zu denken, dass ich es fast fünf Jahre lang wieder und wieder versuchte und wieder und wieder mich fangen ließ – bis ich diese angemalte, trächtige, demütige, miserable kleine Assistentin entließ!

Ich zog mich an und ging hinunter. Die Flügeltür zur Terrasse stand offen. Der alte Maurice, Iris und Ivor saßen, Martinis schlürfend, in den Orchestersesseln eines wunderbaren Sonnenuntergangs. Ivor ahmte gerade mit bizarren Tonfällen und extravaganten Gesten jemanden nach. Der wunderbare Sonnenuntergang ist nicht nur als Hintergrund eines mein Leben verändernden Abends geblieben, sondern dauerte vielleicht auch in dem Vorschlag an, den ich Jahre später meinem britischen Verleger machte, nämlich ein *coffeetable*-Album von Sonnenauf- und -untergängen herauszubringen, in möglichst getreuen Farben, eine Sammlung, die auch wissenschaftlichen Wert hätte, denn man könnte irgendeinen gelehrten Himmelsforscher damit betrauen, Beispiele aus verschiedenen Ländern zu prüfen und die schlagenden und nie zuvor untersuchten Unterschiede zwischen Abend- und Morgendämmerung zu analysieren. Das Album kam schließlich auch heraus, der Preis war hoch und der Bildteil passabel; doch der Text stammte von einem glücklosen Frauenzimmer, dessen schöne Prosa und geborgte Poesie das Buch verpfuschten (Allan and Overton, London, 1949).

Ein paar Augenblicke lang, während ich müßig Ivors grelle Vorstellung verfolgte, stand ich vor diesem gewaltigen Sonnenuntergang. Er war von klassischer heller Orangefärbung mit einem durchsichtigen blauschwarzen Hai quer darüber hin. Was die Zusammenstellung noch verklärte, war eine Reihe glutheller Wölkchen, zerfetzt und verhüllt über der roten Sonne dahinsegelnd, welche die Gestalt eines Schachbauern oder einer Geländersäule angenommen hatte. »Seht doch die Sabbathexen!«, wollte ich gerade rufen, aber da sah ich, wie Iris sich erhob, und hörte sie sagen: »Das reicht, Ivor. Maurice hat den Menschen nie gesehen, du vergeudest nur dein Talent.«

»Keineswegs«, entgegnete ihr Bruder, »er wird ihn in einer Minute kennenlernen und wiedererkennen [das Verb mit Komödianten-›r‹], darum geht's doch!«

Iris verließ die Terrasse über die Stufen zum Garten, und Ivor hielt mit seinem Sketch inne, der sich nun sekundenschnell durch ein Playback, das in mein Bewusstsein platzte, als schlaue Burleske auf meine Stimme und mein Gehabe zu erkennen gab. Ich hatte die seltsame Empfindung, als würde ein Stück von mir abgerissen und über Bord geworfen, als würde ich von meinem eigenen Selbst getrennt, als flöge ich vorwärts und drehte zur selben Zeit ab. Die zweite Bewegung überwog, und schon stand ich unter der Steineiche vor Iris.

Die Grillen zirpten, Dunkelheit füllte den Teich, ein Strahl der Lampe über dem Eingang glänzte auf zwei geparkten Automobilen. Ich küsste ihre Lippen, ihren Hals, ihr Halsband, ihren Hals, ihre Lippen. Ihre Erwiderung zerstreute meine schlechte Laune; doch ich sagte ihr, was ich von dem Idioten hielt, bevor sie in die festlich erleuchtete Villa zurückrannte.

Ivor persönlich brachte mir das Abendbrot herauf, an meinen Nachttisch, mit gut verhohlenem Ärger darüber, um die Früchte seiner Kunst geprellt worden zu sein, und charmanten Entschuldigungen dafür, mich beleidigt zu haben, und: »Ob ich keinen Nachtanzug mehr hätte?«, worauf ich antwortete, dass ich mich im Gegenteil eher geschmeichelt fühlte und im Sommer wirklich immer nackt schliefe, es aber vorzöge, nicht hinunterzukommen, denn ein leichter Kopfschmerz könne mich sonst daran hindern, jener hervorragenden Nachahmung gerecht zu werden.

Ich schlief unstet und glitt erst in den Frühstunden in einen tieferen Schlummer (der völlig grundlos mit dem Bild meiner ersten kleinen Geliebten im Gras eines Obstgartens illustriert war), aus dem ich rüde von den Geräuschen eines sich verschluckenden Motors gerissen wurde. Ich streifte mir ein Hemd über und lehnte mich aus dem Fenster, eine schwirrende Schar Spatzen aus dem Jasmin scheuchend, dessen üppiger Wuchs den zweiten Stock erreichte, und sah mit sinnlichem Schauder, wie Ivor einen Koffer und eine Angelrute in sein Auto packte, das puckernd praktisch im Garten stand. Es war Sonntag, und ich hatte erwartet, dass er den ganzen Tag über dabliebe; stattdessen schwang er sich hinters Steuer und schlug die Tür zu. Der Gärtner gab mit beiden Armen taktische Winke; sein hübscher kleiner Junge war auch zugegen und hielt einen Staubwedel aus blau-gelben Federn hoch. Und dann hörte ich ihre liebliche englische Zunge, wie sie ihrem Bruder viel Spaß wünschte. Um sie zu sehen, musste ich mich noch ein wenig weiter hinauslehnen; sie stand mitten auf einem Stück kühlen, sauberen Rasens, barfüßig, barwadig, in einem Morgenrock mit weiten Ärmeln, und wiederholte ihr fröhliches »Adieu«, das er längst nicht mehr hören konnte.

Ich sauste ins WC jenseits des Treppenabsatzes. Einige Augenblicke später, als ich meinen gurgelnden, schlingenden Fluchtort verließ, sah ich sie auf der anderen Treppenseite. Sie trat in mein Zimmer. Mein Polohemd, ein sehr kurzes lachsfarbenes Dings, konnte meine vorragende Ungeduld nicht verbergen.

»Ich kann den betäubten Ausdruck auf dem Gesicht einer stehengebliebenen Uhr nicht leiden«, sagte sie und reckte einen schlanken braunen Arm zum Bord hinauf, wohin ich eine alte Eieruhr verbannt hatte, die mir an Stelle eines richtigen Weckers geliehen worden war. Als ihr weiter Ärmel zurückfiel, küsste ich die dunkle parfümierte Höhlung, die zu küssen ich mich gesehnt hatte seit unserem ersten Tag in der Sonne.

Der Türschlüssel würde nicht funktionieren, das wusste ich; trotzdem versuchte ich's und wurde mit dem albernen Anschein wiederholter Klicks belohnt, die nichts abschlossen. Wessen Schritte, wessen krankes junges Husten kam von der Treppe? Ja, sicher doch, das war Jacquot, der Gärtnerjunge, der jeden Morgen alles abwischte und abstaubte. Er könnte hereinplatzen, sagte ich, kaum mehr fähig zu sprechen. Um, sagen wir mal, diesen Kerzenhalter zu polieren. Oh, was macht das, flüsterte sie, er ist nur ein gewissenhaftes Kind, ein armer Findling, wie unsere Hunde und Sittiche hier. Dein Bauch, sagte sie, ist immer noch so rosa wie dein Hemd. Und vergiss nicht, Liebster: Rückzug, bevor es zu spät ist.

Wie fern, wie strahlend, wie unverändert durch Ewigkeit, wie entstellt durch Zeit! Brotkrumen und sogar ein Stück Apfelsinenschale lagen im Bett. Der junge Husten war jetzt unterdrückt, aber deutlich konnte ich Treppenknarren, verhaltene Schritte und das Sausen in einem an die Tür gepressten Ohr vernehmen. Ich muss elf oder zwölf gewesen sein, als der Neffe meines Großonkels das Moskauer Landhaus besuchte, wo ich jenen heißen, heimtückischen Sommer verlebte. Er hatte seine feurige Braut mitgebracht – direkt von der Hochzeitsfeier. Am nächsten Tag kroch ich, getrieben von einem Wahn aus Neugier und Einbildung, in ein Versteck unter das Fenster des Gästezimmers in der zweiten Etage, wo eine Gärtnerleiter in einem Jasmindschungel verwurzelt stand. Sie reichte nur bis zum oberen Rand der geschlossenen Läden der ersten Etage, und obwohl ich über ihnen eine Trittstelle auf einem vorspringenden Ornament fand, konnte ich doch nur das Sims eines halb geöffneten Fensters greifen, aus dem konfuse Geräusche hervordrangen. Ich erkannte das Ächzen von Bettspiralen und das rhythmische Scheppern eines Obstmessers auf einem Teller in der Nähe des Betts, dessen einen Pfosten ich bei äußerstem Nackenrecken ausmachen konnte; aber was mich am meisten faszinierte, war das männliche Stöhnen vom unsichtbaren Teil des Bettes her. Eine übermenschliche Anstrengung bescherte mir den Anblick eines lachsrosa Hemds über einer Stuhllehne. Er, das verzückte Biest, dazu verurteilt, eines Tages zu sterben wie so viele, wiederholte nun ihren Namen mit stetig wachsender Dringlichkeit, und als mein Fuß rutschte, schrie er förmlich und übertönte so das Geräusch meines jähen Abstiegs in ein Brechen von Zweigen und einen Schneesturm von Blütenblättern.

Klaus Modick

Im Kreis

»Eine gute Geschichte kann
nur aus Quellen entstehen,
die auch schon gute
Geschichten sind.«
Novalis

Diese Geschichte ist nicht von mir. Ich weiß nicht einmal, ob sie wahr ist. Jedenfalls klingt sie unwahrscheinlich, was ja ein schönes Recht von Geschichten ist, und obwohl sich in ihr die Wirklichkeit zu wiederholen scheint, dürfte sie sich in der Wirklichkeit nicht wiederholen.

Die Umstände, unter denen ich von der Geschichte erfuhr, sind freilich ein Teil meiner eigenen Geschichte, für deren Wahrheit und Wahrscheinlichkeit ich mich selbstverständlich verbürgen kann, sieht man von dem Umstand ab, dass jeder Autor lügen muss, damit seine Geschichten wahr klingen.

Wenn ich also die Geschichte, die mir erzählt wurde, als ich im Frühjahr 1982 einige Wochen auf einer ägäischen Insel verbrachte, hier jetzt aufschreibe, dann treibe ich sie gewissermaßen aus der Privatheit und Besonderheit meiner Erinnerung heraus, gebe ihr als geschriebene ein anderes Medium, ein neues Feld, auf dem sie weiterwachsen soll in der Erinnerung von Lesern. Und wenn dann der eine oder andere Leser diese Geschichte wieder- und weitererzählen wird, angereichert mit seinen eigenen Erinnerungen, umgeformt mit seinen eigenen Worten, wird sie wachsen und Ringe ansetzen, wird sich wiederholen – aber eben anders.

Auf dem Papier ist es mir unmöglich, den eigenartigen Reiz ihrer mündlichen Überlieferung zu rekonstruieren. Und doch: Wenn ich die Worte, die mir noch immer im Ohr klingen, auf diesen Seiten in Schrift verwandele, belebt sich in meiner erinnernden Vorstellung auch wieder der Mund, aus dem diese Geschichte kam, und die Lippen, die diese Geschichte erlebt und gesprochen haben, leben erneut, wenn auch fremder und ferner, im Gewimmel der Buchstaben, im strengen Raster der Zeilen, im Archiv der Schrift.

Doch kann ich dem Leser nicht garantieren, dass die Person, die die Geschichte erzählte, sie wirklich erlebte; vielleicht war sie ihr bereits von jemand anderem erzählt worden, der sie wiederum gehört hatte, als er oder sie – nun ja, so ginge es also auch in die Vergangenheit zurück, wie es in die Zukunft sich fortsetzte, erzählte jemand die Geschichte später weiter.

Der langen Vorrede kurzer Sinn: Ich werde die unwahrscheinliche Wirklichkeit des Erzählten in die Wahrheit des geschriebenen Wortes überführen, die, wie gesagt, zweifelhaft und unverbindlich ist, aber als Geschichte immerhin ihr Recht behauptet gegenüber dem wirklich Geschehenen.

Und also beginnen wir.

Damals war ich schon knapp drei Wochen in dem kleinen Fischerdorf an der Südküste der Insel, die um diese Jahreszeit noch den Einheimischen gehört, um dann im Sommer zu einem recht lebhaften, wenn auch vergleichsweise noch ruhigen Anziehungspunkt für Touristen zu werden. Obwohl ich gekommen war, um allein zu sein nach dem langen gemeinsamen Alleinsein mit meiner ehemaligen Frau, litt ich doch unter Langeweile und hatte mich entschlossen, das Schiff zu nehmen, um noch 14 Tage in Athen zu verbringen. Als ich mich jedoch am Anleger einfand, wurde mir erklärt, die Fähre könne wegen eines Motorschadens erst am nächsten oder übernächsten Tag wieder verkehren.

Ich erwähne diesen doch banalen Zufall ausdrücklich, weil er für mich das Anfangsglied, für die anderen vielleicht das lose Ende in der Verkettung der Geschehnisse darstellt. Natürlich wäre zu fragen, ob das Wort »Zufall« in diesen Zusammenhängen lediglich einer Abwehr gleichkommt, mit der ich die innere Notwendigkeit bestreite, die das Ganze zusammenzuhalten schien. Aber ich bleibe bei dem Wort »Zufall«. Und ich erkläre sein Spiel für blind. Hätten wir uns sonst nicht damit abzufinden, dass nicht wir unser Leben leben, sondern dass unser Leben gelebt wird? Und alle unsere Bewegungen wären bloß Strom für den unsichtbaren Dynamo, der alles endlos im Kreis dreht?

Wenn die Schicksalslinien von uns Einzelnen derart ineinander verschlungen sind, wie diese Geschichte es nahezulegen scheint, dann gäbe es keine Freiheit in unserem Denken und Handeln, und jeder unserer Schritte wäre nichts als das Laufen in Spuren anderer. Der Satz »Du denkst, du schiebst und wirst geschoben« wäre dann sozusagen das Gesetz der Welt – und dies Gesetz wird nicht jedem gerecht. Mir jedenfalls nicht, und ein späterer Erzähler dieser Geschichte wird vielleicht eine Möglichkeit finden, die Angelegenheit anders zurechtzubiegen.

Doch ich schweife ab. Vielleicht, weil diese Geschichte auch lehrt, dass es keine Einsamkeit gibt, was dem Einsamen ein Trost sein mag, demjenigen jedoch, der die Einsamkeit sucht …

Ich brachte jedenfalls mein Gepäck zurück in die Pension, unternahm einen ausgedehnten Spaziergang am Strand und kehrte zum Abendessen in den Ort zurück. Es war eine dieser späten südlichen Frühlingsnächte, in denen sich der Sommer ankündigt; seit einigen Tagen kamen auch schon erste Saisontouristen an, und Stephanos hatte vor einigen Tagen sein Hafencafé eröffnet. Ich ging nach dem Essen hinunter, bestellte Mokka und Ouzo, sah den Fischern zu, die ihre Boote zum nächtlichen Auslaufen klarmachten, blinzelte träge in die dunstige Zweideutigkeit, als am Nebentisch eine junge Frau um die dreißig Platz nahm, die ich vorher nie gesehen hatte und die, wie ich aus ihrer Blässe schloss, heute mit der Fähre, die nun defekt am Kai lag, angekommen sein musste. Sie war offenbar Französin, blätterte sie doch in einer französischen Zeitung.

Ich beobachtete sie eine Zeitlang aus den Augenwinkeln, spürte plötzlich das Bedürfnis nach einer kleinen Plauderei, vielleicht gar nach einem unverbindlichen Flirt, fasste mir nach einigem Zögern ein Herz und bat, mich zu ihr setzen zu dürfen. Sie musterte mich mit einem langen, eindringlichen, etwas spöttischen, aber nicht unfreundlichen Blick und wies mir dann mit einladender Geste den leeren Stuhl an ihrem Tisch zu. Wir tauschten ein paar Belanglosigkeiten. Sie war tatsächlich Französin, sagte, sie käme aus Rouen. Unvermittelt, plötzlich, fragte sie, warum ich eigentlich hier sei. Ich war überrascht, gibt es doch auf diese Frage an diesem Ort normalerweise nur jene eine Antwort, die ich auch prompt gab: »Urlaub natürlich.«

»Ja, natürlich.«

Sie schien von dieser Antwort enttäuscht zu sein.

»Urlaub von was?«, fragte sie nach einer Weile, und in dieser Frage lag eine Spannung, die ich nicht einzuordnen wusste. Aber vielleicht kommt es mir auch heute, da ich weiß, was diese Frage in sich barg, nur so vor, als sei sie mit Erwartung geladen gewesen, mit der Hoffnung an die Wiederkehr von etwas Verlorenem.

Immerhin erzählte ich in kurzen Zügen, dass ich meinen Job in der Redaktion verloren hatte, weil es für solche Zeitschriften kaum noch Leser gibt, nunmehr also arbeitslos war, Ärger vergessen, zu mir selbst kommen wollte. Von meiner Scheidung, die gerade hinter mir lag, von meinem Versinken in Einsamkeit und der Flucht davor ins Alleinsein sprach ich nicht.

Ihr schien aber meine halbe Antwort ganz zu genügen, denn sie fragte, nun mit unverhohlenem Interesse, als wolle sie sichergehen: »Sie haben Ihren Job verloren?«

»Ja, ja. Wie ich sage.«

Ihr Interesse wuchs sich zu kaum verhohlener Neugier aus, die ich mir nicht, noch nicht erklären konnte.

»Und? Ist das schlimm für Sie?«

Ich zuckte mit den Schultern: »Ja. Das heißt ... eigentlich nicht. Ich weiß nicht. Im Moment fühle ich mich eher erleichtert, befreit. Verstehen Sie?«

»Seltsam«, sagte sie und nickte.

»Was ist daran seltsam?«

»Ach, nichts weiter.«

Sie musste etwas angerissen haben, das nun in Schwingungen geriet, die sie verwirrten, die sie abwehren wollte.

»Nein, nein. Nichts weiter«, murmelte sie abwesend, beinah abweisend. Dann aber, nach kurzer Pause und einem Zug aus der Zigarette: »Es ist nämlich ...«

Sie brach wieder ab. Mir war klar, dass sie etwas loswerden wollte, etwas aussprechen. Aber sie wollte oder konnte es mir, den sie doch erst seit einer halben Stunde kannte, nicht anvertrauen. Manchmal freilich kennt man sich schon unendlich lange. Man weiß nur nichts davon, bis dann ... Aber ich greife schon wieder vor.

Ich wollte nicht weiter aufdringlich sein. Was ging mich auch dies Etwas an? In der Annahme, damit dem Gespräch wieder seine unverbindliche Ebene zu geben, fragte ich nun meinerseits, warum denn sie hier sei.

»Urlaub natürlich«, sagte sie aufatmend, sehr schnell.

»Natürlich ...«

Wir lächelten uns hilflos an. Das Gespräch begann sich im Kreise zu drehen, die Bewegung zu imitieren, aus der das bestand, was folgte. Sie steckte sich eine Zigarette an, trank einen Schluck Wein, straffte sich.

»Nein«, sagte sie sehr bestimmt. »Nein, es ist anders. Wie soll ich Ihnen das erklären? Es ist, es ist eben – ja, sehr seltsam. Es ist auch eine längere Geschichte. Und eine etwas verwickelte dazu.«

Nun war mein eher beiläufiges Interesse natürlich zur Neugier gesteigert, aber sie lenkte schon wieder ab, sprach von Belanglosigkeiten. Schließlich saßen wir schweigend nebeneinander. Das Café hatte sich geleert. Wir waren die letzten Gäste.

»Ich denke, wir sollten auch gehen«, schlug ich vor. »Der Kellner ist schon eingeschlafen. Und ich reise morgen ab.«

»Nein«, sagte sie in überraschender Entschlossenheit. »Bleiben Sie bitte. Ich werde Ihnen jetzt meine Geschichte erzählen. Wenn es Sie nicht langweilt. Könnten Sie noch Wein bestellen?«

Ich ließ den Kellner schlafen, ging zum Tresen und holte eine neue Flasche. Wir tranken uns zu. Sie lächelte unsicher.

»Ich weiß gar nicht, wie ich anfangen soll.«

»Mit Ihnen«, sagte ich. »Fangen Sie bei sich selbst an.«

»Warum nicht? So fängt es ja doch immer an. Immer wieder. Das war also«, begann sie leise, indem sie sich eine Zigarette anzündete und den Rauch wie erleichtert in die Nacht stieß, »das war vor ziemlich genau drei Jahren. Ich studierte noch und machte in den Semesterferien zusammen mit einer Freundin eine ausgedehnte Reise durch Griechenland, während der wir irgendwann hierher, auf diese Insel, an diesen Ort kamen. Wir wollten bloß einige Tage bleiben, dann rüber nach Samos, aber ich«, sie zögerte einen Moment, ihre Stimme wurde noch leiser, »verliebte mich hier, in diesem Café, an dem Tisch drüben, an dem nun der Kellner schnarcht, in einen Amerikaner, David, der hier seinen Jahresurlaub verbrachte. Sie wissen vielleicht selbst, wie das mit einem Urlaubsflirt ist. Alles geht schneller als sonst, unmittelbarer, unkomplizierter, man denkt nicht an vorher und nachher, ist irgendwie geschichtslos, man lebt den Moment, glaubt aber zugleich, nur wenig

Zeit zu haben. Und freier zu sein als zu Hause, glaubt man natürlich auch. Meine Freundin verstand die Situation. Sie zog allein weiter. Ich blieb mit David, war wahnsinnig verliebt oder bildete es mir wenigstens ein. Er war viel älter als ich, Mitte vierzig ungefähr. Ich habe ihn nie danach gefragt, es war gleichgültig. Wir haben überhaupt kaum nach unseren Lebensumständen gefragt, wenig gesprochen, er konnte kein Französisch, und mein Englisch ist dürftig, haben einfach so dahingelebt, hier und jetzt im guten Sinn, taten nichts Besonderes, essen, schlafen, in der Sonne dösen, spazieren gehen, schwimmen. Eben so. Einfach so. David hatte viel Geld, das war angenehm; aber völlig unwichtig. Mir gefiel seine bestimmte, lakonische, maulfaule, praktisch-präzise Art, sein trockener Witz, seine Cleverness, wie er selbst sagen würde. Eines Tages nun hatten wir uns beim Schwimmen zu weit hinausgewagt, gerieten in die Mündungsströmung des Baches, der dahinten aus den Bergen kommt und ins Meer fließt, trieben immer weiter vom Strand ab. Irgendwann merkten wir, dass wir diesen unscheinbaren Bach unterschätzt hatten, merkten, dass wir aus eigener Kraft nicht mehr zurückkommen würden, waren aber auch schon so weit vom Ufer abgetrieben, dass unsere Hilferufe weiß Gott in den Wind gesprochen waren. Zu sehen waren wir sowieso nicht mehr, da draußen sind die Wellen doch höher, als man denkt. Wir dachten, dass wir also beide ertrinken würden. Es war wirklich eine ausweglose Situation, die sich schwer beschreiben lässt und übrigens auch nur am Rande zu der Geschichte gehört, die hiermit, in unserer Todesangst, eigentlich erst beginnt. Wir trieben also inzwischen an die fünf Stunden in dieser Strömung, sahen längst kein Land mehr, und langsam wurde es dunkel. Ich bekam Krämpfe in Beinen und Armen, als plötzlich Motorengeräusch auf uns zukam und einer der Fischer vom Hafen uns aus dem Wasser in sein Boot zog. Unseren fassungslosen Dank wehrte er ab; bedanken könnten wir uns bei dem da, und er zeigte auf einen zweiten Mann, der breit grinsend vorn im Boot saß, und von dem wir angenommen hatten, daß er ebenfalls ein Fischer war in seinen Bluejeans und seinem gestreiften T-Shirt, barfuss dazu. Es war aber kein Fischer. Es war Bill.«

Sie hatte zögernd, mit Pausen und einigem Nachdenken zu sprechen begonnen, war dann immer flüssiger geworden, fast hastig, als ob mit jedem Wort Zusammenhänge in ihr auftauchten, die sie zwar kannte, deren Verknüpfung ihr aber erst jetzt, indem sie sie hier an Ort und Stelle aussprach, ganz einleuchtend zu werden schienen.

Ich sollte an diesem Punkt noch anfügen, dass mein Bericht ihrer Erzählung nicht nur durch meine eigene Erinnerung daran gebrochen ist, sondern auch durch den Umstand, dass sie französisch sprach und ich nun ihre Worte nicht nur in Schrift, sondern auch in eine andere Sprache zu überführen habe.

Ich schenkte uns nach.

»Bill. Ja, da saß also Bill und strahlte uns halbe Wasserleichen in seiner kindlichen Unkompliziertheit an. Auch ein Amerikaner. Auch im Urlaub. Und der Grund, dass ich ausgerechnet Ihnen heute meine Geschichte erzähle, die auch die Geschichte von David und Bill ist, liegt wohl darin, dass Bill hier auf der Insel gelandet war aus dem gleichen Grund wie Sie. Vielleicht war es auch ein anderer Grund, wahrscheinlich sogar, aber den kann man nicht beschreiben, nicht benennen. Wie kann man überhaupt Gründe wissen, Ursachen? Jedenfalls war Bill, was David und ich aber erst ganz zum Schluss erfuhren, Buchdrucker gewesen in einer riesigen Firma in New York. Man hatte ihm gekündigt, Rationalisierungsmaßnahmen, Computerisierung, Satzautomaten und so weiter. Na, Sie werden das ja kennen. Wer braucht auch heute noch Buchdrucker? Bald wird es vielleicht keine Bücher mehr geben ...«

»Vielleicht erzählen sich die Leute dann wieder mehr«, warf ich ein. »So, wie Sie mir nun erzählen.«

»Nein«, sagte sie, »glaube ich kaum. Das gehört auch nicht zur Geschichte. Bill also hatte man gefeuert, er war seinen Job los, genau wie Sie. Man hatte ihn einfach rausgeschmissen aus diesem Riesenladen, in dem ein einfacher Buchdrucker nie seinen wirklichen Chef zu Gesicht bekommt, immer nur irgendwelche Chargen, die bei solchen Maßnahmen Bedauern heucheln müssen. Immerhin zahlten sie ihm eine anständige Abfindung. Bill nahm's leicht und machte mit dem Geld in der Tasche das, was er immer schon mal machen wollte, aber nicht konnte, weil das Geld nicht langte, er ging auf großen Europatrip, der ihn schließlich, das Geld war fast aufgebraucht, hierher führte. An dem Abend nun, an dem er uns aus dem Wasser holte, war Bill gerade mit dem Schiff angekommen und hatte einen Spaziergang hinaus zur Bachmündung gemacht, um die Gegend nach einem Camp-Platz abzusuchen und um ein paar Fotos zu schießen. Unsere Rufe hat er natürlich auch nicht gehört, aber er hat uns gesehen, weil er nämlich vor seiner Kamera ein Teleobjektiv hatte. Und wie er da mit seinem Tele auf die Spiegelung des Sonnenuntergangs hielt, den die Bachströmung bizarr kräuselte, sah er zwei dunkle Punkte und wusste sofort, wie er später sagte, dass da zwei Leute am Absaufen waren. Er ist dann zum Hafen gerannt, als ginge es um sein Leben, hat sich den Fischer, der gerade auslaufen wollte, gegriffen und uns mit dessen Hilfe aus dem Meer gezogen. Ja, so kam das alles. David und ich freundeten uns rasch mit unserem Lebensretter an. Irgendwie passte er zu uns, war ein völlig anderer Typ als David, sozusagen dessen Ergänzung, lebhaft, gesprächig, romantisch, ein großer Junge, finanziell so gut wie abgebrannt, bedürfnislos, schlief draußen am Strand im Schlafsack. David hielt Bill frei, war froh, dass er sich auf irgendeine Weise erkenntlich zeigen konnte. Bill sah sofort, dass bei David Geld keine Rolle spielte, und hatte keine Probleme, von nun an zum Essen eingeladen zu sein. Über kurz oder lang machten wir fast alles zusammen, und eines Nachts, wir hatten viel Retzina getrunken, trennten wir uns auch nicht mehr zum Schlafengehen. Bill ging nicht zurück zu seinem Schlafsack am Strand, sondern mit uns ins Hotel. Wie es dazu kam, weiß ich nicht mehr. Auf jeden Fall war alles völlig selbstverständlich, ohne viel Gerede, war schön, ohne falsche Scham, ich glaube, für uns alle, ohne Eifersucht. So was passiert halt im Urlaub, nicht wahr? Unsere Dreierbeziehung dauerte knapp drei Wochen, die schönsten Wochen meines Lebens. Dann musste David zurück. Sein Urlaub war zu Ende, seine Firma rief. Wir hatten, wie gesagt, nie von unserer Arbeit gesprochen, wussten nicht, was die anderen taten in der sogenannten Normalität. Es war uns egal, gleichgültig. Wir waren gleich oder passten zumindest gut zusammen. Am letzten Abend also kam das Gespräch dann doch auf Arbeit und Jobs und das, was man zu Hause ist oder zu sein hat. Bill erzählte von seiner Kündigung.«

Sie machte eine kleine Pause, trank, schien nicht weitersprechen zu wollen, war den Tränen nahe, nahm eine neue Zigarette, inhalierte tief, atmete aus.

»Wenn ich Ihnen jetzt sage, dass sich herausstellte, dass David Bills Boss war, sein Chef, den Bill zuvor nie zu Gesicht bekommen hatte, klingt das so unwahrscheinlich, dass ich's kaum sagen mag. Es war aber so. Dass wir drei wie vom Donner gerührt waren, sagt nichts über das Gefühl, das durch uns hindurchfuhr. Was waren das für Korrespondenzen, die uns zusammengebunden hatten? Wir bemühten alle möglichen Begriffe, Glück, Zufall, Fügung. David redete sogar von Wunder, Bill von »vibrations«. Es war an diesem Abend etwas Magisches in uns und um uns, das uns wie ein Flügelschlag berührte. Nein, dies Magische war ja schon vorher da gewesen, aber jetzt zeigte es sich, fügte sich. Ich überlasse es Ihnen selbst, sich vorzustellen, was mit uns dreien los war, als dieser Zusammenhang auf einmal klar vor uns stand. Unbeschreiblich war es sowieso, spannend und entspannend zugleich, als ob wir unter Strom stünden.«

Ich holte eine neue Flasche vom Tresen. Der Patron bat mich, wir möchten unsere Unterhaltung draußen fortsetzen, er wolle nun schließen. Ich zahlte, wir gingen untergehakt zum Hafenbecken, ganz weit hinaus auf die Mole, setzten uns, die Füße knapp über der Wasseroberfläche baumelnd.

»Weiter«, sagte ich, »weiter.«

»Weiter, ja. David stellte Bill natürlich auf der Stelle wieder ein, war glücklich, seinem Retter einen Gefallen tun zu können. Bill war froh, seinen Job wiederzuhaben. Am nächsten Morgen reisten sie gemeinsam ab. Ich war unglücklich, alles hier erinnerte mich an unser Zusammensein, reiste nach zwei Tagen selber ab. Wir hatten vereinbart, uns nicht zu schreiben, die Sache auf sich und in sich beruhen zu lassen, wir wussten, dass so etwas nie wiederkommt, sich nicht halten lässt. Hatten wir es überhaupt vereinbart? Vielleicht war der Entschluss unausgesprochen, bei all dem Selbstanschluss, der zwischen uns war. Was können Briefe, was Worte, wenn man solche Erfahrungen macht? Ich ging zurück, studierte, lebte mein Leben. Dann merkte ich, dass ich schwanger war. David. Oder Bill. Ich hätte das Kind gern gehabt, es wäre mir etwas geblieben von diesem seltsamen Sommer. Ich konnte es mir aber nicht leisten, ließ es wegmachen. Und dann erst fühlte ich mich wirklich allein. Aber eigentlich nicht einsam. Vielmehr begriff ich, dass es für uns keine Einsamkeit gibt, wenn gleichzeitig die Menschen, die wir lieben oder geliebt haben, wenn auch an einem anderen Ort, wo wir sie nicht erreichen können, ebenfalls allein sind. So trifft uns das Gefühl der Einsamkeit nur dann, wenn es von uns bekannten Menschen, die wir lieben, wenn sie ohne uns glücklich sind, auf uns zurückstrahlt. Und vielleicht fühlt sich sogar der ganz und gar Vereinsamte nur einsam im Gedanken an den anderen, unbekannten Menschen, der nicht einsam ist und mit dem zusammen auch er es nicht wäre. Jedenfalls verschwanden David und Bill immer mehr aus meinem Bewusstsein, nicht aber aus meiner Erinnerung. Dort blieb der eine Moment des letzten Abends, an dem wir geweint hatten und gelacht, nicht wussten, wo wir uns hatten lassen sollen vor lauter Glück und Unverständnis angesichts des unsichtbaren Knotens, der uns zusammengeschnürt hatte, angesichts des Kreises, in den wir geraten waren. Dieser Moment blieb. Er blieb ständig und wird immer bleiben. Er ist auch jetzt da. Und ich weiß, dass er jetzt auch in David und Bill ist, egal was sie tun und wo sie sind. Deshalb bin ich nicht einsam. Und die beiden auch nicht. Und du ebenfalls nicht. Weißt du, als du vorhin gesagt hast, du bist hier, weil du deinen Job verloren hast, da war da ein Echo dieses Augenblicks, ein Aroma, ein Duft der Erinnerung. Und ich habe mich erschrocken auf schöne Art. Das Ganze noch einmal? dachte ich. Unmöglich, oder ... Gib mal die Flasche, Bill oder David oder wie du heißt. Nein, sag nicht, wie du heißt. Ich will es nicht wissen.«

»Und dann?«, fragte ich nach einigen Minuten.

»Nichts und dann. Das war alles.«

»Aber warum bist du hierher zurückgekommen?«

»Ich weiß es nicht genau. Ich glaube, es ist so, dass mir im Lauf der Zeit die Geschichte immer unwahrscheinlicher wurde, märchenhaft irgendwie. Sie zu erzählen, traute ich mich nicht, vielleicht wollte ich sie auch einfach für mich behalten. Aber schließlich glaubte ich sie mir selber nicht mehr, dachte, ich hätte das alles nur geträumt. Vielleicht bin ich zurückgekommen, um mich zu vergewissern, dass ich nicht geträumt habe, dass diese Geschichte wirklich passiert ist. Vielleicht auch, um mich noch einmal zu vergewissern, dass es keine Einsamkeit gibt.«

»Und? Bist du nun sicher?«

Sie gab keine Antwort, sondern deutete mit der Hand zum Strand hinüber.

»Dahinten irgendwo hat Bill campiert. Lass uns nachsehen. Vielleicht finde ich die Stelle wieder.«

Ich weiß nicht, ob es die gleiche Stelle war. Es war aber die richtige Stelle für diese Nacht, in der wir keine Worte mehr wechselten. Gegen Morgen wurde es kalt. Wir gingen zum Ort zurück, jeder in seine Pension.

Am Abend saß ich wieder im Café, aber sie kam nicht. Ich fragte den Kellner. Sie sei abgereist. Mit der Fähre, die heute Morgen repariert worden sei. Sie habe mir diesen Zettel hinterlassen: »Ich grüße dich, auch im Namen von David und Bill. Du warst ein guter Zuhörer. Ich weiß nun, dass meine Geschichte wahr ist. Denn ich habe sie erzählt. Vielleicht stimmt sie erst jetzt.«

Und ich habe sie gehört und weitergeschrieben, und Sie, Leser, sie gelesen. Wollen Sie sie nicht weitererzählen? Ich fürchte, sonst stimmt sie nicht mehr.

John Updike

Der Rettungsschwimmer

Kein Zweifel, ich bin ein toller Typ. Im Herbst, im Winter und im Frühling komme ich den Pflichten eines Studenten der Theologie nach, und im Sommer schlüpfe ich in meine andere Haut und werde zum Rettungsschwimmer. Meine ein wenig schmale und zart behaarte, aber durchaus nicht unmännliche Brust wird braun. Mein glatter Rücken nimmt einen Karamellton an, und wie etliche meiner Teenager-Trabanten mir versichern, verleiht mir dieser, in Verbindung mit dem Schlagrahmeindruck, den mein weißer Tropenhelm macht, ein köstlich essbares Aussehen. Meine Beine kann ich selbst betrachten, wenn ich auf meinem erhöhten Holzsitz throne und sie gespreizt von mir strecke: Sie sind in einem stumpfen Walnussbraun gefärbt, was ihre artikulierte Kraft umso klarer zur Geltung bringt. Die Haare an meinem Körper sind zu einem korrespondierenden Blond gebleicht, und so haben meine Beine die pointierte Eleganz von umbrafarbenen Staubgefäßen zur Blütezeit, wenn sie überpudert sind mit Pollen.

Neun Monate im Jahr wühle ich mich mit blassen Händen und brennenden Augen durch endlose Seiten biblischen Textes, die mit haarspalterischen Kommentaren überkrustet sind; durch vielbändige Apologetiken, die in erlogen freundlicher viktorianischer Sprache abgefasst und in hauchzart aufgeraute Einbände aus feingefurchter, vorgegilbter roter Pappe gebunden sind; durch Handbücher der Liturgik und Dogmengeschichte; durch die verwirrenden Doppelbödigkeiten von Tillichs theologisch-politischem Geschäft; durch die milden Tischgespräche von Pater D'Arcy, Etienne Gilson, Jacques Maritain und anderen Modernen, die sich vom exquisiten antiken Mobiliar und den überquellenden Speisekammern des gastfreundlichen heiligen Thomas irrtümlich haben beschwichtigen lassen; durch die furchterregenden Versuche Kierkegaards, Berdjajews und Barths, Gott ins Sein zu peitschen. Ich schwanke entsetzt auf der Leiter aus Minuszeichen, mit deren Hilfe Theologen der Leere entkommen wollen. Wie ein Einbrecher schleiche ich mich ins Haus des Naturalismus, um das Silber zu stehlen. Einem Akrobaten gleich schwinge ich mich von Strohhalm zu Strohhalm. Newmans schillernde Spinnweben zerreißen mir unter den Händen. Pascals Schultafelmathematik wird von einer vorbeistreifenden Schulter ausgelöscht. Die bei Kerzenlicht so erstaunlich kraftvoll wirkenden Höhlenzeichnungen jener Ur-Magier Paulus und Augustinus verblassen, bei Tage gesehen, zu bloßer Anthropologie. Die unterhaltsamen Produkte literarischer Kokettierer wie Chesterton, Eliot, Auden und Greene – ob sie das Christentum als pastellenen, für eine Märchenland-Tollerei entworfenen Wald betrachten oder als köstlich miasmatische Grube, aus der mit Schaufelbaggern Chiaroscuro gefördert werden kann – am Ende schlagen alle, trotz des komischen Sortiments von Gongs und Schlegeln, unweigerlich den Ton des reichen Jünglings an, der sich an Judäas

Küste voll Entsetzen weigerte, alles zu verkaufen, was er besaß.

Während des restlichen Viertels des Sonnenumlaufs lasse ich meine Augen dann auf einem Laken aus gleißendem Sand ruhen, dem die Runen nackter Menschenleiber aufgeprägt sind. Dass es zwischen meinen beiden Studienfächern keine Diskrepanz gibt, dass die Texte des Fleisches die des Geistes ergänzen, ist der naheliegende Hauptgedanke meiner Rede.

Auf die Rückenleiste meines Rettungsschwimmersitzes ist ein Kreuz gemalt – gewiss, ein rotes Kreuz, das für Bandagen, Schienen, Ammoniaklösungen und Sonnenbrandsalben steht. Gleichviel, es tröstet mich. Jeden Morgen, wenn ich auf meinen Stuhl klettere, wenn meine athletischen und jugendlich flaumigen Zehen gewandt die Latten umkrallen, die eine Leiter bilden, ist mir, als stiege ich in ein riesiges, steifes, großzügig geschnittenes Ornat.

In dieser wie in meiner anderen Rolle hocke ich wachsam am Rand einer Unermesslichkeit. Dass die See, mit ihrer Vielgestaltigkeit und ihren geheimnisvollen Bewohnern, ihren wilden und unergründlichen Zornausbrüchen, uns als göttliche Metapher nicht mehr ausreichend dient, zeigt, wie gravierend der Humanismus unsern Glauben korrumpiert hat. Wir suchen Gott jetzt in Blumen und guten Taten, und die blauen Unendlichkeiten, die die kleinen Landkrusten umgeben, auf denen wir unser Leben zu seinem unbefriedigenden Schluss führen, sind von der Wissenschaft mit gesichtslosem Schrecken bedeckt. Ich selber kann kaum den Gedanken an die Sterne ertragen oder daran, die Sterbeziffern bei den Korallen zu ermitteln. Aber von meinem Sitz aus sieht das Meer, das ein wenig aufgebläht wird durch die erhöhte Perspektive, wie ein dunstiger alter Herr aus, der sich's in einem gewaltigen Lehnstuhl bequem gemacht hat: Die Armlehnen sind die Arme der Bucht, und der frischgewaschene Himmel ist das Schondeckchen. Segelboote gleiten über des Alten Fläche wie müßige und unzusammenhängende, aber wohlwollende Gedanken. Das Brausen der Brandung ist das rhythmische Auf und Ab seiner kräuselig genähten Weste, während er atmet. Bedenkt dies: Wir tauchen mit einem Schock ins Meer; unsere Haut und unser Blut protestieren gellend. Aber wenn dieser Augenblick, dieser jähe Übergang, vorüber ist, was finden wir? Ekstase und Auftrieb. Schwimmen bietet ein Gleichnis. Wir wehren uns und kämpfen und gehen unter; wir geben nach, verzweifelt zwar, und treiben und sind gerettet.

Mit welcher Scheu, welch einem Gefühl des Unbefugtseins lege ich, wie versteckt auch immer, einen Gedankengang von so offiziellem Gewicht dar! Verzeiht mir. Ich bin noch nicht geweiht; ich bin im Kopf zu ungeordnet, um mich mit dem Hauptthema zu befassen. Meine Kompetenz besteht nur am Rand, und so will ich mich beschränken auf den Schimmer des Fleisches, mit dem dieser besondere Rand, dieser Küstenstreifen, jeden Tag versehen wird.

Hier spult sich der Film des Lebens rückwärts ab. Die Alten sind die Ersten, die erscheinen. Sie führen ein müßiges Leben und haben die Gnade des Schlafs verloren. Jeder Menschenkörper ist eine Uhr, die abläuft. So jung ich auch bin, kann ich doch die Proteinsäuren in mir ticken hören. Ich werde zur Unzeit wach und fühle in der bebenden Dunkelheit und Stille, wie mein Tod auf mich zurast gleich einem Expresszug. Je älter wir werden und je weniger Tage uns bleiben, desto tiefer trifft uns der weckende Dolch des Morgengrauens. Die alten Damen tragen breite Strohhüte und im Schatten dieser Hüte ein Lächeln, das ebenso breit ist und das sie sich gegenseitig schenken, sich und auch den salzigen Muscheln, die sie im morgenglatten Sand finden, und sogar mir, der ich mit verhangenen Augen dasitze nach meinen nächtlichen Zerstreuungen. Die Herren sind oft recht ungereimt: Welke weiße Beine tragen bronzebraune Tonnenleiber, die absurd potent wirken und starren von weißwolligem Haar. Wie diese alten Gockel sich brüsten mit ihrer »Kondition«! Mit welch alberner Kennerschaft sie im eisigen Wasser schwimmen – freilich immer schlau am Ufer entlang, da, wo das Wasser nicht tiefer ist, als sie hoch sind.

Dann kommen die Mittelaltrigen, beladen mit Kindern und Aluminiumstühlen. Die Männer sind gezeichnet von den Merkmalen ihres Berufs: Der Tankstellenwärter hat rote Unterarme, der Maurer oder Zimmermann das blasse X auf dem Rücken, von den Trägern der Arbeitshose, der Muschelsammler hat seine zerschrammten Fesseln. Das Haar an ihren Körpern zeigt so viele Muster wie verfilztes Gras. Die Frauen sind faltig, aber fruchtbar, wie die schlammigen, überfrachteten irakischen Flüsse, die den Keim unserer Zivilisation ausgebrütet haben. Ihre Kinder sind abscheulich. Aus ihren mageren Gesichtern schielen alle Laster, alle Begierden und schrillen Dringlichkeiten der Erwachsenen, nur dass sie nicht gemildert sind von der Schweigsamkeit und Müdigkeit der Reife. Außer dass hier und da ein Mädchen, die älteste Tochter, in gestricktem

Badeanzug mit grünen, violetten, braunen Querstreifen, langsam, nachdenklich die Füße setzt, beunruhigt vom Dämmern, das ihren runden, glatten Körper umgibt, die Taille noch ohne Kontur, der Hals aber schon lang gereckt.

Zum Schluss kommen die Jungen. Die jungen Matronen schleppen dicke, aufgeregte Kleinkinder an, die den Sand in sich hineinschlingen wie Zucker und selig in die Brandung tappeln, sodass ich kerzengerade in die Höhe schieße auf meinem Thron. Meine Pfeife trillert. Die Mütter heben witternd die Köpfe. Viele dieser Frauen sind schon wieder schwanger und liegen in ihren losen Kitteln träge da wie wiederkäuende Kühe auf der Weide. Sie ratschen über Politik und rauchen entgegen dem Rat ihrer Ärzte und blicken bestürzt, als ein Trio flachbäuchiger Nymphen vorbeipromeniert. Diese Grazien ziehen aller Augen auf sich. Der lebhafte Rotschopf, sommersprossig und weißfüßig, der sich gegen seinen Boyfriend wirft und darum bettelt, untergetaucht zu werden; die feierliche Brünette, die die Vase ihrer selbst mit angehaltenem Atem trägt; die Blonde mit den Grübchen und einem Lätzchen-und-Windelhöschen-Bikini: Flaum überflimmert ihren Bauch, sodass er glänzt wie ein Katzenbauch. Lust und Sonne machen mich gleichermaßen benommen.

Ihr nehmt Anstoß daran, dass ein Theologiestudent Lust empfindet? Was für Philister die kirchlich Ungebundenen sind! Sind denn unsere Ausfälle auf das Übernatürliche nicht wollüstig, sind sie nicht obszön, in gewisser Weise? Wenn ihr nur wüsstet, auf was für de Sade'sche Verirrungen, auf welch erschreckende psychologische Höhlenforschung unsere vornehmen transzendentalen Professoren uns ansetzen, als Vorbereitung für unser Wirken, das im Dunkel leuchten soll.

Ich fühle, wie meine Lust mich zum Glühen bringt; ich werde kalt auf meinem Sitz, wie eine Fackel aus Eis, indes ich Schönheit studiere. Ich habe dies Fach ausgiebig studiert, in Badehosen jeglichen Schnitts und mit so manchem Gesichtsausdruck, und bin zu diesem Schluss gekommen: Die Schönheit einer Frau beruht weder auf etwelchen Ausgeprägtheiten der gewissen Zonen noch auf einer allgemeinen Harmonie, die mit Hilfe der *sectio aurea* oder eines ähnlichen ästhetischen Aberglaubens ermittelt werden kann; sondern auf der Arabeske der Wirbelsäule. Der Kurve, in der der Rücken in den Hintern übergeht. An dieser Stelle sitzt die Anmut und reitet den Körper einer Frau.

Ich halte die Augen offen auf meinem weißen Thron und habe Mitleid mit den Frauen, beklage den verrückten Ratschluss, nach dem es sie zur prahlerischen Muskelkraft der Mesomorphen treibt und zur blühenden Selbstzufriedenheit der Endomorphen, während doch wir Ektomorphen mit unseren dürren Flechsen und überreizten Nerven des höchsten Liebesgeschenks fähig sind, der generösesten Geborgenheit. Nach einer Frau sich sehnen, das bedeutet, sich danach sehnen, sie zu erretten. Jeder, der Liebesakte erfahren hat, die weder räuberisch noch hastig waren, weiß, wie wir mit der Frau gemeinsam hinabsteigen in die bizarren, zerbrechlichen Schatten, die bis dahin im behütetsten Winkel unserer Seele versiegelt waren: In diesen Hafen bringen wir sie. Ein nebelhaftes, wirres Terrain wird erschlossen; jeder Schatten, der von der Erkundung berührt wird, blüht zu einer Blume der Liebesfeier auf. Als seien wir eine Insel, an deren Ufer die Frau geweht wird und auf der sie Schutz findet nach ihrer von Eitelkeiten und blinden Selbstsüchten gepeitschten Irrfahrt, bis die Natur, eine Sekunde vor der Antiklimax, lächelnd ihren Trumpf ausspielt und die Insel unter den Meeresspiegel sinkt.

Es liegt viel Wahrheit in jenen Filmen, denen unterstellt wird, dass sie sich weder an die Bibel noch ans Leben hielten. Sie halten sich - wiewohl von Ungläubigen und Trinkern geschrieben - getreulich an beides. Wir sind alle Salomos, die es danach dürstet, die Königin von Saba zu erlösen. Der gotterfüllte Mann ist von einer Wildnis erfüllt, die danach schreit, bevölkert zu werden. Die steinernen Kammern brauchen Juwelen, Pelze, Schattierungen von Gewebe und Fleisch, auch wenn, wie in Samsons Fall, der Tempel einstürzt. Frauen gehören einem fremden Heidenstamm an, der unter uns geraten ist. Jede Verführung ist eine Bekehrung.

Wer hat geliebt und dabei nicht dies Gefühl gehabt, ein Werk der Rettung zu tun? Es ist nicht wahr, dass unsere biologischen Impulse mit Ritterlichkeit paspeliert sind; umgekehrt, unsere ritterlichen Impulse rasseln in beschwerlicher biologischer Rüstung daher. Eunuchen lieben. Kinder lieben. Ich würde lieben.

Meine Hauptaufgabe, während ich über der Menge throne, ist, alle miteinander in die Unsterblichkeit zu erheben. Es ist keine leichte Aufgabe; die Menge ist so groß und jeder Einzelne darin auf seine Weise so unwürdig. Kein Memento mori ist so eindringlich wie die Fotografie einer verschwundenen Menschenmenge. Sie jubelt Roosevelt zu, feiert den Waffenstillstand, das Foto zeigt's: zehntausend Strohhüte und steife Kragen, ein furchtloses, hölzerngesichtiges Gewimmel von Leben – es existiert nicht mehr. Eine Menge stirbt auf der Straße wie ein herrenloser Hund; sie hinterlässt keinen Erben, keine Spur, keinen Namen. Meine eigene Fortdauer über den letzten Rand der Zeit hinaus kann ich mir mühelos vorstellen; allein, es gilt, die Vorstellungskraft in die andere Richtung zu lenken: Ich muss mich vertraut machen mit meinem Aufhören. Aber wenn ich das ungeheure Menschengewirr betrachte, das den Strand schwarz macht, so weit der Sand reicht, drängen sich mir absurde Überlegungen auf. Wird den Frauen als jungen Mädchen, als Matronen oder als Greisinnen Ewigkeit verliehen? Was werden sie tun, wenn es keine Kinder mehr zu hüten und keinen Klatsch mehr zu besprechen gibt? Die tausend Tode der Erinnerung und körperlichen Veränderung, die wir erleiden – werden wir an einem Schadenregulierungsschalter ganz zum Schluss für jeden Einzelnen entschädigt? Allein die Zahlen, um die es dabei geht, bringen den Verstand zum Schreien. Die Spezies ist nicht mehr eine kleine Gruppe von Primaten, die über ein Meer aus Gras herrscht; die Menschheit ist eine Seuche, die sich wie Feuer über die erschöpften Kontinente ausbreitet. Dieser unübersehbare Klumpen, der sich da am Strand geballt hat, der Bruchteil eines Bruchteils – könnte man nicht sagen, dass dieser zeugende, sich fortpflanzende Schwarm seine eigene Unsterblichkeit ist, und dem Zweifel ein Ende machen? Der Bienenstock lebt in gewisser Weise fort; und steht es nicht fest, dass jeder von uns ein Bienenstock ist, eine Galaxie von Zellen, deren jede, ob auf ihrer Kirchenbank in unserm Daumennagel oder in unserer Speiseröhre, um persönliche Wiederauferstehung betet? Wahrhaftig, den Zellen muss Krebs als das neue Erblühen des Glaubens erscheinen. Nein, im Hinblick auf andere Menschen ist es vernünftig und hygienisch, in Vergessenheit zu fallen.

Dies Meer der anderen nervt und ermüdet mich am stärksten sonntagvormittags. Ich weiß nicht, warum die Leute nicht mehr zur Kirche gehen – ob sie die Fähigkeit zu singen verloren haben oder die Bereitschaft zuzuhören. Von acht Uhr dreißig an fallen sie vom Parkplatz her ein: Ameisen, deren jede ihr Krümchen Gepäck schleppt; bis Mittag geht das so, wenn die fernen Kirchen ihre tapfere, festlich gekleidete Minderheit entlassen; dann ist auch das Meer voll mit hohlen Köpfen und dreschenden Armen, wie ein gewaltiger schwappender Rückstrom voller Unrat. Von einem Transistorradio irgendwo im Sand steigt in dünnem, reuigem Schwall das Schlussgeläut einer Gottesdienstübertragung auf. Und in diesem Augenblick, auf dem Höhepunkt der Erschlaffung und Konfusion, lasse ich nach, meine Augen verengen sich zu Schlitzen, und die flimmernden Konturen der fehlgeleiteten Herde des Protestantismus scheinen da am Wasserrand in inbrünstigen Posen der Andacht versammelt. Mir ist, als läge ich träumend im unendlichen Fels des Raumes, der vor der Schöpfung war, und die tatsächliche Szene, die ich sehe, ist eine Vision des Unmöglichen: ein Paradies. Denn hätten wir gelebt vor der Gebärde, die das Firmament spaltete, wären wir dann wohl imstand gewesen, uns einen Begriff zu machen von unserm augenfälligsten Besitz, unserm alltäglichsten Glück: dem Augenblick, dem einen immer gegenwärtigen Augenblick, den wir uns fortwährend randvoll zum Munde führen?

Darum: Seid fröhlich. *Seid fröhlich*, lautet mein Gebot. Das ist die Botschaft, die ich aus euren Bewegungen lese. Breitet eure Haut aus wie festgepflockte Felle, lasst sie gerben vom Wunder des Sonnenaugenblicks. Freut euch am Scherenspiel eurer Beine, an der Biegsamkeit eurer Taillen. Tobt; esst die Gischt; seid Kinder. Ich bin hier, über euch. Ich habe meine Jugend hingegeben, damit ihr all das tun könnt. Ich warte. Die Gezeiten der Zeit haben trügerische Unterströmungen. Ihr werdet unablässig dem Horizont entgegengetragen. Ich habe mich vorbereitet; meine Muskeln sind gestählt für das, was getan werden muss. Eines Tages wird meine Wachsamkeit Früchte tragen; am Horizont wird, köstlich, durchscheinend, wie eine grüne Glocke über dem Wasser, der Hilferuf aufsteigen, der Ruf, ein Ruf, den ich – zu meiner Betrübnis gestehe ich es – bislang nicht vernommen habe.

Italo Calvino

Abenteuer einer Badenden

Als Frau Isotta Barbarino am Strand von … badete, betraf sie ein bedauerliches Missgeschick. Sie war weit hinausgeschwommen, und als sie sich wieder dem Ufer zuwendete, weil ihr die Zeit zur Umkehr gekommen schien, bemerkte sie, dass sich etwas ereignet hatte, was nicht wiedergutzumachen war. Sie hatte ihren Badeanzug verloren.

Sie konnte nicht sagen, ob er ihr gerade in diesem Augenblick heruntergerutscht war oder ob sie schon eine Weile lang ohne ihn schwamm; von ihrem neuen Zweiteiligen war ihr nur das Oberteil geblieben. Bei einer Bewegung der Hüfte mussten einige Knöpfe abgesprungen sein, und der auf ein formloses Fetzchen Stoff reduzierte »Slip« war ihr über das andere Bein hinuntergeglitten. Vielleicht sank er gerade einige Spannen unter ihr in die Tiefe; sie versuchte, sich unter die Oberfläche sinken zu lassen, aber sofort bekam sie keine Luft mehr, und nur undeutliche, grüne Schatten tanzten vor ihrem Blick.

Sie unterdrückte die aufsteigende Angst und versuchte, mit Ruhe ihre Gedanken zu ordnen. Es war Mittag, das Meer war voller Menschen, die in Paddel- und Kufenbooten fuhren oder auch schwammen. Sie kannte niemanden; sie war erst am Vortag mit ihrem Mann angekommen, der leider gleich wieder in die Stadt zurückmusste. Es gab jetzt keinen anderen Ausweg, dachte Frau Isotta – und sie wunderte sich über ihre klaren und ruhigen Überlegungen –, als zwischen den Booten einen Bademeister zu finden, den es ja irgendwo geben musste, oder besser irgendjemanden, der ihr Vertrauen einflößte, und ihn zu rufen, sich ihm zu nähern und ihn gleichzeitig um Hilfe und Diskretion zu bitten.

All dies überdachte Frau Isotta, indem sie sich fast zusammengekauert dicht unter der Oberfläche hielt und nicht wagte, sich umzusehen. Nur ihr Kopf schaute hervor, und plötzlich senkte sie das Gesicht zum Wasserspiegel, nicht um ihm das Geheimnis zu entreißen, das ihm als unverletzlich anvertraut war, sondern mit der Bewegung, mit der man Augenlider und Schläfen gegen Laken oder Kopfkissen streicht, um die Tränen über einen nächtlichen Gedanken zu verscheuchen. Und es war wirklich ein Andrang von Tränen, der auf ihre Augenwinkel drückte, und vielleicht geschah dieses instinktive Neigen des Kopfes wirklich, um die Tränen im Meer zu trocknen: so groß war ihre Verwirrung und so groß war in ihr der Unterschied zwischen Überlegung und Gefühl. Sie war also nicht ruhig: sie war verzweifelt. Mitten in diesem unbeweglichen Meer, das in langen Abständen von kaum spürbaren Wellenbergen durchlaufen wurde, verhielt auch sie sich reglos, keine langsamen Armstöße mehr, nur eine flehentliche Bewegung der Hände unter dem Wasser, und das beunruhigendste Anzeichen ihres Zustandes, den sie vielleicht selbst nicht ganz begriff, war dieser Geiz mit den Kräften, den sie an sich beobachten musste, so als hätte sie sehr lange und nervenaufreibende Stunden vor sich.

Den zweiteiligen Badeanzug hatte sie heute Morgen zum ersten Mal angezogen, und auf dem Strand, inmitten so vieler unbekannter Menschen, war es ihr vorgekommen, als fühle sie sich seinetwegen nicht ganz wohl. Sobald sie sich jedoch im Wasser befand, war sie glücklich, freier in den Bewegungen, und sie hatte größere Lust zu schwimmen. Frau Isotta liebte es, lange weit draußen zu schwimmen, nicht der Sport machte ihr Spaß, denn sie war ein wenig rundlich und faul; das, was sie daran reizte, war der vertraute Umgang mit dem Wasser, das Gefühl, eins zu sein mit dem heiteren Meer. Der neue Badeanzug verstärkte dieses Gefühl; ja, das erste, was sie beim Schwimmen dachte, war: »Ich fühle mich nackt.« Das einzig Unangenehme war der Gedanke an den übervölkerten Strand und auch nur darum, weil ihre zukünftigen Badebekanntschaften sich vielleicht beim Anblick ihres Badeanzuges ein Bild von ihr gemacht hatten, das sie irgendwie würden ändern müssen: nicht so sehr, was ihre Anständigkeit betraf, denn nachgerade liefen alle am Meer so herum, aber indem sie zum Beispiel glaubten, sie sei sportlich oder sehr modern, während sie doch in Wirklichkeit eine solide und häusliche Frau war. Und vielleicht hatte sie, als sich das Missgeschick ereignete, ebendeshalb nichts bemerkt, weil sie spürte, anders als gewöhnlich zu sein. Das vorher am Strand wahrgenommene Unbehagen, der neue Eindruck des Wassers auf der nackten Haut, die unbestimmte Sorge, zu den Badenden zurückkehren zu müssen, alles wurde aufgebauscht und von dem neuen Gefühl tiefer Bestürzung verschlungen.

Das, was sie jetzt um keinen Preis sehen wollte, war der Strand. Trotzdem sah sie dorthin. Es schlug zwölf Uhr, und auf dem Sand warfen die Sonnenschirme mit den schwarzen und gelben Kreisen dunkle Schatten, in denen Körper sich ausstreckten, und das Gewimmel der Badenden ergoss sich ins Meer, und keines der Kufenboote war mehr am Strand, und sobald eines zurückkehrte, wurde es im Sturm genommen, ehe es noch das Land berührte, und der dunkle Rand der blauen Fläche wurde belebt von weißen Wasserstrahlen, die unaufhörlich in die Höhe spritzten, besonders hinter den Tauen, wo die Kinderschar tobte, und bei der leisesten Welle erhob sich ein Geschrei, das sofort von der Brandung verschluckt wurde. Und draußen auf dem offenen Meer war sie nackt.

Das hätte niemand vermutet, der nur ihren Kopf aus dem Wasser schauen sah, und ein wenig die Arme und die Brust, während sie behutsam schwamm, ohne je den Körper an die Oberfläche zu bringen. Sie konnte also ihre Suche nach Hilfe fortsetzen, ohne sich zu sehr bloßzustellen. Und um zu ergründen, wie viel fremde Augen von ihr zu erspähen vermöchten, hielt sie immer wieder inne und versuchte, sich zu betrachten, indem sie fast aufrecht schwamm. Mit Unruhe sah sie im Wasser die hellen unterseeischen Reflexe der Sonnenstrahlen funkeln und schwimmende Algen und blitzschnelle Schwärme gestreifter Fische und unten auf dem Grund den gewellten Sand und darüber ihren Körper beleuchten. Mit enggeschlossenen Beinen bemühte sie sich vergebens, ihn vor ihrem eigenen Blick zu verstecken: Die Haut des weißen Bauches leuchtete zwischen dem Braun der Brust und der Schenkel verräterisch auf, und weder die Bewegung einer Welle noch die unter der Oberfläche schwimmenden, halb versunkenen Algen verwischten das

Dunkle und das Helle ihres Schoßes. Frau Isotta begann wieder auf ihre unnatürliche Weise zu schwimmen; ohne innezuhalten, ließ sie ihren Körper so tief wie möglich eintauchen und drehte den Kopf, um aus den Augenwinkeln über ihre Schulter zu schauen: Und bei jedem Stoß erschien die ganze weiße Fülle ihrer Person in ihren deutlichsten und geheimsten Umrissen. Und sie mühte sich ab, Art und Richtung ihres Schwimmens zu ändern, beobachtete jede Beugung in jedem Licht, drehte sich um sich selbst; und immer kam ihr dieser kränkende nackte Körper nach. Es war eine Flucht vor ihrem Körper, der sie herausforderte, als gehöre er einer anderen Person, die sie, Frau Isotta, nicht aus einer schwierigen Lage retten und schließlich nur noch ihrem Schicksal überlassen konnte. Und doch war ihr üppiger und so schwer zu verbergender Körper einst einer ihrer Trümpfe gewesen, ein Anlass zur Zufriedenheit; nur eine sinnlose Reihe von scheinbar einleuchtenden Umständen konnte aus ihm einen Grund zur Scham machen. Oder vielleicht auch nicht, vielleicht war ihr Leben immer nur das einer angezogenen Dame, die sie schließlich ihr Leben lang gewesen war, und ihre Nacktheit gehörte so wenig zu ihr; sie war ein zufälliger Naturzustand, der sich von Zeit zu Zeit enthüllte und die Menschen und besonders sie selbst verwunderte. Jetzt erinnerte sich Frau Isotta daran, dass sie auch allein oder mit ihrem Mann ihr Nacktsein immer mit einer Miene des Schuldgefühls, einer bald verlegenen, bald katzenartigen Ironie begleitet hatte, so als ob sie gleichzeitig ein lustiges, aber unsinniges Kostüm überzöge für eine Art heimlichen Karnevals zwischen Eheleuten. Nach den ersten romantischen Jahren voller Enttäuschungen hatte sich Frau Isotta ein wenig widerstrebend daran gewöhnt, einen Körper zu haben, und sie hatte sich gewöhnt an ihn, wie jemand es lernt, über ein von vielen ersehntes Besitztum zu verfügen. Jetzt, angesichts des lärmenden Strandes, machte das Bewusstsein dieses Rechtes wieder den alten Ängsten Platz.

Als Mittag vorüber war, begannen die Badenden sich dem Ufer langsam wieder zu nähern; es war Zeit für das Essen in den Pensionen, den Imbiss vor den Kabinen und auch die Stunde, in der man den glühenden Sand unter der senkrechten Sonne genießt. Und die Kiele der Paddelboote und die Kufen der anderen Schiffe fuhren dicht an Frau Isotta vorüber, und sie musterte die Gesichter der Männer an Bord, und manchmal war sie nahe daran, ihnen entgegenzuschwimmen; aber jedes Mal schlugen ein Aufblitzen der Augen unter den Brauen, ein leichtes ruckartiges Zucken mit Schultern oder Ellenbogen sie in die Flucht, und sie schwamm davon, mit scheinbar unbefangenen Stößen, deren Ruhe eine schon gefährliche Müdigkeit verbarg. Wenn die Leute in den Booten, die allein oder in Gruppen fuhren, Burschen, die sich nur für körperliches Training interessierten, oder Herren mit hintergründigen Absichten und aufdringlichen Blicken, ihr begegneten, wie sie verloren im Meer schwamm, mit kummervollem Gesicht, das eine ängstliche, bittende Unruhe schlecht verbarg, mit der Bademütze, die ihr einen puppenhaften, leicht beleidigten Ausdruck verlieh, und mit den weichen, unsicher kreisenden Schultern, dann fuhren sie aus ihrer Versunkenheit und ihren Träumen auf, und die zu vielen waren, machten mit einer Bewegung des Kinnes oder mit einem Augenzwinkern auf sie aufmerksam, und die allein kamen, bremsten mit einem Ruder die Fahrt ab, um ihr mit dem Bug den Weg abzuschneiden. Ihrer Suche nach vertrauenswürdigen Menschen antwortete die sich aufrichtende Wand von Bosheit und Hintergedanken, ein Dornengestrüpp von stechenden Pupillen, von schneidendem, zweideutigem Lachen, von plötzlichem, fragendem Innehalten der Ruder über dem Wasser; und es blieb ihr nichts übrig, als zu fliehen. Einige Schwimmer, die mit ihren flachliegenden Köpfen blind in die Flut stießen und Wasserstrahlen ausschnaubten, kamen vorbei, ohne den Blick zu erheben; aber Frau Isotta misstraute ihnen und floh. Und andere machten, von einer plötzlichen Müdigkeit gepackt, toten Mann und verursachten durch Strampeln mit den Beinen ein unsinniges Plätschern und zogen um sie herum, bis sie durch Davonschwimmen ihre Verachtung zeigte. Und schon war das Netz der zwangsläufigen Anspielungen um sie gespannt, als wolle es sie in die Enge treiben; so als ob jeder dieser Männer seit Jahren von einer Frau träume, der das passierte, was ihr passiert war, und als ob sie alle die Sommer am Meer verbrachten in der Hoffnung, im rechten Augenblick zur Stelle zu sein. Es gab keinen Ausweg, die Front der zwangsläufigen männlichen Absichten vereinte alle Männer, und es gab keine Bresche; es war jetzt sicher, dass es den Retter nicht geben konnte, den sie sich eigensinnig als ein möglichst anonymes, fast engelhaftes Wesen erträumt hatte, als einen Bademeister, einen Matrosen. Der Bademeister, den sie vorbeikommen sah, gewiss der einzige, der auf einem so ruhigen Meer hin und her fuhr, um mögliche Unglücksfälle zu verhindern, hatte so fleischige Lippen, und seine Muskeln schienen so eins mit seinen Nerven zu sein, dass sie nie den Mut gehabt hätte, sich seinen Händen anzuvertrauen, wenn es auch nur gewesen wäre - dachte sie ohne weiteres in der Aufregung des Augenblicks -, um sich von ihm eine Kabine aufschließen oder einen Sonnenschirm aufstellen zu lassen.

In ihrer enttäuschten Vorstellung waren die Personen, an die sie sich zu wenden gehofft hatte, immer Männer. Sie hatte nicht an Frauen gedacht, und doch musste mit ihnen alles viel einfacher sein: Ein Gefühl weiblicher Zusammengehörigkeit hätte sich in dieser schwierigen Lage und bei ihrer Angst, die nur eine von ihnen wirklich begreifen konnte, sicher geregt. Aber die Gelegenheiten, mit Personen ihres eigenen Geschlechtes Verbindung aufzunehmen, waren seltener und ungewisser, im Gegensatz zu der Leichtigkeit des Zusammentreffens mit Männern; bei weiblichen Wesen hemmte sie ein gegenseitiges Misstrauen. Die meisten Frauen fuhren auf Kufenbooten zusammen mit einem Mann vorüber, eifersüchtig und unerreichbar, und suchten das weite Meer, wo ihr Körper, von dem sie selbst nur die passive Schande empfand, für jene zur Waffe eines vorausberechenbaren Angriffs wurde. Einige Boote näherten sich, beladen mit kichernden und erhitzten jungen Mädchen, und Frau Isotta dachte, wie weit die grobe Gewöhnlichkeit ihrer Qual von der flüchtigen Gedankenlosigkeit der Mädchen entfernt war; sie dachte daran, wie oft sie ihr Rufen wiederholen müsste, weil sie beim ersten Mal nicht verstehen würden; sie dachte an die Veränderung in ihren Gesichtern bei der Neuigkeit und konnte sich nicht entschließen, sie zu rufen. Es fuhr auch eine braungebrannte Blondine allein in einem Paddelboot vorbei, voller Selbstgefälligkeit und Egoismus, die gewiss draußen ein Sonnenbad nehmen wollte und der nicht der leiseste Gedanke kam, dass diese Nacktheit ein Unglück oder eine Verdammung sein könnte. Frau Isotta wurde sich klar darüber, wie allein eine Frau ist, wie selten unter ihresgleichen (vielleicht zerstört durch die enge Verbindung mit dem Manne) eine solidarische und ursprüngliche Güte zu finden ist, eine Güte, die dem Hilferuf zuvorkommt und mit einem Zeichen des Einverständnisses im Augenblick des geheimen, dem Manne unverständlichen Unglücks hilft. Nie würde sie von Frauen gerettet werden: und es fehlte ihr der Mann. Sie fühlte sich am Ende ihrer Kräfte.

Eine kleine rostfarbene Boje, die bis jetzt von einer Bande tauchender Burschen bestürmt worden war, blieb plötzlich, nach einem allgemeinen Davontauchen, leer ... Eine Möwe setzte sich auf sie, fächelte mit den Flügeln und flog fort, weil Frau Isotta sich an ihrem Rand festklammerte. Sie würde ertrinken, wenn es ihr nicht gelang, rechtzeitig anzufassen ... Aber selbst der Tod war nicht möglich, nicht einmal dieser kaum zu rechtfertigende, unmäßig teuer bezahlte Ausweg war ihr gelassen; denn als sie schon fühlte, dass ihr das Bewusstsein schwand und es ihr nicht mehr gelang, das Kinn, das hinab zum Wasser zog, hochzuhalten, hatte sie noch gesehen, wie die Männer auf den Booten ringsum sich plötzlich aufrichteten, bereit, sich zu ihrer Hilfe ins Wasser zu stürzen: Sie wollten sie nur retten, um sie nackt und ohnmächtig durch ein fragendes und neugierig zuschauendes Publikum zu tragen, und ihre Todesgefahr hätte nur den lächerlichen und gemeinen Ausgang gehabt, dem sie umsonst zu entfliehen suchte.

Als sie von der Boje aus die Schwimmer und die Ruderer betrachtete, die nach und nach vom Ufer verschluckt zu werden schienen, erinnerte sie sich an die wunderbare Müdigkeit bei solcher Rückkehr; und die Rufe von einem Boot zum anderen: - Wir sehen uns noch am Ufer! - oder: - Los, wer zuerst ankommt! - erfüllten sie mit grenzenlosem Neid. Aber allein der Anblick eines mageren Mannes, der mit merkwürdigen langen Tauen auf dem Meer zurückgeblieben war, aufrecht auf einem ruhig liegenden Motorboot, und der irgendetwas im Wasser betrachtete, verwandelte ihren Wunsch nach Rückkehr in den Drang, sich hinter der Boje zu verstecken.

Sie erinnerte sich nicht mehr, wie lange sie schon hier war: schon wurde der Strand leerer, und die Paddelboote lagen wieder in einer Reihe auf dem Trockenen, und von den Sonnenschirmen, die einer nach dem anderen zugeklappt wurden, blieb nur noch ein Friedhof von stumpfen Stangen, und die Möwen flogen dicht über dem Wasser, und von dem stillstehenden Motorboot war der magere Mann verschwunden und an seiner Stelle beugte sich der erstaunte Kopf eines lockigen Jungen über den Rand; und die Sonne wurde kurz verdeckt von einer Wolke, die ein kaum erwachter Wind zu dichten Wolkenballen über dem Gebirge trieb. Frau Isotta dachte daran, wie diese Stunde auf dem Land aussah, dachte an die festlichen Nachmittage, an das durch bescheidene Eleganz und ehrbare Freuden gekennzeichnete Leben, für das sie sich bestimmt glaubte, und an den lächerlichen Widerspruch, der sich ihr jetzt entgegenstellte, als wäre er die Strafe für eine nicht begangene Schuld. Nicht begangen? Aber vielleicht waren ihr Alleinsein an einem Badeort, ihr Wunsch, allein zu schwimmen, die Freude über den eigenen Körper in einem mit zu viel Dreistigkeit gewählten zweiteiligen Badeanzug nichts als die Zeichen einer seit langem begonnenen Flucht, die Herausforderung an einen Hang zur Sünde, eine Etappe auf dem unsinnigen Rennen nach dem Zustand der Nacktheit, der sich ihr jetzt in all seiner armseligen Schalheit zeigte. Und diese Männerbande, inmitten derer sie sich unberührt wie ein großer Schmetterling zu bewegen glaubte, indem sie eine puppenhafte Unbefangenheit vortäuschte, die auch sie schuldig machte, enthüllte jetzt ihre angeborene Grausamkeit, ihr doppelbödiges, diabolisches Wesen: Sie erinnerte an das Vorhandensein eines Übels, gegen das sie sich nicht hinreichend gerüstet hatte und das gleichzeitig ein Folterinstrument zu ihrer Strafe war.

Während sie sich mit blutleeren, vom langen Schwimmen rilligen Fingern an die Schrauben der Boje klammerte, fühlte sich Frau Isotta von der ganzen Welt verstoßen, und sie verstand nicht, warum diese Nacktheit, die alle seit jeher mit sich herumtragen, jetzt nur sie mit einem Bann belegte, als ob sie das einzige nackte Wesen sei, das einzige Geschöpf unter dem Himmel, das nackt bleiben müsse. Als sie aufblickte, sah sie auf dem Motorboot jetzt beide stehen, den Mann und den Jungen, und ihr ein Zeichen geben, als wollten sie ihr sagen, sie solle dort bleiben und sich nicht aufregen. Sie waren ernst und verständnisvoll, die beiden, im Gegensatz zu allen vorher, so als teilten sie ihr einen Richtspruch mit: sie habe sich damit abzufinden, sie sei dazu auserwählt, für alle zu zahlen; und gestikulierend versuchten sie, ihr zuzulächeln, ohne eine Spur von Bosheit: vielleicht eine Aufforderung, ihre Strafe freiwillig auf sich zu nehmen.

Plötzlich verschwand das Boot, schneller als man es ihm zugetraut hätte, und die beiden achteten auf den Motor und auf den Kurs und drehten sich nicht mehr nach ihr um. Frau Isotta versuchte nun ihrerseits, ihnen zuzulächeln, als wolle sie ihnen ihre Bereitwilligkeit zeigen: Wenn man sie nur dafür anklagte, so beschaffen zu sein, dass alle sie liebten und eifersüchtig auf sie waren, wenn sie nur für unseren weichen Körper büßen sollte, gut, dann würde sie zufrieden die ganze Schuld auf sich nehmen.

Das Boot mit seinem geheimnisvollen Kommen und Gehen und der verwirrte Knoten ihrer Überlegungen hatten sie so lange in ängstlicher Erregung gehalten, dass sie erst jetzt die Kälte bemerkte. Eine zärtliche Rundlichkeit erlaubte Frau Isotta sonst lange und eisige Bäder, die ihren Mann und alle anderen mageren Bekannten mit Bewunderung erfüllten. Aber jetzt befand sie sich schon zu lange im Wasser, und die Sonne war trüb geworden, und ihr glatter Körper bedeckte sich mit einer Gänsehaut, und langsam bemächtigte sich eine eisige Kälte ihres Blutes. Da, bei den Schauern, die sie durchliefen, fühlte Isotta, dass sie lebte, dass sie in Todesgefahr schwebte und unschuldig war. Denn die Nacktheit, die sie plötzlich mit sich trug, hatte sie nie als Vergehen angesehen, sie bedeutete eher ihre ängstliche Unschuld, ihre geheime Verbrüderung mit den Mitmenschen, Ausdruck und Ursache ihrer Existenz in der Welt; die anderen jedoch, die hintertriebenen Männer in den Paddelbooten und die dreisten Frauen unter den Sonnenschirmen, die ihre Nacktheit nicht akzeptierten und für die sie ein Verbrechen, einen Grund zur Anklage bedeutete, nur sie waren schuldig. Sie wollte nicht für sie zahlen, und angeklammert an die Boje wand sie sich mit klappernden Zähnen und Tränen auf den Wangen hin und her ... Da kam vom Hafen her das Motorboot wieder zurück, schneller noch als vorher, und der Junge schwenkte vom Bug aus ein schmales, grünes Segel: ein Kleid!

Als das Boot neben ihr hielt und der magere Mann ihr eine Hand entgegenstreckte, um ihr an Bord zu helfen, und sich mit der anderen lächelnd die Augen zuhielt, war Frau Isotta bereits so fern von der Hoffnung, dass jemand sie retten könnte, und ihre Gedanken kreisten schon um so andere Dinge, dass sie einen Augenblick lang ihre Gefühle nicht mit ihrem Denken und ihren Bewegungen zusammenzubringen vermochte; und sie streckte ihre Hand der des Mannes entgegen, ehe sie noch begriff, dass es sich nicht um ein Phantasiegebilde handelte, sondern um ein wirkliches Motorboot, das tatsächlich ihr zu Hilfe gekommen war. Dann verstand sie plötzlich, und alles wurde gut und musste so sein, und Sorgen, Kälte und Angst waren vergessen. Ihre Blässe wich einer feurigen Röte, und aufrecht im Boot stehend zog sie sich das Kleid über, während der Mann und der Junge sich nach dem Horizont gewandt hatten und die Möwen betrachteten.

Sie ließen den Motor an, und sie saß am Bug des Schiffes in einem grünen Kleid mit orangenen Blumen und sah auf dem Boden des Bootes die Tauchermaske für den Fischfang unter Wasser, und sie verstand, wie die beiden hinter ihr

Geheimnis gekommen waren. Der Junge hatte sie gesehen, als er mit Maske und Harpune herabgetaucht war, und er hatte den Mann benachrichtigt, der seinerseits getaucht hatte, um sie zu sehen. Dann hatten sie ihr ein Zeichen gegeben, dass sie auf sie warten solle, ohne jedoch verstanden zu werden, und sie waren schnell zum Hafen gefahren, um sich das Kleid einer Fischersfrau zu verschaffen.

Die beiden saßen hinten im Boot, die Hände auf den Knien, und lächelten: Der Junge, ein Lockenkopf von etwa acht Jahren, war ganz Auge und schaute erstaunt wie ein Füllen; der Mann mit seinem struppigen, grauen Kopf und seinem ziegelroten, muskulösen Körper lächelte ein wenig traurig, eine erloschene Zigarette im Mundwinkel. Frau Isotta kam in den Sinn, dass die beiden sich vielleicht jetzt, wo sie angezogen war, an ihren Anblick unter Wasser zu erinnern suchten; aber der Gedanke verursachte ihr kein Unbehagen. Da sie ja doch von jemandem gesehen werden musste, war sie im Grunde zufrieden, dass es gerade diese beiden waren; und auch, dass sie dabei Neugier und Vergnügen empfunden hatten.

Um zum Strand zu gelangen, fuhr der Mann mit dem Boot die Mole entlang und dann am Hafenviertel und an den Gärten am Meer vorbei; und wer sie vom Land aus sah, glaubte gewiss, dass die drei eine kleine Familie bildeten, die wie jeden Abend vom Fischfang zurückkehrte. Um den Landungssteg drängten sich die grauen Fischerhäuser, und rote Netze waren zwischen kurzen Pfählen gespannt, und aus den vertauten Booten hoben einige Burschen bleifarbene Fische und übergaben sie stämmigen Mädchen, die viereckige Körbe mit flachen Rändern auf ihre Hüften stützten, und Männer mit winzigen goldenen Ohrringen saßen mit ausgestreckten Beinen auf der Erde und knüpften endlose Netze, und Tannin wurde zum Färben in Bütten gekocht, und Steinmäuerchen trennten die Gärten am Meer, wo die Boote neben dem Schilf lagen, das die Beete umgab, und Frauen mit dem Mund voller Nägel halfen den Männern, die ausgestreckt unter den Bootskielen die Risse reparierten, und auf den rötlichen Häusern trockneten auf einem Rost die eingesalzenen Tomatenhälften, die ein Schutzdach überdeckte, und unter den Spargelstauden suchten die Kinder Regenwürmer, und einige alte Männer bestäubten ihre Mispelbäume mit Insektenpulver, und gelbe Melonen wuchsen unter kriechenden Blättern, und alte Frauen brieten in ihren Pfannen kleine Tintenfische und Polypen und in Mehl gewälzte Kürbisblüten, und Schiffsrümpfe, die noch nach frischgehobeltem Holz dufteten, erhoben sich auf der kleinen Werft, und die an den Booten arbeitenden Jungen, zwischen denen ein Streit ausgebrochen war, bedrohten sich mit schwarzen Teerpinseln, und dann begann der Strand mit den kleinen Sandschlössern und Burgen, die die Kinder verlassen hatten.

Frau Isotta, die in ihrem knalligen grün-orangenen Kleid mit den beiden im Motorboot saß, wäre gern noch weitergefahren. Aber der Bug des Bootes war schon zum Ufer gerichtet, und die Bademeister trugen die Liegestühle fort, und der Mann hatte sich über den Motor gebeugt und kehrte ihr den Rücken: den ziegelroten Rücken, mit den Wirbeln des Rückgrates in der Mitte, über den eine harte und salzige, wie von einem Seufzer bewegte Haut sich spannte.

Theodor Storm

Eine Halligfahrt

Einst waren große Eichenwälder an unserer Küste, und so dicht standen in ihnen die Bäume, dass ein Eichhörnchen meilenweit von Ast zu Ast springen konnte, ohne den Boden zu berühren. Es wird erzählt, dass bei Hochzeiten, welche durch den Wald zogen, die Braut ihre Krone habe vom Haupte nehmen müssen; so tief hing das Gezweig herab. In den Tagen des Hochsommers war unablässige Schattenkühle unter diesen Waldesdomen, die damals noch der Eber und der Luchs durchstreiften, indessen oben, nur von den Augen der revierenden Falken gesehen, ein Meer von Sonnenschein auf ihren Wipfeln flutete.

Aber diese Wälder sind längst gefallen; nur mitunter gräbt man aus schwarzen Moorgründen oder aus dem Schlamm der Watten noch eine versteinte Wurzel, die uns Nachlebende ahnen lässt, wie mächtig einst im Kampfe mit den Nordweststürmen jene Laubkronen müssen gerauscht haben. Wenn wir jetzt auf unseren Deichen stehen, so blicken wir in die baumlose Ebene wie in eine Ewigkeit; und mit Recht sagte jene Halligbewohnerin, die von ihrem kleinen Eiland zum ersten Mal hierherkam: »Mein Gott, was is de Welt doch grot; un et gifft ok noch en Holland!«

Und wie erquicklich die Luft auf diesen Deichen weht! Ich komme eben heim; wo hätte ich besser den Sonntagmorgen feiern können!

Schon hatte unten in den Kögen der erste warme Frühlingsregen die unabsehbaren Wiesenlandschaften grün gemacht; schon weideten wieder die unzähligen Rinder auf der Rasendecke, in welcher die Wassergräben zwischen den einzelnen Fennen wie Silberstreifen in der Morgensonne funkelten. Von hüben und drüben, abwechselnd und sich antwortend, in unendlicher Abtönung, erhob sich Gebrüll und klang weit über die Ebene hinaus. Und wie lebendig die Stare waren, diese geflügelten Freunde der Rinder! In lärmendem Zuge kamen sie vom Koge herauf, schwenkten vor mir hin und wider und fielen dann in dichtem Schwarm auf die Krone des Deiches nieder, um gleich darauf, hurtig um sich pickend, seewärts an der Böschung hinabzuspazieren.

Aber unten entlang dem Strome, der von der Stadt ins Meer hinausführt, schimmerte einladend die neue Strohbestickung, womit zum Schutze gegen die nagende Flut der Saum des Strandes überzogen war. – Wie anmutig es sich auf diesem sauberen Teppich wandelte! – Es war noch in der Morgenfrühe; das traumhafte Gefühl der Jugend überkam mich wieder, als müsse dieser Tag was unaussprechlich Holdes mir entgegenbringen; kommt doch für jeden die Zeit, wo auch die Gespenster des Glückes noch willkommen sind. – Und siehe! – während das Wasser weich, fast lautlos zu meinen Füßen anspülte, plötzlich mit leichten unhörbaren Schritten ging die Erinnerung neben mir. Sie kam weit her aus der Vergangenheit; aber ihr Haar, das sie kurz in freien Locken trug, war noch so blond wie einst.

– Es war deine Gestalt, Susanne, in der sie mir erschien; ich sah wieder dein junges, festumrissenes Gesichtchen, die kleine Hand, die lebhaft in die Ferne zeigte, – wie deutlich sah ich es!

Auf einem solchen Teppich an ebendiesem Strande schritten wir auch damals nebeneinander. Deine geöffneten Lippen tranken die feuchte erquickende Luft; mitunter, wenn der weiche Südost aufwehte, griff deine Hand nach dem blauen Schleier und legte ihn zurück über das winzige Sommerhütchen. Dann warst du stehen geblieben und horchtest nach oben hinauf; deine jungen neugierigen Augen forschten in der durchsichtigen Luft. »Ich sehe nur eine einzige!«, riefst du; »dort steigt sie eben in den Himmel!« Und jetzt vernahm auch ich es; so weit man horchen mochte, zur Höhe wie in die Ferne, der ganze Luftraum schien ein einziges unablässiges Lerchensingen. Die kleinen Sänger selbst aber entschwanden unseren Augen in der blendenden Fülle des Lichtes, das ihn durchströmte. – Und schweigend gingen wir weiter; die Welt war so still und klar, und die Lerchen sangen immerfort; was hätten wir auch reden sollen!

Doch wir waren nicht allein. Die Frau Geheimrätin, Susannens Mutter, ist mir nicht weniger unvergesslich; sie hatte an der Böschung des Deiches ihr Schnupftuch voll von Champignons gepflückt und wandelte nun wie lauter Erdgeruch an unserer Seite. Es war eine gar stattliche Dame, und selbst die kleinen Ungeheuer der Tiefe, die Seekrabben, schienen ihr den schuldigen Respekt nicht zu verweigern. Sie waren heraufgekrochen, saßen am Rande des Wassers auf der Strohdecke und sonnten sich und drehten ihre knopfartigen Augen; wenn aber das Spiegelbild der Geheimrätin mit der ungeheueren lila Hutschleife über sie hinfiel, klappten sie grimmig mit den Scheren und schossen seitwärts in den Abgrund zurück. – – Nach einer Weile hatten wir ein kleines Schiff bestiegen; »Die Wohlfahrt« hieß es; der Name stand mit goldenen Buchstaben auf dem Spiegel eingegraben. Wir waren alle glücklich an Bord gelangt; nur dass die alte Dame einen zierlichen Schrei ausstieß, als ihre Champignons, die sie den »lieben Schiffer« zu verwahren bat, so ohne Umstände in den offenen Schiffsraum hinabflogen.

Und leise blähten sich die Segel und leise schwamm das Schiff; man hörte das Wasser vorn am Kiele glucksen. Nach einer Stunde hatten wir die nachbarliche große Insel hinter uns und trieben nun auf der breiten Meeresflut. Eine Möwe schwebte über dem Wasser dicht an uns vorüber; ich sah, wie ihre gelben Augen in die Tiefe bohrten. »Rungholt!«, rief der Schiffer, der eben das Segel umgelegt hatte.

Die Geheimrätin, die – ich weiß nicht durch welche Künste – ihren Champignonbeutel wieder in der Hand trug, blickte nach allen Seiten um sich. »Ich sehe nur den uferlosen Ozean!«, sagte sie, indem sie ihr Augenglas einschlug und wieder in den Gürtel steckte. Der Schiffer, der mit beiden Armen über Bord lehnte, wandte sein wetterbraunes Gesicht der Dame zu; aber nachdem er sie wie in mitleidiger Verachtung einige Sekunden gemustert hatte, starrte er wieder schweigend ins Meer hinaus.

»Sie müssen dorthin blicken«, sagte ich, »wo nach Senekas Ausspruch alle Erdendinge am sichersten verwahrt sind!«

»Und wo wäre das, mein Lieber?«

»In der Vergangenheit; – in diesem sicheren Lande liegt auch Rungholt. Einst zu König Abels Zeiten, und auch späte noch, stand es oben im Sonnenlichte mit seinen stattlichen Giebelhäusern, seinen Türmen und Mühlen. Auf allen Meeren schwammen die Schiffe von Rungholt und trugen die Schätze aller Weltteile in die Heimat; wenn die Glocken zur Messe läuteten, füllten sich Markt und Straßen mit blonden Frauen und Mädchen, die in seidenen Gewändern in die Kirche rauschten; zur Zeit der Äquinoktialstürme stiegen die Männer wenn sie von ihren Gelagen heimkehrten, vorerst noch einmal auf ihre hohen Deiche, hielten die Hände in den Taschen und riefen hohnlachend auf die anbrüllende See hinab: ›Trotz nu blanke Hans!‹ Aber das rotwangige Heidentum, das hier noch in uns allen spukt –«

»Ich bitte doch, mich freundlich auszunehmen!«, schob die Geheimrätin mit etwas strammem Lächeln dazwischen.

Ich verbeugte mich zustimmend. »Es bäumte sich noch einmal auf gegen den blassen aufgedrungenen Christengott; die Männer von Rungholt – so wenigstens haben es die geistlichen Chronisten aufgeschrieben – beriefen eines Tages einen Priester und hießen ihn einer kranken Sau das Abendmahl geben. Da ergrimmte der Herr und ließ wie zu Noä Zeiten seine Wasser steigen; und über die Deiche und Mühlen und Türme schwollen sie; und Rungholt mit seinen blonden Frauen und seinen trotzigen Männern« – und ich wies mit dem Finger rückwärts, wo noch vom Kiel unseres Schiffes das Wasser in der Sonne strudelte – »dort steht es unten, unsichtbar und verschollen auf dem Boden des Meeres. Nur zuzeiten bei hellem Wetter, wenn in der einsamen Mittagsstunde die Wimpel schlaff am Mast herunterhängen und die Schiffer in der Koje schnarchen, dann – wie die Leute sagen – dühnt es auf. – Wer dann mit wachen Augen über Bord ins Wasser schaut, kann gewahren, wie Türme mit goldnen Gockelhähnen aus der grünen Dämmerung aufsteigen; vielleicht mag er sogar die Dächer der alten Häuser erkennen, und wie zwischen dem Seetang, der sie überstrickt hat, seltsam schwerfälliges Getier umherkriecht, oder zwischen den zackigen Giebeln in die Enge der Gassen hinabschauen, wo Muschelwerk und Bernstein die Tore der Häuser verbaut hat und der nie rastende Flut- und Ebbestrom mit den Schätzen versunkener Schiffe spielt. – Aber auch die Schiffer unter Deck erwachen und richten sich auf; denn unter sich aus der Tiefe hören sie es läuten; das sind die Glocken von Rungholt.«

Susanne war indes herangetreten und hatte mit großen Augen zugehört; aber sie bedurfte für diese Seegeschichte eines sachkundigeren Gewährsmannes.

»Läuten sie wirklich, Schiffer?«, fragte sie. »Haben Sie es selbst gehört?«

Das klang so allerliebst, dass auch die Backen der alten Teerjacke sich zu einem Lächeln verzogen; und er spie weit ins Meer hinaus, bevor er antwortete: »Ick hevt min Dag nich hört.«

Und weiter fuhren wir über Rungholt. Aber trotz der kühlen Antwort des Schiffers blickte Susanne noch ein paarmal verstohlen über Bord ins Wasser; begann doch auch jetzt die Mittagseinsamkeit sich brütend auf das Meer zu legen. Und als sie sich von mir ertappt sah, errötete sie nur leicht und lächelte; denn meine Augen mochten es den ihren schon verraten haben, wie gern auch ich an Wunder glaubte.

Vor uns in den Horizont trat jetzt ein grauer Punkt, der sich allmählich in die Breite streckte; und endlich stieg ein grünes Eiland vor uns auf. Eine geflügelte Wache schien es zu umgeben; so weit man an dem Strande entlangsehen konnte, wimmelte es in der Luft von großen weißen Vögeln, welche unablässig wie in stiller Geschäftigkeit durcheinander auf- und abstiegen. Stets in demselben Luftraume beharrend, glichen sie einem ungeheueren schwebenden Gürtel, der das ganze Eiland zu umschließen schien; ihre ausgebreiteten mächtigen Flügel erschienen wie durchsichtiger Marmor gegen den sonnigen Mittagshimmel. – Das war fast wie in einem Märchen; und dazu kam mir in den Sinn: Mein Freund Aemil, ein leidenschaftlicher Regattenmann, als er in lauer Sommernacht in seinem Boote hier vorbeigetrieben war, wollte von dorther eine entzückende Musik vernommen haben. Der Mond sei über der stillen Insel gestanden, und während er nach langer Pause heimgerudert, sei in der Nacht und auf dem Meere kein anderer Laut gewesen als diese geisterhaften, allmählich hinter ihm verhallenden Töne.

Aber es war dennoch keine Zauberinsel, sondern eine Hallig des alten Nordfrieslands, das vor einem halben Jahrtausend von der großen Flut in diese Inselbrocken zerrissen wurde; die weißen Vögel waren Silbermöwen, welche dem Strande entlang über ihren Brutplätzen schwebten; larus argentatus, von den Naturforschern längst registriert und in ihren Systemen untergebracht. Als wir bald darauf zu Wagen unter ihrem Ringe durchfuhren, sah ich deutlich über unseren Köpfen die funkelnden Augen und die starken vorn gebogenen Schnäbel. Dabei erklang in kurzen Pausen ein heiseres »Gack! Gack!« ähnlich dem unserer Gänse, nur hastiger und wilder. Susanne drückte ängstlich den Kopf an ihre Mutter; aber unser Fuhrmann klatschte lachend mit der Peitsche, und das luftige Gesindel stob gackernd nach allen Seiten auseinander.

Und dort auf der hohen Werft, inmitten der öden baumlosen Insel, lag das große Halligaus mit dem tief hinabreichenden Strohdache, in welchem nun schon seit Jahren »der Vetter«, ein alter trefflicher Junggeselle, sich bei den schweigsamen Bewohnern eingemietet hatte. »Die Räder der Staatsmaschine« – so hatte er mir derzeit seine Übersiedelung angekündigt – »werden mir doch zu indiskret; ich weiß, es gibt Leute, die davon entzückt sind; mich anlangend, so kann ich's nicht ertragen, wenn sie mir fortwährend hinten in die Rockschöße haspeln.« – Und so war er denn mit seiner Bibliothek und seinen allerlei Sammlungen in diese Meereseinsamkeit gezogen, wo er sich seiner Meinung nach außer dem Bereich der verhassten Maschine befand.

Auf ihn auch war ohne Zweifel jene nächtliche Musik zurückzuführen; denn noch vor einigen Jahren hatte er in der Stadt, in der er damals lebte, für einen großen Geigenspieler gegolten, obgleich er, solang ich denken konnte, jede Aufforderung zum Spiel mit dem Bemerken ablehnte, dass das vorüber sei. Ich selbst hatte ihn nur einmal, da ich noch im Hause meiner Eltern lebte, spielen hören; dieses eine Mal aber wurde für mich die Ursache wiederholter Täuschungen; denn wenn ich später in den Konzerten weltberühmter Virtuosen saß, so trug ich selten etwas anderes davon, als eine traumhafte Sehnsucht nach jenem Spiel des Vetters. Dennoch sollte er während meiner späteren Abwesenheit von der Heimat noch einmal, jedoch nur auf kurze Zeit, seine Geige wieder zur Hand genommen und, wie einstens, alles mit sich fortgerissen haben. Ein Näheres darüber hatte ich nicht erfahren. Für gewöhnlich war der Vetter ein munterer alter Herr, dem man nicht anmerkte, vor welch tiefer Erregung oft diese freundlichen Augen Wache hielten.

Aber schon war unser Wagen am Fuß der Werft angelangt, und dort oben in der Tür unter dem steinernen Giebel stand er selbst, der kleine schmächtige Mann mit den tiefliegenden Augen und dem vollen weißen Haupthaar. »Willkommen im Ländchen der Freiheit!«, rief er, während er eilig herabkam und dem Dienstjungen die Leiter an den Wagen legen half. Und wahrlich frei genug war es hier; außer der Werft mit dem breit darauf gelagerten Hause schien aus der grünen Inselfläche nichts hervorzuragen als etwa eine zerstreut umherweidende Schafherde; selbst das Gras war so niedrig, dass es kaum den dazwischen umherkletternden langbeinigen Schnaken ein Hindernis in den Weg legte.

Sein Wohnzimmer hatte sich der Vetter in dem größten Raume des Hauses, dem sogenannten Pesel, eingerichtet. Schränke mit Büchern, mit Konchylien und andern Sammlungen, Karten und Kupferstiche nach Claude Lorrain und Ruisdael bedeckten die übrigens weißgetünchten Wände.

Von dem Aufsatze des Schreibtisches schaute neben einer Statuette der Venus mit dem Delphin, die von einem Korallenbaume aus den Südseeinseln gleichsam überschattet war, das markige Antlitz Beethovens in der bekannten Kolossalbüste auf uns herab.

Als wir in die Tür traten, flog uns ein kleiner Vogel entgegen, flatterte einen Augenblick wie zweifelnd hin und her und setzte sich dann auf die Hand seines Herrn, mit dem lebhaft bewegten Köpfchen zu ihm aufblickend. »Nur ein Sperling!«, sagte der Vetter lächelnd und den verwunderten Blick der alten Dame beantwortend; »Sie wissen, der Sperling gleicht dem Menschen, an sich ist er ohne Wert, aber er trägt die Möglichkeit zu allem Großen in sich. Der Bursche hier und ich, wir leben trefflich miteinander.« – Auf seinen Wink flog der Vogel wieder fort und ließ sich auf einen Ast des Korallenbaumes zu Häupten der schaumgeborenen Göttin nieder, als warte er wie einst darauf, mit lustigen Genossen vor ihren Wagen gespannt zu werden, um sie über das blaue griechische Meer in den Schatten ihrer heiligen Haine zu tragen. Wir aber schlürften bald aus zierlichen Tassen den Trank der modernen Welt; ich meine nicht den Kaffee, sondern den Tee, den wir Küstenbewohner auch an einem heißen Hochsommervormittage nicht verschmähen.

Durch die Fenster, welche in der Front des Hauses gegen Süden lagen, sah man auf die grüne Fläche der Hallig und fern am Strand die Brandung, welche silbern in der Sonne schimmerte. Unser Schiff war von hier aus nicht zu sehen; aber dort zu Westen starrte der Mast eines anderen kleinen Fahrzeugs in die Luft; es war vor kurzem hier gestrandet und jetzt Eigentum der Halligleute. – Was überhaupt war hier nicht Strandgut! Der große schwarze Hund, der jetzt im Hause umherlief, nicht weniger als der edle Alicante, den wir späterhin bei Tische tranken. Und wie stand es um die Bibliothek des Vetters? –

Meinem angeborenen Triebe folgend, hatte ich die Bücherschränke durchstöbert und blätterte eben in einem abgegriffenen Exemplar des »Hesperus«, als eine kleine Hand sich leise auf das erste weiße Blatt des Buches legte. Der Name »Emma« stand hier eingeschrieben und ein Kreuz darunter.

Noch höre ich den Laut unschuldiger Teilnahme, den Susanne bei diesem Anblick ausstieß. »Wer war das, Onkel?«, rief sie. »Hast du sie gekannt?«

»Gekannt, mein Kind?«, wiederholte der Alte und strich mit dem Finger über eine Bücherreihe. »Das ist auch Strandgut; fast alles Antiquaria! Die einstigen Besitzer sind gescheitert oder zugrunde gegangen; ihre Bücher sind in alle Welt getrieben, von geschäftigen Leuten aufgefischt und verkauft; und nun stehen sie hier eine Weile, bis auch ihren jetzigen Besitzer das gleiche Los ereilt. – Aber freilich, dennoch kenne ich diese Emma, wenn sie auch schwerlich davon weiß, dass ich ihre posthume Bekanntschaft gemacht habe.«

Susanne blickte gespannt in die immer lebhafter mitredenden Augen des Vetters.

»Siehst du!«, fuhr er fort – und er nahm mir das Buch aus der Hand und schlug einige Seiten darin auf – »hier steht es deutlich: sie liebte, litt und starb. Diese kurze Geschichte erzählen mir hier die Bleistiftstriche unter ihren Lieblingsstellen, das vertrocknete Vergissmeinnicht, dazu das Kreuz. Auch eine alte Jungfer ist sie gewesen und hässlich genug, dass ihre schönen Augen niemandem haben gefallen wollen; auch dem einen nicht, der nie daran gedacht hat, wie glücklich er sie an jenem Frühlingstage machte, als er die welke Blume so gedankenlos ihr gab, wie er sie vorhin gedankenlos gebrochen hatte. Ein Gesichtchen wie das deine wird das nie verstehen; aber« – und er blickte halb schmerzlich, halb in zärtlicher Bewunderung in das schöne Antlitz des jungen Mädchens – »nicht wahr? Durch dich soll niemand Leid erfahren!«

Susanne öffnete die Lippen, als wolle sie eine Frage tun; aber der Vetter strich sanft mit der Hand über ihr blondes Haar; dann wandte er sich ab und setzte mit fast zarter Sorgsamkeit das Buch an seinen Ort. Er mag wohl gefühlt haben, dass ich das bemerkte; denn er sagte lächelnd: »Nun, nun! Da ist nicht bloß der Hesperus, da ist auch noch ein armes treues Menschenherz darin.«

Zufällig sah ich in diesem Augenblicke unter dem Bücherschranke den mir von früher wohlbekannten schwarzen Geigenkasten. Was war nach solchen Gesprächen natürlicher, als dass ich den alten Herrn an jene Melodie aus meiner Knabenzeit erinnerte, und in ihn drang, sie mich jetzt noch einmal hören zu lassen. – Aber er schien fast erschrocken. »Nein, nein, mein Junge!«, sagte er, den Kasten hastig in die äußerste Ecke schiebend. »Siehst du denn nicht, dass das ein Särglein ist? Man soll die Toten ruhen lassen.« Und so war denn weiter von dem Geigespielen nicht die Rede.

Nicht zu leugnen stand übrigens, dass die äußerst zarte Organisation des Vetters im Anstoß mit den Außendingen ihn zu einem für Durchschnittsmenschen ziemlich seltsamen Kauz gemacht hatte. Auch verfehlte er nicht, die Frau Geheimrätin, welche ein seltenes Geschick hatte, ihn an seinen heiklen Stellen zu berühren, im Laufe dieses Tages mehr als einmal gründlich in Verwunderung zu setzen.

Die gute Dame konnte es nicht verwinden, dass er, »der hochgebildete Mann«, die feine Gesellschaft seines früheren Wohnorts mit dieser nur von Halligleuten und einem zahmen Sperling bevölkerten Einöde vertauscht habe, und nahm dies Thema stets von neuem wieder auf. – Die kleine Szene, welche zwischen den beiden alten Herrschaften hieraus entsprang, werde ich nie vergessen.

»Frau Cousine!«, sagte der Vetter mit großem Nachdruck, indem er eine schon erfasste Apfelsine in die Kristallschale zurückfallen ließ – denn wir saßen nach beendigter Mittagstafel eben noch am Nachtisch – »wenn in Novembernächten der Sturm hier unser Haus gepackt hat, dass wir aufgeschüttelt aus den Betten springen; – wenn wir dann durchs Fenster in Augenblicken, wo eben die Wolken am Mond vorübergejagt sind, das Meer, aber das vom Sturm gepeitschte Meer hier unten am Fuße unserer Werft sehen, die allein noch hervorragt aus den schäumenden, tobenden Wasserbergen; – Sie glauben nicht, Frau Cousine, wie erquicklich es ist, sich einmal in einer andern Gewalt zu fühlen als in der unserer kleinen regierungslustigen Mitkreaturen!«

Ich mag wohl stumm dazu genickt haben, denn ich wüsste auch jetzt noch nichts Erkleckliches dagegen einzuwenden; die Frau Cousine aber wollte das allerdings nicht glauben, sondern fuhr fort, heftig für das feste Land und dessen gute Gesellschaft zu plädieren.

Eine Weile hörte der alte Herr geduldig zu; dann aber begann es schalkhaft um seinen noch immer schönen Mund zu zucken.

»So will ich's offen denn bekennen«, sagte er; »die Exzellenzen und die Geheimen Ober-Gott-weiß-was-Räte begannen sich die letzte Zeit in unserer guten Stadt auf eine für mich äußerst beunruhigende Weise zu vermehren.«

Ich sah das herablassendste Lächeln in dem Antlitz der alten Dame aufsteigen.

»Aber, mein Gott, was taten Ihnen denn –?«

»Mir, Frau Cousine? Ich dächte doch; sie gingen überall dort in der Sonne, wo eben mir zu gehen beliebte. Es sind das aber, solange sie noch in ihren Drähten hängen, oftmals ganz verruchte Figuren, und man muss ihnen ausbiegen, damit man keine Schläge von ihren hölzernen Armen bekommt.«

Die Geheimrätin wurde unruhig.

»Aber, lieber Herr Vetter, mein seliger Mann –«

»Gewiss, gewiss, Frau Cousine!« Und der Vetter legte beschwichtigend seine Hand auf ihren Arm. »Ich kenne eine ganze Blumenlese davon, die alle einen unheimlichen Anstrich mit sich herumtragen; diese Kerle – ich wette! – wischt man ihnen die Staatskalendernummer von der Stirn, so sitzen sie da wie ausgeblasene Hülsen; und ich sehe schon, wie ihnen die Augen verglasen, während das bisschen Akten- und Rangklassenbewusstsein daraus verdunstet.«

»Aber, Herr Vetter!« Und die Geheimrätin benutzte eine augenblickliche Pause; »mein trefflicher seliger Mann –«

Und der Vetter legte wieder beschwichtigend seine Hand auf ihren Arm.

»Gewiss, gewiss, Cousine! Und damit ich niemandem Unrecht tue, es gibt auch recht charmante Leute unter ihnen!«

Und sich plötzlich zu mir wendend, begann er immer schneller und heftiger zu reden, bis er zuletzt einige unleugbar handgreifliche Worte niederzuschlucken sich ehrlich aber vergebens bemühte.

Die Geheimrätin hatte resigniert die Hände gefaltet und sagte gar nichts mehr; der Vetter aber war aufgesprungen, mit erhitztem Gesicht riss er die Stubentür auf und rief: »Mantje, ein Glas Wasser!«

Bevor aber Mantje noch erscheinen konnte, rannte er selber hintennach.

Die alte Dame schien allmählich aufzuatmen.

»Ein angenehmer Mann, der Vetter«, sagte sie hüstelnd, »indes, ich sehe ihn doch am liebsten hier auf seiner Insel.«

Aber schon trat er selber wieder in die Stube.

»Ich habe unziemlicherweise die Tafel abgebrochen«, sagte er entschuldigend; »Sie wissen ja: Herz schon so alt und noch immer nicht klug! – Lassen Sie uns nach Landesbrauch nun Martje Flors Gesundheit trinken!« Er füllte die Gläser und erhob das seine. »Frau Cousine! Susanne! Mein lieber Junge! Auf dass es uns wohl gehe in unseren alten Tagen!«

Und wir tranken, wie das diesem ernstesten aller Trinksprüche eigen zu sein scheint, schweigend, und schüttelten uns die Hände.

Die Geschichte aber, welche demselben zugrunde liegt,

verdient es, auch in weiteren Kreisen erzählt zu werden. Als nämlich Tönningen, die größte Stadt der Landschaft Eiderstedt, einst von den Schweden belagert wurde, hatte eine Gesellschaft feindlicher Offiziere in dem benachbarten Kathrinenherd Quartier genommen und trieb dort arge Wirtschaft; sie ließen sich Wein auftragen, zechten und lärmten, als seien sie die Herren hier. Martje Flor, die zehnjährige Tochter des Hauses, stand dabei und sah unwillig dem Gelage zu, denn sie gedachte ihrer Eltern, die das unter ihrem Dache dulden mussten. Da reichte einer der Trinker ihr ein volles Glas und rief, was sie so trübselig dastehe, sie solle lieber auch eine Gesundheit ausbringen! Und Martje trat mit ihrem Glase an den Tisch, wo die feindlichen Kriegsleute saßen, und sprach: »Dat et uns wull ga up unse ole Dage!« – Und auf dieses Wort des Kindes wurde es still.

Seitdem versteht es jeder bei uns zu Hause, wenn am Schlusse des Mahles der Wirt es seinen Gästen zubringt: »Und nun noch – Martje Flors!«

Als wir nach aufgehobener Tafel vor die Haustür traten, führte uns der Vetter unter bedeutungsvollem Schweigen am Hause entlang bis an die südwestliche Ecke desselben. Hier stieß er ein unter herabhängendem Holunder fast verborgenes Pförtchen auf; und wie in ein Wunder blickten wir in einen großen baumreichen Garten hinab, den an diesem Orte, bei der rings umgebenden Öde, wohl niemand hätte vermuten können. – Drunten, von der Insel aus dem Auge ganz verborgen, lag er in einer kesselförmigen Vertiefung der Werft, an deren schräg abfallenden Wänden sich zwischen verschiedenartigen Obstbäumen eine Reihe üppiger Gemüsebeete entlangzog.

Von unten aus dem Grunde blinkte ein kleiner Teich, ringsum von einem hohen Ligusterzaun umschlossen. Auf dem daran entlangführenden Steige erschien eben, vom Hause hinabspazierend, eine weiße Katze; aber sie verschwand gleich darauf unter dem Schatten der Obstbäume, welche vom Garten aus ihr dichtes Gezweig über den Steig hinüberstreckten. Die blanken Blätter glänzten in dem sattesten Grün, als seien sie nie von einem gefräßigen Insekt berührt worden; nur freilich, wo die Kronen der Bäume den oberen Gartenrand erreichten, waren sie sämtlich wie mit der Zaunschere abgeschoren, was nach des Vetters Erläuterung von dem Nordwestwinde ohne jegliche Bestellung ausgeführt wurde.

Die Aufmerksamkeit unserer »Maman« war durch eine Pumpe erregt worden, welche unweit des Einganges in dem kleinen Teiche stand; und während der alte Herr, unter lebhaften Schlägen mit dem Schwengel, ihr die Speisung und Bedeutung dieses Süßwasserbehälters der Insel zu erklären begann, gingen Susanne und ich in das trauliche Gartennest hinab, wo der Sonnenschein wie eingefangen auf dem grünen Laube schlief. Wir schritten langsam der weißen Katze nach und verschwanden gleich ihr unter dem dichten Laube der Apfelbäume, das fast Susannens goldklares Haar berührte; um uns her schwamm der Duft von Federnelken und Rosen, die oben zwischen den Gemüsebeeten blühten. Unmerklich, wenn mich die Erinnerung nicht täuscht, waren wir in jenen träumerischen Zustand geraten, von dem in der Sommerstille, inmitten der webenden Natur, so leicht ein junges Paar beschlichen wird: Sie schweigen, und sie meinen fast zu reden; aber es ist nur das Getön des unsichtbar in Laub und Luft verbreiteten Lebens, nur das Hauchen der Sommerwinde, die den Staub der Blüten zueinander tragen. Ich glaube, wir saßen auf einer kleinen Holzbank und blickten - wer weiß, wie lange schon! - durch die Lücken des Zauns auf das unten schimmernde Wasser, als plötzlich die akzentuierte Stimme der Geheimrätin mich auf die Oberfläche des Lebens zurückrief; und gleich darauf erschien auch der alte Herr und trieb uns mit munteren Worten zum Kaffee in das Haus.

Aber ich stahl mich bald davon, um mir nach meiner Weise allein und ungestört die verschiedenen Räume des großen, ganz im Viereck gebauten Hauses anzusehen.

Eine Weile stand ich in einer Art von Zimmerwerkstatt und plauderte mit dem Sohne des Hauses, der, gleich Robinson, alle Hantierungen vom Robbenjäger bis zum Zimmermann in sich vereinigte und augenblicklich in letzter Eigenschaft an den Blöcken eines Segelbootes arbeitete, das von einer Nachbarinsel aus bei ihm bestellt war.

Von hier gelangte ich in einen langen, ziemlich düstern Stall. Er war leer, da das Vieh draußen auf der Hallig weidete; nur die weiße Katze saß jetzt hier auf der Krippe, und einige Hühner liefen gackernd durch das Mauerloch aus und ein; an den Wänden sah ich hie und da ein Seehundsfell zum Trocknen angenagelt.

Zu Ende des Stalles, im rechten Winkel daran stoßend, noch stiller und noch mehr in Dämmerung, lag die Scheune; und dort in ihrer Mitte stand das neue Boot, noch duftend von dem Harz des Waldes, von keiner Welle noch berührt. Wie selbstverständlich stieg ich ein; ich setzte mich auf die Ruderbank und dachte an den Vetter, weshalb er denn vorhin sein Geigenspiel vor uns verleugnet habe.

Es war völlig einsam hier. Die kleinen, überdies mit Spinngewebe überzogenen Fenster lagen so hoch, dass sie keinen Ausblick zuließen. Vom Hause her vernahm ich keinen Laut; aber draußen um die Mauern, obgleich gegen Mittag der Wind sich fast gänzlich gelegt hatte, ertönte eine Art von Luftmusik, die mich die großen Register ahnen ließ, mit denen hier um Allerheiligen der Sturm sein Weltmeerkonzert in Szene zu setzen pflegt. Nach einer Weile mischten sich leichte Schritte, die durch den Stall daherkamen, in dieses Tönen der Luft, und als ich aufblickte, stand Susanne in der Tür, ihr Hütchen am Bande hin und her schwenkend.

»Weshalb sind Sie denn fortgelaufen?«, rief sie, indem sie trotzig den Kopf zurückwarf. »Mama sitzt drinnen vor einer Seekarte, und Onkel hat ein großes Teleskop am offenen Fenster aufgestellt. Ich mag aber nicht durch Teleskope sehen.«

»So gehen Sie bei mir an Bord!«, erwiderte ich, auf meiner Ruderbank zur Seite rückend, »es ist ein neues sicheres Fahrzeug.«

»In dieses Boot soll ich steigen? Weshalb? Es ist so düster hier.«

»Hören Sie nur, wie die zarten Geister musizieren!«

Sie horchte einen Augenblick, dann kam sie näher und hatte schon ihr Füßchen auf den Rand des Bootes gesetzt.

»Nun, was zögern Sie, Susanne? Haben Sie kein Vertrauen zu meiner Steuerkunst?«

Sie sah mich an; es war etwas von dem blauen Strahl eines Edelsteins in diesem Blicke, und es überfiel mich, ob mir nicht doch von diesen Augen Leids geschehen könne. Ich mag sie dabei wohl seltsam angestarrt haben; denn als wandle eine Furcht sie an, zog sie langsam ihren Fuß zurück.

»Wir wollen lieber an den Strand hinab!«, sagte sie leise. »Ich möchte noch die Nester der Silbermöwen sehen!«

So verließ ich denn mein gutes Fahrzeug, und wir traten aus dem Hause, wo die Tageshelle fast blendend in unsere Augen strömte. – Ohne von den alten Herrschaften etwas wahrzunehmen, gingen wir die Werft hinab und über die Hallig nach dem Strande zu. Ein Stängel duftenden Seewermuts, eine violette Strandnelke wurde im Vorbeigehen mitgenommen, sonst war hier nichts, das unsere Aufmerksamkeit hätte erregen können. An manchem der oft tiefen Gerinne, womit, wie mit einem Gewebe, die ganze Hallig überzogen war, mussten wir auf und ab wandern, bevor wir eine Stelle zum Hinüberspringen fanden. Aber Susanne hatte die Mädchenturnschule durchgemacht, und an ihren Schultern waren die unsichtbaren Flügel der Jugend; ich hörte deutlich ihr melodisches Rauschen, wenn der kleine Fuß zum Sprunge ansetzte und wenn sie dann so rasch hinüberflog.

Ein leichter Wind hatte sich aufgemacht, als wir den Strand erreichten. Das Meer, das bei der eingetretenen Flut nur etwa einen Büchsenschuss von dem grünen Lande entfernt war, lag jetzt wie fließendes Silber vor den schräg fallenden Strahlen der Nachmittagssonne; bis weit hinaus um den Strand der Insel hörte man das Getöse der Brandung. In der Luft war noch immer, wie am Vormittage, das Steigen und Sinken der großen Silbermöwen, nur dass jetzt, da kein Licht von oben durchschien, das schneeige Weiß ihrer Flügel sich noch mehr gegen den blauen Himmel abhob. Auch kleinere schwarze Vögel mit storchartigem Schnabel sahen wir, die wie mit hellem Kriegsschrei durch das Gewimmel der großen Möwen hin und her schossen.

Und jetzt ließ Susanne einen Ruf des Entzückens hören; in einem Tangbüschel, umgeben von einem rötlichen Kranze zermalmter Schaltiere, lagen zwei der großen graugrünen Eier; sechs Schritte weiter wieder zwei; und dort, etwas seitwärts, schimmerten gar drei von den kleineren Eiern des schwarzen Austernfischers. Die meisten lagen auf dem bloßen Sande; denn, wie der Vetter sagte, »diese Kreaturen machen wenig Umstände mit ihrer Häuslichkeit«. Die Vögel gackerten und schrien; Susanne aber, unbekümmert und mit vor Neugier leuchtenden Augen, schritt immer weiter hinaus, von Nest zu Nest.

Ich hatte mich gegen das Meer hin auf den Rand des Ufers gesetzt. Eine Weile blickte ich Susannen nach; wohin dann meine Gedanken gingen, hätte ich wohl selber kaum zu sagen gewusst, meine Augen aber buchstabierten immer wieder an dem Spiegel unseres unweit auf dem Wasser schaukelnden Schiffes den mir längst bekannten Namen »Die Wohlfahrt«, dessen goldene Buchstaben in der Sonne zu mir herüberglänzten. Das Anrauschen des Meeres, das sanfte Wehen des Windes – es ist seltsam, wie das uns träumen macht.

Als ich aufstand, war von Susanne nichts zu sehen. Ich ging eine Strecke an dem Ufer hin, während über mir die Möwen gleich ungeheueren Schneeflocken in der Luft tanzten. Ich rief, ich sang – keine Antwort. Endlich dort, weitab in einer Bodensenkung sah ich sie im Sande knien. In der scharfen Beleuchtung der schon abendlichen Sonne gewahrte ich eines der großen Eier in ihrer Hand; sie hielt regungslos das Ohr darauf geneigt, als wolle sie das keimende Leben belauschen, das darin verschlossen war. Ihr zu Häupten aber schwebten zwei der mächtigen Vögel, die sich aus der langen Kette losgelöst hatten; sie stießen ihre heiseren Töne aus und schlugen wie zornig mit den weißen Flügeln. Unwillkürlich blieb ich stehen; so wild und doch so anmutvoll war dieses Bild. Die kniende Gestalt des Mädchens regte sich noch immer nicht. Da schoss eines der erzürnten Tiere so jäh auf sie herab, als hätte es mit seinem Schnabel ihre Locken packen müssen. Susanne stieß einen lauten Schrei aus, dass selbst die Vögel erschreckt zur Seite stoben; dann schleuderte sie das Ei weit von sich, und wie vorhin über die kleinen Abgründe, flog sie auf mich zu und schlang beide Arme um meinen Hals. – –

»Nur ein Hauch darf beben,
Blitzen nur ein Blick;
Und die Engel weben
Fertig ein Geschick.«

So sagt ein Dichterwort. – Aber dieser Hauch bebt oft auch nicht. – Ich war ein junger Advokat und längst von wohlmeinender Seite mir bedeutet worden, wenn ich in meinem Berufe »prosperieren« wolle, so müsse ich nicht nur meinen grauen Heckerhut beiseitelegen, sondern mir auch den Schnurrbart abrasieren. Beides hatte ich unterlassen, bisher leichtsinnig und wohlgemut; jetzt aber fiel es mir zentnerschwer aufs Herz, und, seltsam, während die Brandung eintönig vor meinen Ohren rauschte und der blonde Mädchenkopf noch immer an meiner Schulter ruhte, konnte ich meine Gedanken zu nichts Besserem bewegen, als sich gegen diese Tyrannei der öffentlichen Meinung immer von neuem in Schlachtordnung aufzustellen; ja der Heckerhut und der Schnurrbart selbst begannen zuletzt wie zwei feindliche Gespenster gegen mich aufzustehen.

»Susanne«, sagte ich endlich resigniert, »wir werden heimgehen müssen, es wird schon spät.«

Es ist dies jedenfalls recht ungeschickt gewesen; denn ich weiß noch gar wohl, wie Susanne mich erschrocken von sich stieß und dann, bis unter ihr lockicht Stirnhaar errötend, wie hilflos vor mir stehen blieb. Und ohne Zweifel war es nicht eben viel geschickter, als ich, um das wiedergutzumachen, ihre beiden Hände ergriff und tröstend zu ihr sagte: »Ich weiß wohl, dass es nur die wilden Vögel waren.«

Aber wie auch immer – da wir nun zurückgingen, es war doch anders als vorhin; sie hatte sich nun einmal doch in meinen Schutz begeben. Noch oft, wenn über uns ein Vogelschrei ertönte, warf sie hastig das Köpfchen herum, ob auch die geflügelten Feinde hinterdreinkämen, um ihre zerstörte Brut zu rächen; und wenn wir dann an ein Gerinne kamen, so reichte sie wie selbstverständlich mir die Hand, und es war unverkennbar, dass wir nun zusammen flogen.

Als wir auf der Werft anlangten, stand der Vetter in der Tür.

»Susanne, mein liebes Kind«, sagte er mit einem seltsam geheimnisvollen Wesen, »deine Mutter ist drinnen im

Zimmer; ich möchte ein Wort mit unserem jungen Freunde reden.«

Somit fasste er mich unter den Arm und führte mich um das Haus bis an die hintere Seite desselben. Hier machte er halt und sah mir lange und zärtlich in die Augen.

»Mein Herzensjunge!«, sagte er dann, »jetzt weiß ich's ja, weshalb du vorhin das alte Liebeslied von mir verlangtest, denn ich will's dir nur gestehen, dass es ein solches war, und zwar ein echtes. Da es dich die langen Jahre und bis zu diesem Ziele begleitet hat«, – der Vetter hielt einen Augenblick inne – »wenn du mich demnächst selbander besuchen wirst, ich glaube wohl, dass ich die Melodie noch wiederfinde.«

Was sollte ich auf so verfängliche Reden antworten!

»Ich verstehe Sie nicht, lieber Vetter!«, sagte ich.

»Du verstehst mich nicht?«

Ich musste wiederholt diese Versicherung geben; dann aber kam es heraus.

Vom Zimmer aus hatte der Vetter sein Teleskop auf immer neue Inseln und Halligen gerichtet, und die Geheimrätin hatte immer treu hindurchgesehen, »bis wir«, fuhr er fort, »zuletzt auch unseren eigenen Strand und als Staffage dich und Susanne vor unser Glas bekamen. Die Frau Cousine blickte mit ganz mütterlichem Stolze auf euch beide hin, auf einmal aber springt sie mit einem ›O mein Himmel!‹ in die Stube zurück. ›Vetter!‹ ruft sie, ›ich verstehe die Situation nicht!‹ und schiebt dann mit großer Hast mich selber vor das Teleskop. Und wie nun ich hindurchsehe, – ›Erstaunlich!‹ rufe auch ich, ›aber doch nicht völlig unverständlich!‹ und ›Meinen herzlichen Glückwunsch, Frau Cousine!‹ Denn, leugne es nur nicht, Vetter! Du hieltest sie richtig in deinen Armen, und ich sage nur: Halte fest, mein Junge, halte fest! Denn dieses Kind ist Gott und den Menschen ein Wohlgefallen!«

Das Gesicht des alten Herrn strahlte vor Freude, und mir selbst begann das Herz sehr laut zu klopfen. Aber was half das alles!

»Es tut mir leid«, sagte ich, »aber bestellen Sie den Glückwunsch nur wieder ab; denn es ist nichts, Vetter!«

»Nichts?«

»Nein, nichts!«

Und ich erzählte ihm nun, dass es nur die großen Vögel gewesen seien.

»Erstaunlich!« Er sah mich eine Weile zweifelnd an; dann, wie plötzlich entschlossen, drückte er mir kräftig die Hand und sagte: »Mein Herzensjunge, ich glaube, nun verstehst du die Situation nicht.«

Ob inzwischen auch Susanne ihre Mutter in dieser Weise aufgeklärt hatte, weiß ich nicht; ich bemerkte, da wir ins Zimmer traten, nur ein noch etwas feierlicheres Wesen an der alten Dame, als ihr sonst zu eigen war.

Nicht lange nachher kam die Zeit des Abschiedes. Die Damen fuhren; ich, in Begleitung des Vetters, ging zu Fuß an den Strand hinab. Als der Wagen uns schon fast erreicht hatte, ergriff der Alte noch einmal meinen Arm und führte mich ein Stückchen an dem Wasser hin. »Also, es ist wirklich nichts, mein Junge?«

»Wirklich nichts, Vetter!«

Er sah mich traurig an.

»Nun, so komm zu mir auf meine Hallig; wir lassen zu Ostern drei Fach für dich anbauen; überleg dir's wohl!«

Und er drückte kräftig meine beiden Hände. Dann gingen wir zu Schiffe. Als wir schon weit vom Lande auf dem tiefen Wasser schwammen, sahen wir noch lange den Vetter, wie er grüßend seine Mütze schwenkte und wie die Abendsonne auf seine weißen Haare schien.

Nach Sonnenuntergang drehte sich der Wind; eine sanfte Brise wehte aus Südwest; vor uns aus dem dunklen Wasser stieg der Mond und erhellte mit seinem sanften Licht das Meer. Die Geheimrätin hatte ihren Atlasmantel mit Silberfuchs umgetan und der Kühle wegen sich unten in dem offenen Schiffsraume eingerichtet. Susanne, in weiche Tücher eingehüllt, lehnte neben mir an der Schanzkleidung; ihr Antlitz erschien fast blass in der nächtlichen Beleuchtung.

Einmal aus der Ferne drang das Winseln eines Tieres über das Wasser zu uns her, und die Schiffer sagten, dass es ein junger Seehund sei, der seine Mutter suche. Dann war es wieder still, und nur die Wellen an unserem Schiffe rauschten. Wir aber standen noch immer und blickten über das Meer hinaus. Wohin in dieser leeren Weltenferne unsere Blicke gingen, wer vermöchte das zu sagen! Ob etwa auch Susanne noch an die wilden Vögel dachte? Sie verriet mir nichts davon, und ich habe es auch später nicht erfahren. Ebenso unsicher bin ich, ob der Klabautermann an Bord gewesen ist. Einmal, da ich den Kopf wandte, war mir zwar, als ob dort am Bugspriet unter dem Klüversegel sich etwas wie Nebel zusammenkauere, allein ich achtete nicht darauf. Zwei junge Augen, die sich, still wie diese Nacht, mitunter zu mir wandten, waren ein holderes Geheimnis. Wohl aber fühlte ich, dass Geister mit uns fuhren, denen selbst die

Nähe der Geheimrätin kein Gegengewicht zu leisten vermochte.

Als wir dann endlich wieder auf unserem Deiche nach der Stadt zurückkehrten, sang über dem dämmernden Kog unsichtbar noch eine Lerche. Zur anderen Seite stand der Mond und warf gelblich blinkende Lichter auf den von der eintretenden Ebbe bloßgelegten Schlamm.

Es gibt Tage, die den Rosen gleichen; sie duften und leuchten, und alles ist vorüber; es folgt ihnen keine Frucht, aber auch keine Enttäuschung, keine von Tag zu Tag mitschreitende Sorge. – Ich habe meinen Hut und meinen Schnurrbart beibehalten, bis endlich beide zur allgemeinen Mode wurden und darin verschwanden. Es ist mir andererseits verhüllt geblieben, ob etwa im Verlaufe des Lebens der Blick jener blauen Augen neben dem Strahl des Edelsteins nicht auch die Härte desselben angenommen hat. Der Tag auf des Vetters Hallig, und mitten darin Susannens süße jugendliche Gestalt steht mir, wie Rungholt, wohlverwahrt in dem sicheren Lande der Vergangenheit.

Noch einmal, einige Jahre später, habe ich den Vetter auf seiner Hallig besucht; freilich nicht selbander, wie er derzeit es so herzlich mit mir im Sinne hatte. Sein Geist schien noch rüstig, aber mit seinem Körper ruhte er doch am liebsten am Fenster in dem weichen Lehnstuhle und ließ statt seiner Füße nur die Augen über die Hallig nach dem Strande wandern. Als ich hier ihm gegenübersaß, sah ich draußen aus dem blauen Himmel zwei jener weißen Möwen gegen das Haus fliegen. Auf halber Höhe der Werft ließen sie sich nieder, und der Vetter öffnete das Fenster und warf ihnen Brot- und Fleischschnitte zu, die er neben sich auf der Fensterbank für sie in Bereitschaft hatte. »Früher kam ich zu ihnen«, sagte er, »nun müssen sie schon zu mir kommen.« – –

Jetzt suchen sie vergebens ihren Freund. Zwar ist er auf seiner Hallig geblieben, aber aus dem Hause hat man ihn hinausgetragen; die grüne Rasendecke liegt schützend über ihm. Er hat es gewagt, sich hier zur Ruhe zu begeben; wohl wissend, dass der Sturm die Flut zu seinem Grabe treiben, dass die Flut es aufwühlen und ihn in seinem schmalen Ruhebette auf das weite Meer hinaustragen könne. Aber wie hätte er jene großen Mächte fürchten sollen, in deren Schutz er sich so gern gesichert glaubte!

Mir hatte der treffliche Mann außer seiner Bibliothek und seinem handschriftlichen Nachlasse auch seine Cremoneser Geige vermacht, welche ich zufolge testamentarischer Anordnung, obgleich des Geigenspiels ganz unkundig, weder verschenken noch verkaufen, sondern nur vererben darf. So liegt sie denn jetzt unberührt bei anderen Gedächtnisstücken. Unter den Papieren aber finden sich einige kurze Aufzeichnungen von der Hand des Verstorbenen, welche vermuten lassen, dass derzeit bei seiner Flucht aus der Welt noch ein besonderer Hebel mitgewirkt habe. Auch die Zeit stimmt hiermit überein, denn nach dem beigefügten Datum stammen sie sämtlich aus den letzten Jahren vor seinem Halligleben. Er wohnte damals noch in seinem eigenen Hause, das dicht neben der Stadt in einem baumreichen Garten gelegen war. Aus seinem Wohnzimmer, welches sich im oberen Stocke befand, sah man durch einige davorstehende Lindenbäume über ein paar grüne

Felder auf die Heide, die sich damals noch weit nach Westen hinauszog. Ich weiß noch wohl – denn ich habe dort oft bei ihm gesessen –, wie sehr er diesen Ausblick liebte. Die Heide war ihm ein vertrauter Ort; nicht nur dass er sie unablässig für seine entomologischen und botanischen Studien durchforschte, sondern er fand dort auch, wie er sich ausdrückte, »die nötige Erholung von dem Menschenleben«.

An diesem Fenster sitzend muss ich mir ihn denken, als er jene Zeilen niederschrieb, die jetzt in seiner kleinen, aber deutlichen Handschrift vor mir liegen.

Sie lauten also:

Wie gut es sich hier in den Oktobernachmittag hinausschaut! So golden scheint noch die Sonne; doch lösen sich unter ihrem Strahle schon die Blätter und sinken lautlos auf den feuchten Rasen; immer sichtbarer werden die nackten Äste. Von drunten aus den Holunderbüschen klang ein Drosselschlag; nach einer Weile rief es noch einmal aus der Ferne – es nimmt alles Abschied.

Die lichtgraue Dämmerung des Herbstabends hat sich verbreitet, Haus und Garten liegen schon im Schatten, hinter der Heide ist die Sonne hinabgegangen. Nur ganz fern am Himmel, dort, wohin wie Schatten jetzt die Vögel fliegen, ist noch eine leuchtende Wolkenschicht gebreitet. Sie steht über einem Lande jenseits des Horizonts, den meine Augen noch erreichen können. Aber auch dort wird bald der goldene Tag erlöschen. – –

Als ich in das Zimmer zurückblickte, lag noch ein Schimmer jenes Abendscheins auf meinem schwarzen Geigenkasten, der nun schon seit Jahren uneröffnet dort unter dem Bücherschranke steht. Die Geige, die er verbirgt, erstand ich einst aus dem Nachlasse eines früh verstorbenen Florentinischen Musikers, und erst seitdem wusste auch ich, dass ich spielen könne. Auf dem innern Rande des Kastens fand ich damals eine italienische Strophe eingeschrieben, und seltsam, da ich sie in unsere Sprache übertrug, war mir's, als hätte ich diese nun deutschen Verse einst selbst gemacht, und suchte lange, wiewohl vergebens, danach unter meinen alten Papieren. Aber sowie ich die Geige mit meinem Bogen anstrich, da sang es und schwoll es an zu einer Gewalt, die mich selbst erbeben machte. Das war nicht ich allein, der diese Töne schuf; ein geistig Erbteil war in dieser Geige, und ich war der rechte Erbe, der es mit eigener Kraft vermehrte. Nun ruht sie seit lange klanglos in ihrer schwarzen Truhe; denn schon vor Jahren hatte ich es erkannt: nur bis zu einer gewissen Grenze des Lebens fließt um unsere Nerven jener elektrische Strom, der uns über uns selbst hinausträgt und auch andere unwiderstehlich mit sich reißt.

Und nun? Und heute Abend?

Ich muss vor den Spiegel treten, damit ich meine grauen Haare nicht vergesse.

Nein, nein! Ich will die Geige, meine klingende Seele, aus ihrem Sarge nehmen, und meine Hände sollen nicht zittern.

Eveline führte mich in den Saal. Er war noch leer, aber die Kerzen brannten schon; unter der Kristallkrone stand der geöffnete Flügel.

»Hier sollen Sie spielen!«, sagte sie. »Dort auf dem Tischchen steht Ihr Geigenkasten.«

»Soll ich wirklich, Eveline?«

Sie legte, wie sie das zuweilen tat, ihre Wange in die Hand und sah mich ernsthaft an.

»Sie haben es mir doch versprochen!«

– »Und vor so hoher Gesellschaft?«

Denn in großen, ziemlich mäßigen Steindrucken, aber aus desto dickeren Goldrahmen schaute fast die ganze erste Rangklasse unseres Staatskalenders von den Wänden herab.

Sie lachte.

»Pst! Nicht spotten! Das sind Papas Penaten. Weshalb sehen Sie nicht auf meine Bilder, die bescheiden, aber tröstlich unter ihnen hängen?«

Und freilich, auch Goethe und Mozart waren, wenn auch in kleinerem Format, vertreten.

Die Gesellschaft drängte aus den anderen Zimmern in den Saal.

»Adieu!«, sagte Eveline.

Sie reichte mir flüchtig die Hand, ihr dunkles Auge streifte mich; dann ging sie den Eintretenden entgegen. Ich suchte mir in der fernsten Ecke einen Platz. Der weiche, etwas müde Klang ihrer Stimme lag noch in meinem Ohr; aus ihren einfachsten Worten spricht es oft, ich weiß nicht, wie die schmerzliche Erwartung oder wie die heimliche Zusage eines Glückes. Bald aber gesellte sich mein werter Vetter, der Geheimrat, zu mir und sprach irgendetwas über Kunst; und ich besah mir indes die noch immer unter Geplauder und Komplimenten Platz nehmende Gesellschaft und verglich sie mit der, die an den Wänden hing.

Und jetzt wurde ein Akkord angeschlagen. Unser Adolf,

der Musikdirektor, begann das Largo aus Beethovens D-Dur-Sonate. Und es wurde völlig still und blieb es auch; denn er versteht es, wenn die Stunde günstig ist, seinen Beethoven so eindringlich zu Gehör zu bringen, dass es schon sehr große Geister oder aber sehr große Flegel sein müssen, die dabei sich noch selber sollten hören mögen. Mit dem Einsatze der Menuett war mir sogar, als gehe ein Aufatmen des Entzückens durch den ganzen Saal. Ist doch Musik die Kunst, in der sich alle Menschen als Kinder eines Sterns erkennen sollen!

Dann führte der Musikdirektor seine jungen Scharen vor. Es waren frische, anmutige Stimmen darunter, und sie sangen ihre Tee- und Kaffeeliedchen, in denen sie sich so wohl fühlen, die wie die Sommervögel kommen und verschwinden. Sie sangen aber auch von den Liedern des neuen großen Komponisten, durch welchen Eichendorffs wunderbare Lyrik zuerst in der Musik ihren Ausdruck erhalten hat. Ahnungslos schwebten die jungen Stimmen über dem Abgrund dieser Lieder. – Ich weiß nicht, ob der Kapellmeister Johannes Kreisler davongelaufen wäre; ich saß ganz still und horchte auf den süßen, taufrischen Lerchenschlag der Jugend. Dazwischen immer behagliches Klatschen und liebkosende Worte der älteren Herren und Damen und laute Komplimente der jungen Kavaliere. Weshalb denn auch nicht?

Und nun – ich glaube fast, dass mir die Brust beklommen war – stand ich selbst am Flügel. Eveline hatte die Geige schweigend vor mich hingelegt und war dann ebenso zurückgetreten. Spohrs neuntes Konzert lag aufgeschlagen. Adolf sah mich an: »Nun, wollen wir?«

Wir kannten uns. Vor Jahren hatte mancher Abend, manche Nacht uns so vereint gesehen. Schon lag mein Bogen an den Saiten; ein paar Akkorde noch des Flügels, und sicher und kristallhell flog der erste Ton durch den Saal.

Und meine Geige sang, oder eigentlich war es meine Seele. Sie sang wie einst der Neck am Wasserfall, von dem die Kinder sagten, dass er keine Seele habe. – Du weißt es, meine Muse, denn du standest mir gegenüber neben dem Bilde deines Lieblings, des Jünglings Goethe, die schönen Hände in deinem Schoß gefaltet. Deine Augen waren hingegeben offen, und ich trank aus ihnen die entzückende Götterkraft der Jugend. Und die Wände des Gemaches schwanden und der rauschende Wasserfall stand, und alle die jungen Vögel, die eben noch so laut geschlagen hatten, verstummten lauschend. Ich war eins mit dir, schöne jugendliche Göttin, hoch oben stand ich herrschend; ich fühlte, wie die Funken unter meinem Bogen sprühten; und lange, lange hielt ich sie alle in atemlosem Bann.

Wir waren zu Ende. Adolf nahm die Hände vom Klavier, sah zu mir auf und nickte leise.

Und da ich den Bogen fortgelegt hatte, blickten die Jungen auf mich, halb scheu, mit erstaunten großen Augen, als hätten sie plötzlich entdeckt, ich sei noch einer von den Ihren, den sie nicht erkannt, der nun plötzlich die Maske des Alters fortgeworfen habe.

Erst als Adolf seinen Stuhl rückte und aufstand, wurde die Stille unterbrochen und die Gesellschaft drängte sich zu uns. Nur ich wusste, dass plötzlich Evelinens Hand in meiner lag. Oder war es die Hand meiner Muse, die noch einmal flüchtig mich berührte? Sie haben dich gescholten, Eveline.

Und wenn ihr wahr gesprochen hättet – lasst sie mir! Auch die Natur, von welcher, gleich der Rose, sie nur ein Teil ist, vermag uns nichts zu geben, als was wir selber ihr entgegenbringen. Vielleicht gelangt der Mensch überall nicht weiter und wir sterben einsam, wie wir einsam geboren wurden. Und dennoch, was wäre das Leben, wenn es keine Rosen gäbe?

Weißt du, dass es Vorgesichte gibt? – Mitunter, als könne sie nicht warten, bis auch ihre Zeit gekommen ist, wirft die Zukunft ihr Scheinbild in die Gegenwart. – Du ahntest nichts davon, aber ich habe es gesehen; es war mitten im kerzenhellen Saale. Du hattest getanzt und lehntest atmend in der Sofaecke; da sah ich dein Antlitz sich verwandeln, deine Züge wurden scharf, deine Wangen schlaff und fahl. Schon streckte meine Hand sich aus, um leis die Rose aus deinem Haar zu nehmen; denn sie saß dort wie ein Hohn für dein armes Angesicht. Aber es verschwand, da ich fest dich anblickte; du lächeltest, du warst wieder nicht älter als deine achtzehn Jahre. Unmächtig wich das Gespenst zurück; nur ich sah es noch immer wie eine verhüllte Drohung in der Ferne stehen.

O Eveline! Der Strom der Schönheit ergießt sich ewig durch die Welt, aber auch du bist nur ein Wellenblinken, das aufleuchtet und erlischt; und alle Zukunft wird einst Gegenwart.

Im eigenen Herzen geboren,
Nie besessen,
Dennoch verloren.

Wie seltsam, diese Worte auf meinem Geigenkasten! Auch das ist nun vorüber. –

Hier scheinen in den Aufzeichnungen des Vetters ein oder mehrere Blätter zu fehlen; denn das Folgende, womit dort ein neues Blatt beginnt, ist augenscheinlich nur der Schluss eines längeren Aufsatzes.

– – »Aber ein Hauch der ewigen Jugend, die in mir ist, hat doch dein Herz berührt; mögen noch so übermütig deine jungen Lippen zucken. Einst, wenn auch du zu den Schatten gehörst, deren Mund vergebens nach dem Kelche dürstet, aus dem vor ihren Augen die Jugend in vollen Zügen trinkt, wird die Erinnerung an mich dich jäh überfallen; vielleicht am stillen Abend, wenn du hinter abgeheimsten Stoppeln die Sonne sinken siehst, vielleicht – auch das ist möglich – erst in den Schauern des Todes, in jenem letzten Augenblicke, wo alle Erdengeister dich verlassen. – Und nun geh, Eveline; denn jetzt sind sie alle noch in deinem Dienst!«

Ihre Hand zitterte, die, wie ich jetzt erst fühlte, in der meinen lag. Aber sie zog sie schweigend zurück, und ging.

»Gute Nacht, Eveline!«

Du aber, o Muse des Gesanges, verlasse du mich noch nicht! Lass mich mein Haupt an deine Schulter lehnen; denn ich bin müde, müde wie ein gehetztes Wild; und sollte ich heimlich bluten, so lege du die Hand auf meine Wunde! –

Hier enden diese Aufzeichnungen. Kein Band, keine Locke, keine Blume liegt bei den vergilbten Blättern.

Wer war jene Eveline, welche dies alternde Herz noch einmal so tief zu erschüttern vermochte? – Ich kenne keine ihres Namens. Requiescat! Requiescat!

Arthur Schnitzler

Die Frau des Weisen

Hier werde ich lange bleiben. Über diesem Orte zwischen Meer und Wald liegt eine schwermütige Langeweile, die mir wohltut. Alles ist still und unbewegt. Nur die weißen Wolken treiben langsam; aber der Wind streicht so hoch über Wellen und Wipfel hin, dass das Meer und die Bäume nicht rauschen. Hier ist tiefe Einsamkeit, denn man fühlt sie immer; auch wenn man unter den vielen Leuten ist, im Hotel, auf der Promenade. Die Kurkapelle spielt meist melancholische schwedische und dänische Lieder, aber auch ihre lustigen Stücke klingen müd und gedämpft. Wenn die Musikanten fertig sind, steigen sie schweigend über die Stufen aus dem Kiosk herab und verschwinden mit ihren Instrumenten langsam und traurig in den Alleen.

Dies schreibe ich auf ein Blatt, während ich mich in einem Boote längs des Ufers hin rudern lasse.

Das Ufer ist mild und grün. Einfache Landhäuser mit Gärten; in den Gärten gleich am Wasser Bänke; hinter den Häusern die schmale, weiße Straße, jenseits der Straße der Wald. Der dehnt sich ins Land, weit, leicht ansteigend, und dort, wo er aufhört, steht die Sonne. Auf der schmalen und langgestreckten gelben Insel drüben liegt ihr Abendglanz. Der Ruderer sagt, man kann in zwei Stunden dort sein. Ich möchte wohl einmal hin. Aber hier ist man seltsam festgehalten; immer bin ich im nächsten Umkreis des kleinen Orts; am liebsten gleich am Ufer oder auf meiner Terrasse.

Ich liege unter den Buchen. Der schwere Nachmittag drückt die Zweige nieder; ab und zu hör' ich nahe Schritte von Menschen, die über den Waldweg kommen; aber ich kann sie nicht sehen, denn ich rühre mich nicht, und meine Augen tauchen in die Höhe. Ich höre auch das helle Lachen von Kindern, aber die große Stille um mich trinkt alles Geräusch rasch auf, und ist es kaum eine Sekunde lang verklungen, so scheint es längst vorbei. Wenn ich die Augen schließe und gleich wieder öffne, so erwache ich wie aus einer langen Nacht. So entgleite ich mir selbst und verschwebe wie ein Stück Natur in die große Ruhe um mich.

Mit der schönen Ruhe ist es aus. Nicht im Ruderboot und nicht unter den Buchen wird sie wiederkommen. Alles scheint mit einem Male verändert. Die Melodien der Kapelle klingen sehr heiß und lustig; die Leute, die an einem vorbeigehen, reden viel; die Kinder lachen und schreien. Sogar das liebe Meer, das so schweigend schien, schlägt nachts lärmend an das Ufer. Das Leben ist wieder laut für mich geworden. Nie war ich so leicht vom Hause abgereist; ich hatte nichts Unvollendetes zurückgelassen. Ich hatte mein Doktorat gemacht; eine künstlerische Illusion, die mich eine Jugend hindurch begleitet, hatte ich endgültig begraben, und Fräulein Jenny war die Gattin eines Uhrmachers geworden. So hatte ich das seltene Glück gehabt, eine Reise anzutreten, ohne eine Geliebte zu Hause zu lassen und ohne eine Illusion mitzunehmen. In der Empfindung eines abgeschlossenen Lebensabschnittes hatte ich mich sicher und wohl gefühlt. Und nun ist alles wieder aus; – denn Frau Friederike ist da.

Spätabends auf meiner Terrasse; ich hab' ein Licht auf meinen Tisch gestellt und schreibe. Es ist die Zeit, über alles ins Klare zu kommen. Ich zeichne mir das Gespräch auf, das erste mit ihr nach sieben Jahren, das erste nach jener Stunde ...

Es war am Strand, um die Mittagszeit. Ich saß auf einer Bank. Zuweilen gingen Leute an mir vorüber. Eine Frau mit einem kleinen Jungen stand auf der Landungsbrücke, zu weit, als dass ich die Gesichtszüge hätte ausnehmen können. Sie war mir übrigens durchaus nicht aufgefallen; ich wusste nur, dass sie schon lange dort gestanden war, als sie endlich die Brücke verließ und mir immer näher kam. Sie führte den Knaben an der Hand. Nun sah ich, dass sie jung und schlank war. Das Gesicht kam mir bekannt vor. Sie war noch zehn Schritte von mir; da erhob ich mich rasch und ging ihr entgegen. Sie hatte gelächelt, und ich wusste, wer sie war.

»Ja, ich bin es«, sagte sie und reichte mir die Hand.

»Ich habe Sie gleich erkannt«, sagte ich.

»Ich hoffe, das ist nicht zu schwer gewesen«, erwiderte sie. »Und Sie haben sich eigentlich auch gar nicht verändert.«

»Sieben Jahre ...«, sagte ich.

Sie nickte. »Sieben Jahre.« ...

Wir schwiegen beide. Sie war sehr schön. Jetzt glitt ein Lächeln über ihr Gesicht, sie wandte sich zu dem Jungen, den sie noch immer an der Hand hielt, und sagte: »Gib dem Herrn die Hand.« Der Kleine reichte sie mir, schaute mich aber dabei nicht an.

»Das ist mein Sohn«, sagte sie.

Es war ein hübscher brauner Bub mit hellen Augen.

»Es ist doch schön, dass man einander wieder begegnet im Leben«, begann sie, »ich hätte nicht gedacht ...«

»Es ist auch sonderbar«, sagte ich.

»Warum?«, fragte sie, indem sie mir lächelnd und das erste Mal ganz voll in die Augen sah. »Es ist Sommer ... alle Leute reisen, nicht wahr?«

Jetzt lag mir die Frage nach ihrem Mann auf den Lippen; aber ich vermochte es nicht, sie auszusprechen.

»Wie lange werden Sie hierbleiben?«, fragte ich.

»Vierzehn Tage. Dann treffe ich mit meinem Manne in Kopenhagen zusammen.«

Ich sah sie mit einem raschen Blick an; der ihre antwortete unbefangen: ›Wundert dich das vielleicht?‹

Ich fühlte mich unsicher, unruhig beinahe. Wie etwas Unbegreifliches erschien es mir plötzlich, dass man Dinge so völlig vergessen kann. Denn nun merkte ich erst: an jene Stunde vor sieben Jahren hatte ich seit lange so wenig gedacht, als wäre sie nie erlebt worden.

»Sie werden mir aber viel erzählen müssen«, begann sie aufs Neue, »sehr, sehr viel. Gewiss sind Sie schon lange Doktor?«

»Nicht so lange – seit einem Monat.«

»Sie haben aber noch immer Ihr Kindergesicht«, sagte sie. »Ihr Schnurrbart sieht aus, als wenn er aufgeklebt wäre.«

Vom Hotel her, überlaut, tönte die Glocke, die zum Essen rief.

»Adieu«, sagte sie jetzt, als hätte sie nur darauf gewartet.

»Können wir nicht zusammen gehen?«, fragte ich.

»Ich speise mit dem Buben auf meinem Zimmer, ich bin nicht gern unter so vielen Menschen.«

»Wann sehen wir uns wieder?«

Sie wies lächelnd mit den Augen auf die kleine Strandpromenade. »Hier muss man einander doch immer begegnen«, sagte sie – und als sie merkte, dass ich von ihrer Antwort unangenehm berührt war, setzte sie hinzu: »Besonders, wenn man Lust dazu hat. – Auf Wiedersehen.«

Sie reichte mir die Hand, und ohne sich noch einmal umzusehen, entfernte sie sich. Der kleine Junge blickte aber noch einmal nach mir zurück.

Ich bin den ganzen Nachmittag und den ganzen Abend auf der Promenade hin und her gegangen, und sie ist nicht gekommen. Am Ende ist sie schon wieder fort? Ich dürfte eigentlich nicht darüber staunen.

Ein Tag ist vergangen, ohne dass ich sie gesehen. Den ganzen Vormittag hat es geregnet, und außer mir war fast niemand auf der Promenade. Ein paarmal bin ich an dem Haus vorbei, in dem sie wohnt, ich weiß aber nicht, welches ihre Fenster sind. Nachmittag ließ der Regen nach, und ich machte einen langen Spaziergang auf der Straße längs des Meeres bis zum nächsten Orte. Es war trüb und schwül.

Auf dem Wege habe ich an nichts anderes denken können als an jene Zeit. Alles habe ich deutlich wieder vor mir gesehen. Das freundliche Haus, in dem ich gewohnt, und das Gärtchen mit den grünlackierten Stühlen und Tischen. Und die kleine Stadt mit ihren stillen weißen Straßen. Und die fernen, im Nebel verschwimmenden Hügel. Und über all dem lag ein Stück blassblauer Himmel, der so dazugehörte, als wenn er auf der ganzen Welt nur dort so blass und blau gewesen wäre. Auch die Menschen von damals sah ich alle wieder; meine Mitschüler, meine Lehrer, auch Friederikens Mann. Ich sah ihn anders, als er mir in jenem letzten Augenblick erschienen war; – ich sah ihn mit dem milden, etwas müden Ausdruck im Gesicht, wie er nach der Schule auf der Straße an uns Knaben freundlich grüßend vorüberzuschreiten pflegte, und wie er bei Tische zwischen Friederike und mir, meist schweigend, gesessen; ich sah ihn, wie ich ihn oft von meinem Fenster aus erblickt hatte: im Garten vor dem grünlackierten Tisch, die Arbeiten von uns Schülern korrigierend. Und ich erinnerte mich, wie Friederike in den Garten gekommen, ihm den Nachmittagskaffee gebracht und dabei zu meinem Fenster hinaufgeschaut, lächelnd, mit einem Blicke, den ich damals nicht verstanden ... bis zu jener letzten Stunde. – Jetzt weiß ich auch, dass ich mich oft an all das erinnert habe. Aber nicht wie an etwas Lebendiges, sondern wie an ein Bild, das still und friedlich an einer Wand zu Hause hängt.

Wir sind heute am Strand nebeneinander gesessen und haben miteinander gesprochen wie Fremde. Der Bub spielte zu unseren Füßen mit Sand und Steinen. Es war nicht, als wenn irgendetwas auf uns lastete: wie Menschen, die einander nichts bedeuten, und die der Zufall des Badelebens auf kurze Zeit zusammengeführt, haben wir miteinander geplaudert; über das Wetter, über die Gegend, über die Leute, auch über Musik und über ein paar neue Bücher. Während ich neben ihr saß, empfand ich es nicht unangenehm; als sie aber aufstand und fortging, war es mir mit einem Mal unerträglich. Ich hätte ihr nachrufen mögen: Lass mir doch etwas da; aber sie hätte es nicht einmal verstanden. Und wenn ich's überlege, was durfte ich anderes erwarten? Dass sie mir bei unserer ersten Begegnung so freundlich entgegengekommen, war offenbar nur in der Überraschung begründet; vielleicht auch in dem frohen Gefühl, an einem fremden Orte einen alten Bekannten wiederzufinden. Nun aber hat sie Zeit gehabt, sich an alles zu erinnern wie ich; und was sie auf immer vergessen zu haben hoffte, ist mächtig wieder aufgetaucht. Ich kann es ja gar nicht ermessen, was sie um meinetwillen hat erdulden müssen, und was sie vielleicht noch heute leiden muss. Dass sie mit ihm zusammengeblieben ist, seh' ich wohl; und dass sie sich wieder versöhnt haben, dafür ist der vierjährige Junge ein lebendiges Zeugnis; – aber man kann sich versöhnen, ohne zu verzeihen, und man kann verzeihen, ohne zu vergessen. – – Ich sollte fort, es wäre besser für uns beide.

In einer seltsamen, wehmütigen Schönheit steigt jenes ganze Jahr vor mir auf, und ich durchlebe alles aufs Neue. Einzelheiten fallen mir wieder ein. Ich erinnere mich an den Herbstmorgen, an dem ich, von meinem Vater begleitet, in der kleinen Stadt ankam, wo ich das letzte Gymnasialjahr zubringen sollte. Ich sehe das Schulgebäude deutlich wieder vor mir, mitten in dem Park mit seinen hohen Bäumen. Ich erinnere mich an mein ruhiges Arbeiten in dem schönen geräumigen Zimmer, an die freundlichen Gespräche über meine Zukunft, die ich bei Tisch mit dem Professor führte und denen Friederike lächelnd lauschte; an die Spaziergänge mit Kollegen auf die Landstraße hinaus bis zum nächsten Dorf, und alle Nichtigkeiten ergreifen mich so tief, als wenn sie meine Jugend zu bedeuten hätten. Wahrscheinlich würden alle diese Tage im tiefen Schatten des Vergessens liegen, wenn nicht von jener letzten Stunde ein geheimnisvoller Glanz auf sie zurückfiele. Und das Merkwürdige ist: Seit Friederike in meiner Nähe weilt, scheinen mir jene Tage sogar näher als die vom heutigen Mai, in welchen ich das Fräulein liebte, das im Juni den Uhrmacher geheiratet hat.

Als ich heute frühmorgens an mein Fenster trat und auf die große Terrasse hinunterblickte, sah ich Friederike mit ihrem Buben an einem der Tische sitzen; sie waren die ersten Frühstücksgäste. Ihr Tisch war grade unter meinem Fenster, und ich rief ihr einen guten Morgen zu. Sie schaute auf. »So früh schon wach?«, sagte sie. »Wollen Sie nicht zu uns kommen?«

In der nächsten Minute saß ich an ihrem Tisch. Es war ein wunderbarer Morgen, kühl und sonnig. Wir plauderten wieder über so gleichgültige Dinge als das letzte Mal, und doch war alles anders. Hinter unseren Worten glühte die Erinnerung. Wir gingen in den Wald. Da fing sie an, von sich zu sprechen und von ihrem Heim.

»Bei uns ist alles noch gerade so wie damals«, sagte sie, »nur unser Garten ist schöner geworden; mein Mann verwendet jetzt viel Sorgfalt auf ihn, seit wir den Buben haben. Im nächsten Jahr bekommen wir sogar ein Glashaus.«

Sie plauderte weiter. »Seit zwei Jahren gibt es ein Theater

bei uns, den ganzen Winter bis Palmsonntag wird gespielt. Ich gehe zwei-, dreimal in der Woche hinein, meistens mit meiner Mutter, der macht es großes Vergnügen.«

»Ich auch Theater!«, rief der Kleine, den Friederike an der Hand führte.

»Freilich, du auch. Sonntagnachmittag«, wandte sie sich erklärend an mich, »spielen sie nämlich manchmal Stücke für die Kinder; da gehe ich mit dem Buben hin. Aber ich amüsiere mich auch sehr gut dabei.«

Von mir musste ich ihr mancherlei erzählen. Nach meinem Beruf und anderen ernsten Dingen fragte sie wenig; sie wollte vielmehr wissen, wie ich meine freie Zeit verbrächte, und ließ sich gern über die geselligen Vergnügungen der großen Stadt berichten.

Die ganze Unterhaltung floss heiter fort; mit keinem Wort wurde jene gemeinschaftliche Erinnerung angedeutet – und doch war sie ihr gewiss ununterbrochen so gegenwärtig wie mir. Stundenlang spazierten wir herum, und ich fühlte mich beinahe glücklich. Manchmal ging der Kleine zwischen uns beiden, und da begegneten sich unsere Hände über seinen Locken. Aber wir taten beide, als wenn wir es nicht bemerkten, und redeten ganz unbefangen weiter.

Als ich wieder allein war, verflog mir die gute Stimmung bald. Denn plötzlich fühlte ich wieder, dass ich nichts von Friederike wusste. Es war mir unbegreiflich, dass mich diese Ungewissheit nicht während unseres ganzen Gesprächs gequält, und es kam mir sonderbar vor, dass Friederike selbst nicht das Bedürfnis gehabt, davon zu sprechen. Denn selbst wenn ich annehmen wollte, dass zwischen ihr und ihrem Manne seit Jahren jener Stunde nicht mehr gedacht worden war – sie selbst konnte sie doch nicht vergessen haben. Irgendetwas Ernstes musste damals meinem stummen Abschied gefolgt sein – wie hat sie es vermocht, nicht davon zu reden? Hat sie vielleicht erwartet, dass ich selbst beginne? Was hat mich davon zurückgehalten? Dieselbe Scheu vielleicht, die ihr eine Frage verbot? Fürchten wir uns beide, daran zu rühren? – Das ist wohl möglich. Und doch muss es endlich geschehen; denn bis dahin bleibt etwas zwischen uns, was uns trennt. Und dass uns etwas trennt, peinigt mich mehr als alles andere.

Nachmittags bin ich im Walde herumgeschlendert, dieselben Wege wie morgens mit ihr. Es war in mir eine Sehnsucht wie nach einer unendlich Geliebten. Am späten Abend ging ich an ihrem Haus vorbei, nachdem ich sie vergebens überall gesucht. Sie stand am Fenster. Ich rief hinauf, wie sie heute früh zu mir: »Kommen Sie nicht herunter?«

Sie sagte kühl, wie mir vorkam: »Ich bin müd. Gute Nacht« – und schloss das Fenster.

In der Erinnerung erscheint mir Friederike in zwei verschiedenen Gestalten. Meist seh' ich sie als eine blasse, sanfte Frau, die, mit einem weißen Morgenkleid angetan, im Garten sitzt, wie eine Mutter zu mir ist und mir die Wangen streichelt. Hätte ich nur diese hier wiedergetroffen, so wäre meine Ruhe gewiss nicht gestört worden und ich läge nachmittags unter den schattigen Buchen wie in den ersten Tagen meines Hierseins.

Aber auch als eine völlig andere erscheint sie mir, wie ich sie doch nur einmal gesehen; und das war in der letzten Stunde, die ich in der kleinen Stadt verbrachte.

Es war der Tag, an dem ich mein Abiturientenzeugnis bekommen hatte. Wie alle Tage hatte ich mit dem Professor und seiner Frau zu Mittag gespeist, und, da ich nicht zur Bahn begleitet werden wollte, hatten wir einander gleich beim Aufstehen vom Tische Adieu gesagt. Ich empfand durchaus keine Rührung. Erst wie ich in meinem kahlgeräumten Zimmer auf dem Bette saß, den gepackten Koffer zu meinen Füßen, und zu dem weit offenen Fenster hinaus über das zarte Laub des Gärtchens zu den weißen Wolken sah, die regungslos über den Hügeln standen, kam leicht, beinahe schmeichelnd, die Wehmut des Abschiedes über mich. Plötzlich öffnete sich die Tür. Friederike trat herein. Ich erhob mich rasch. Sie trat näher, lehnte sich an den Tisch, stützte beide Hände nach rückwärts auf dessen Kante und sah mich ernst an. Ganz leise sagte sie: »Also heute?« Ich nickte nur und fühlte das erste Mal sehr tief, wie traurig es eigentlich war, dass ich von hier fort musste. Sie schaute eine Weile zu Boden und schwieg. Dann erhob sie den Kopf und kam näher auf mich zu. Sie legte beide Hände ganz leicht auf meine Haare, wie sie es ja schon früher oft getan, aber ich wusste in diesem Moment, dass es etwas anderes bedeutete als sonst. Dann ließ sie ihre Hände langsam über meine Wangen heruntergleiten, und ihr Blick ruhte mit unendlicher Innigkeit auf mir. Sie schüttelte den Kopf mit einem schmerzlichen Ausdruck, als könnte sie irgendetwas nicht fassen. »Musst du denn schon heute weg?«, fragte sie leise. »Ja«, sagte ich. – »Auf immer?«, rief sie aus. »Nein«, antwortete ich. – »O ja«, sagte sie mit schmerzlichem Zucken der Lippen, »es ist auf immer. Wenn du uns auch einmal besuchen wirst … in zwei oder drei Jahren – heute gehst du doch für immer von uns fort.« – Sie sagte das mit einer Zärtlichkeit, die gar nichts Mütterliches mehr hatte. Mich durchschauerte es. Und plötzlich küsste sie mich. Zuerst dachte ich nur: das hat sie ja nie getan. Aber als ihre Lippen sich von den meinen gar nicht lösen wollten, verstand ich, was dieser Kuss zu bedeuten hatte. Ich war verwirrt und glücklich; ich hätte weinen mögen. Sie hatte die Arme um meinen Hals geschlungen, ich sank, als wenn sie mich hingedrängt hätte, in die Ecke des Diwans; Friederike lag mir zu Füßen auf den Knien und zog meinen Mund zu dem ihren herab. Dann nahm sie meine beiden Hände und vergrub ihr Gesicht darin. Ich flüsterte ihren Namen und staunte, wie schön er war. Der Duft von ihren Haaren stieg zu mir auf; ich atmete ihn mit Entzücken ein ... In diesem Augenblicke – ich glaubte vor Schrecken starr zu werden – öffnet sich leise die Tür, die nur angelehnt war, und Friederikens Mann steht da. Ich will aufschreien, bringe aber keinen Laut hervor. Ich starre ihm ins Gesicht – ich kann nicht sehen, ob sich irgendwas in seinem Ausdruck verändert – denn noch im selben Augenblick ist er wieder verschwunden und die Tür geschlossen. Ich will mich erheben, meine Hände befreien, auf denen noch immer Friederikens Antlitz ruht, will sprechen, stoße mühsam wieder ihren Namen hervor – da springt sie selbst mit einem Male auf – totenbleich – flüstert mir beinahe gebieterisch zu: »Schweig!« und steht eine Sekunde lang regungslos da, das Gesicht der Türe zugewandt, als wolle sie lauschen. Dann öffnet sie leicht und blickt durch die Spalte hinaus. Ich stehe atemlos. Jetzt öffnet sie ganz, nimmt mich bei der Hand und flüstert: »Geh, geh, rasch.« Sie schiebt mich hinaus

– ich schleiche rasch über den kleinen Gang bis zur Stiege, dann wende ich mich noch einmal um – und sehe sie an der Türe stehen, mit unsäglicher Angst in den Mienen, und mit einer heftigen Handbewegung, die mir andeutet: fort! fort! Und ich stürze davon.

An das, was zunächst geschah, denke ich wie an einen tollen Traum. Ich bin zum Bahnhof geeilt, von tödlicher Angst gepeinigt. Ich bin die Nacht durchgefahren und habe mich im Coupé schlaflos herumgewälzt. Ich bin zu Hause angekommen, habe erwartet, dass meine Eltern schon von allem unterrichtet seien, und bin beinahe erstaunt gewesen, als sie mich mit Freundlichkeit und Freude empfingen. Dann habe ich noch tagelang in heftiger Erregung hingebracht, auf irgendetwas Schreckliches gefasst; und jedes Klingeln an der Türe, jeder Brief machte mich zittern. Endlich kam eine Nachricht, die mich beruhigte: Es war eine Karte von einem Schulkameraden, der in der kleinen Stadt zu Hause war, und der mir harmlose Neuigkeiten und lustige Grüße sandte. Also, es war nichts Entsetzliches geschehen, zum mindesten war es zu keinem öffentlichen Skandal gekommen. Ich durfte glauben, dass sich zwischen Mann und Frau alles im Stillen abgespielt, dass er ihr verziehen, dass sie bereut hatte.

Trotzdem lebte dieses erste Abenteuer in meiner Erinnerung anfangs als etwas Trauriges, beinahe Düsteres fort, und ich erschien mir wie einer, der ohne Schuld den Frieden eines Hauses vernichtet hat. Allmählich verschwand diese Empfindung, und später erst, als ich in neuen Erlebnissen jene Stunde besser und tiefer verstehen lernte, kam zuweilen eine seltsame Sehnsucht nach Friederike über mich – wie der Schmerz darüber, dass eine wunderbare Verheißung sich nicht erfüllt hätte. Aber auch diese Sehnsucht ging vorüber, und so war es geschehen, dass ich die junge Frau beinahe völlig vergessen hatte. – Nun aber ist mit einem Mal alles wieder da, was jenes Geschehnis damals zum Erlebnis machte; und alles ist heftiger als damals, denn ich liebe Friederike.

Heute scheint mir alles so klar, was mir noch in den letzten Tagen rätselhaft gewesen ist. Wir sind spätabends am Strand gesessen, wir zwei allein; der Junge war schon zu Bette gebracht. Ich hatte sie am Vormittag gebeten, zu kommen; ganz harmlos; nur von der nächtlichen Schönheit des Meeres hatte ich gesprochen, und wie wunderbar es wäre, wenn alles ganz still ringsum, am Ufer zu sein und in die große Dunkelheit hinauszublicken. Sie hatte nichts gesagt, aber ich wusste, dass sie kommen würde. Und nun sind wir am Strand gesessen, beinahe schweigend, unsere Hände ineinander geschlungen, und ich fühlte, dass Friederike mir gehören musste, wann ich wollte. Wozu über das Vergangene reden, dachte ich – und ich wusste, dass *sie* von unserem ersten Wiedersehen an so gedacht. Sind wir denn noch dieselben, die wir damals waren? Wir sind so leicht, so frei; die Erinnerungen flattern hoch über uns, wie ferne Sommervögel. Vielleicht hat sie noch manches andere erlebt während der sieben Jahre, wie ich; – was geht es mich an? Jetzt sind wir Menschen von heute und streben zueinander. Sie war gestern vielleicht eine Unglückliche, vielleicht eine Leichtsinnige; heute sitzt sie schweigend neben mir am Meer und hält meine Hand und sehnt sich, in meinen Armen zu sein.

Langsam begleitete ich sie die wenigen Schritte bis zu ihrem Hause. Lange schwarze Schatten warfen die Bäume längs der Straße.

»Wir wollen morgen früh eine Fahrt im Segelboot machen«, sagte ich.

»Ja«, erwiderte sie.

»Ich werde an der Brücke warten, um sieben Uhr.«

»Wohin?«, fragte sie.

»Zu der Insel drüben ... wo der Leuchtturm steht, sehen Sie ihn?«

»O ja, das rote Licht. Ist es weit?«

»Eine Stunde; – wir können sehr bald zurück sein.«

»Gute Nacht«, sagte sie und trat in die Hausflur.

Ich ging. – – In ein paar Tagen wirst du mich vielleicht wieder vergessen haben, dachte ich, aber morgen ist ein schöner Tag.

Ich war früher auf der Brücke als sie. Das kleine Boot wartete; der alte Jansen hatte die Segel aufgespannt und rauchte, am Steuer sitzend, seine Pfeife. Ich sprang zu ihm hinein und ließ mich von den Wellen schaukeln. Ich schlürfte die Minuten der Erwartung ein wie einen Morgentrunk. Die Straße, auf die ich meinen Blick gerichtet hatte, war noch ganz menschenleer. Nach einer Viertelstunde erschien Friederike. Schon von weitem sah ich sie, es schien mir, als ginge sie rascher als sonst: Als sie die Brücke betrat, erhob ich mich; jetzt erst konnte sie mich sehen und grüßte mich mit einem Lächeln. Endlich war sie am Ende der Brücke, ich reichte ihr die Hand und half ihr ins Boot. Jansen machte das Tau los und unser Schiff glitt davon. Wir saßen eng beieinander, sie hing sich in meinen Arm. Sie war ganz weiß gekleidet und sah aus wie ein achtzehnjähriges Mädchen.

»Was gibt's auf dieser Insel zu sehen?«, fragte sie.

Ich musste lächeln.

Sie errötete und sagte: »Der Leuchtturm jedenfalls?«

»Vielleicht auch die Kirche«, setzte ich hinzu.

»Fragen Sie doch den Mann ...« Sie wies auf Jansen.

Ich fragte ihn. »Wie alt ist die Kirche auf der Insel?«

Aber er verstand kein Wort deutsch; und so konnten wir uns nach diesem Versuch noch einsamer miteinander fühlen als früher.

»Dort drüben«, sagte sie und wies mit den Augen hin – »ist das auch eine Insel?«

»Nein«, antwortete ich, »das ist Schweden selbst, das Festland.«

»Das wär noch schöner«, sagte sie.

»Ja«, erwiderte ich – »aber dort müsste man bleiben können ... lang ... immer –«

Wenn sie mir jetzt gesagt hätte: Komm, wir wollen zusammen in ein anderes Land und wollen nie wieder zurück – ich wäre darauf eingegangen. Wie wir so auf dem Boote hinglitten, von der reinen Luft umspielt, den hellen Himmel über uns und um uns das glitzernde Wasser, da schien es mir eine festliche Fahrt, wir selbst ein königliches Paar, und alle früheren Bedingungen unseres Daseins abgefallen.

Bald konnten wir die kleinen Häuser auf der Insel unterscheiden; die weiße Kirche auf dem Hügel, der sich, allmählich ansteigend, der ganzen Insel entlang hinzog, bot sich in schärferen Umrissen dar. Unser Boot flog geradewegs der Insel entgegen. In unserer Nähe zeigten sich kleine Fischerkähne; einige, an denen die Ruder eingezogen waren, trieben lässig auf dem Wasser hin. Friederike hatte den Blick meist auf die Insel gerichtet; aber sie schaute nicht. In weniger als einer Stunde fuhren wir in den Hafen ein, der rings von einer hölzernen Brücke umschlossen war, sodass man sich in einem kleinen Teich vermeinen konnte.

Ein paar Kinder standen auf der Brücke. Wir stiegen aus und gingen langsam ans Ufer; die Kinder hinter uns; aber die verloren sich bald. Das ganze Dorf lag vor uns; es bestand aus höchstens zwanzig Häusern, die rings verstreut waren. Wir sanken fast in den dünnen, braunen Sand ein, den das Wasser hier angeschwemmt hat. Auf einem sonnenbeglänzten freien Platz, der bis ans Meer hinunterreichte, hingen Netze, zum Trocknen ausgebreitet; ein paar Weiber saßen vor den Haustüren und flickten Netze. Nach hundert Schritten waren wir ganz allein. Wir waren auf einen schmalen Weg geraten, der uns von den Häusern fort dem Ende der Insel zuführte, wo der Leuchtturm stand. Zu unserer Linken, durch ärmliches Ackerland, das immer schmäler wurde, von uns getrennt, lag das Meer; zu unserer Rechten stieg der Hügel an, auf dessen Kamm wir den Weg zur Kirche laufen sahen, die in unserem Rücken lag. Über all dem lag schwer die Sonne und das Schweigen. – Friederike und ich hatten die ganze Zeit über nichts gesprochen. Ich fühlte auch kein Verlangen darnach; mir war unendlich wohl, so mit ihr in der großen Stille hinzuwandeln.

Aber sie begann zu sprechen.

»Heute vor acht Tagen«, sagte sie ...

»Nun –?«

»Da hab ich noch nichts gewusst ... noch nicht einmal, wohin ich reisen werde.«

Ich antwortete nichts.

»Ah, ist's da schön«, rief sie aus und ergriff meine Hand.

Ich fühlte mich zu ihr hingezogen; am liebsten hätte ich sie in meine Arme geschlossen und auf die Augen geküsst.

»Ja?«, fragte ich leise.

Sie schwieg und wurde eher ernst.

Wir waren bis zu dem Häuschen gekommen, das an den Leuchtturm angebaut war; hier endete der Weg; wir mussten umkehren. Ein schmaler Feldweg führte ziemlich steil den Hügel hinan. Ich zögerte.

»Kommen Sie«, sagte sie.

Wie wir jetzt gingen, hatten wir die Kirche im Auge. Ihr näherten wir uns. Es war sehr warm. Ich legte meinen Arm um Friederikens Hals; sie musste ganz nahe bei mir bleiben, wenn sie nicht abgleiten wollte. Ich berührte mit der Hand ihre heißen Wangen.

»Warum haben wir eigentlich die ganze Zeit nichts von Ihnen gehört?«, fragte sie plötzlich. – »Ich wenigstens«, setzte sie hinzu, indem sie zu mir aufschaute.

»Warum«, wiederholte ich befremdet.

»Nun ja!«

»Wie konnte ich denn?«

»O *darum*«, sagte sie. »Waren Sie denn verletzt?«

Ich war zu sehr erstaunt, um etwas erwidern zu können.

»Nun, was haben Sie sich eigentlich gedacht?«

»Was ich mir –«

»Ja – – oder erinnern Sie sich gar nicht mehr?«

»Gewiss, ich erinnere mich. Warum sprechen Sie jetzt davon?«

»Ich wollte Sie schon lange fragen«, sagte sie.

»So sprechen Sie«, erwiderte ich tief bewegt.

»Sie haben es für eine Laune gehalten« – »o gewiss!«, setzte sie lebhaft hinzu, als sie merkte, dass ich etwas entgegnen wollte – »aber ich sage Ihnen, es war keine. Ich habe mehr gelitten in jenem Jahr, als ein Mensch weiß.«

»In welchem?«

»Nun … als Sie bei uns … Warum fragen Sie das? – Anfangs habe ich mir selbst … Aber warum erzähle ich Ihnen das?«

Ich fasste heftig ihren Arm. »Erzählen Sie … ich bitte Sie … ich habe Sie ja lieb.«

»Und ich dich«, rief sie plötzlich aus; nahm meine beiden Hände und küsste sie – »immer – immer.«

»Ich bitte dich, erzähle mir weiter«, sagte ich; »und alles, alles …«

Sie sprach, während wir langsam den Feldweg in der Sonne weiterschritten.

»Anfangs habe ich mir selbst gesagt: er ist ein Kind … wie eine Mutter habe ich ihn gern. Aber je näher die Stunde kam, um die Sie abreisen sollten …«

Sie unterbrach sich eine Weile, dann sprach sie weiter:

»Und endlich war die Stunde da. – Ich habe nicht zu dir wollen – ich weiß nicht, was mich hinaufgetrieben hat. Und wie ich schon bei dir war, hab ich dich auch nicht küssen wollen – aber …«

»Weiter, weiter«, sagte ich.

»Und dann hab ich dir plötzlich gesagt, dass du gehen

sollst – du hast wohl gemeint, das Ganze war eine Komödie, nicht wahr?«

»Ich verstehe dich nicht.«

»Das habe ich die ganze Zeit gedacht. Ich habe dir sogar schreiben wollen ... Aber wozu? ... Also ... der Grund, dass ich dich weggeschickt habe, war ... Ich hatte mit einem Mal Angst bekommen.«

»Das weiß ich.«

»Wenn du das weißt – warum hab ich nie wieder von dir gehört?«, rief sie lebhaft aus.

»Warum hast du Angst bekommen?«, fragte ich, allmählich verstehend.

»Weil ich glaubte, es wäre jemand in der Nähe.«

»Du glaubtest? Wie ist das?«

»Ich meinte Schritte auf dem Gang zu hören. Das wars. Schritte! Ich dachte, er wär es ... Da hat mich die Furcht gepackt – denn es wäre entsetzlich gewesen, wenn er – oh, ich will gar nicht daran denken. – Aber niemand war da – niemand. Erst spät am Abend ist er nach Hause gekommen, du warst längst, längst fort.« –

Während sie das erzählte, fühlte ich, wie irgendetwas in meinem Innern erstarrte. Und als sie geendet hatte, schaute ich sie an, als müsste ich sie fragen: Wer bist du? – Ich wandte mich unwillkürlich nach dem Hafen, wo ich die Segel unseres Bootes glänzen sah, und ich dachte: Wie lange, wie unendlich lange ist es her, dass wir auf diese Insel gekommen sind? Denn ich bin mit einer Frau hier gelandet, die ich geliebt habe, und jetzt geht eine Fremde an meiner Seite. Es war mir unmöglich, auch nur ein Wort zu sprechen. Sie merkte es kaum; sie hatte sich in meinen Arm gehängt und hielt es wohl für zärtliches Schweigen. Ich dachte an ihn. Er hat es ihr also nie gesagt! Sie weiß es nicht, sie hat es nie gewusst, dass er sie zu meinen Füßen liegen sah. Er hat sich damals von der Tür wieder davongeschlichen und ist erst später ... stundenlang später zurückgekommen und hat ihr nichts gesagt! Und er hat die ganzen Jahre an ihrer Seite weitergelebt, ohne sich mit einem Worte zu verraten! Er hat ihr verziehen – und sie hat es nicht gewusst!

Wir waren in der Nähe der Kirche angelangt; kaum zehn Schritte vor uns lag sie. Hier bog ein steiler Weg ab, der in wenigen Minuten ins Dorf führen musste. Ich schlug ihn ein. Sie folgte mir.

»Gib mir die Hand«, sagte sie, »ich gleite aus.« Ich reichte sie ihr, ohne mich umzuwenden. »Was hast du denn?«, fragte sie. Ich konnte nichts antworten und drückte ihr nur heftig die Hand, was sie zu beruhigen schien. Dann sagte ich, nur um etwas zu reden: »Es ist schade, wir hätten die Kirche besichtigen können.«

– Sie lachte: »An der sind wir ja vorüber, ohne es zu merken!«

»Wollen Sie zurück?«, fragte ich.

»O nein, ich freue mich, bald wieder im Boot zu sitzen. Einmal möchte ich mit Ihnen allein so eine Segelpartie machen, ohne diesen Mann.«

»Ich verstehe mich nicht auf Segeln.«

»Oh«, sagte sie und hielt inne, als wäre ihr plötzlich was eingefallen, was sie doch nicht sagen wollte. – Ich fragte nicht. Bald waren wir auf der Brücke. Das Boot lag bereit. Die Kinder waren wieder da, die uns beim Kommen begrüßt hatten. Sie sahen uns mit großen blauen Augen an. Wir segelten ab. Das Meer war ruhiger geworden; wenn man die Augen schloss, merkte man kaum, dass man sich in Bewegung befand.

»Zu meinen Füßen sollen Sie liegen«, sagte Friederike, und ich streckte mich am Boden des Kahnes aus, legte meinen Kopf auf den Schoß Friederikens. Es war mir recht, dass ich ihr nicht ins Gesicht sehen musste. Sie sprach, und mir war, als klänge es aus weiter Ferne. Ich verstand alles und konnte doch zugleich meine Gedanken weiter denken.

Mich schauderte vor ihr.

»Heute Abend fahren wir zusammen aufs Meer hinaus«, sagte sie. Etwas Gespenstisches schien mir um sie zu gleiten.

»Heut Abend aufs Meer«, wiederholte sie langsam, »auf einem Ruderboot. Rudern kannst du doch?«

»Ja«, sagte ich. Mich schauderte vor dem tiefen Verzeihen, das sie schweigend umhüllte, ohne dass sie es wusste.

Sie sprach weiter. »Wir werden uns ins Meer hinaustreiben lassen – und werden allein sein. – Warum redest du nicht?«, fragte sie.

»Ich bin glücklich«, sagte ich.

Mir schauerte vor dem stummen Schicksal, das sie seit so vielen Jahren erlebt, ohne es zu ahnen.

Wir glitten hin.

Einen Augenblick fuhr es mir durch den Sinn: Sag es ihr. Nimm dieses Unheimliche von ihr; dann wird sie wieder ein Weib sein für dich wie andere, und du wirst sie begehren. Aber ich durfte es nicht. – Wir legten an.

Ich sprang aus dem Boot; half ihr beim Aussteigen.

»Der Bub wird sich schon nach mir sehnen. Ich muss rasch gehen. Lassen Sie mich jetzt allein.«

Es war lebhaft am Strand; ich merkte, dass wir von einigen Leuten beobachtet wurden.

»Und heute Abend«, sagte sie, »um neun bin ich ... aber was hast du denn?«

»Ich bin sehr glücklich«, sagte ich.

»Heute Abend«, sagte sie, »um neun Uhr bin ich hier am Strand, bin ich bei dir. – Auf Wiedersehen!«

Und sie eilte davon.

»Auf Wiedersehen!«, sagte auch ich und blieb stehen. – Aber ich werde sie nie wiedersehen.

Während ich diese Zeilen schreibe, bin ich schon weit fort – weiter mit jeder Sekunde; ich schreibe sie in einem Coupé des Eisenbahnzuges, der vor einer Stunde von Kopenhagen abgefahren ist. Eben ist es neun. Jetzt steht sie am Strande und wartet auf mich. Wenn ich die Augen schließe, sehe ich die Gestalt vor mir. Aber es ist nicht eine Frau, die dort am Ufer im Halbdunkel hin und her wandelt – ein Schatten gleitet auf und ab.

Henryk Sienkiewicz

Der Leuchtturmwächter

I.

Der Leuchtturmwächter in Aspinwall, unweit Panama, war verschollen.

Man vermutete, dass der Unglückliche hart ans Ufer des felsigen Inselchens gegangen war, auf welchem der Leuchtturm steht, und von einer Woge weggeschwemmt wurde, und diese Vermutung war umso wahrscheinlicher, als man am nächsten Tage seinen in der Felsenbucht stehenden Kahn nicht fand. Der auf diese Weise frei gewordene Posten eines Leuchtturmwächters musste sofort wieder besetzt werden, da der Leuchtturm sowohl für den lokalen Verkehr wie für die von New York nach Panama gehenden Schiffe von großer Bedeutung war.

Der Meerbusen ist reich an Sandbänken und Flugsand, und der Weg selbst am Tage ein schwieriger, und nachts, besonders durch den von der Tropensonne erhitzten Gewässern oft aufsteigenden Nebel, beinahe unpassierbar. Dann ist der einzige Wegweiser für die zahlreichen Fahrzeuge das Licht der Meereslaterne. Die Sorge, einen neuen Leuchtturmwächter ausfindig zu machen, fiel dem in Panama residierenden Konsul der Vereinigten Staaten zu, und es war keine geringe Sorge, erstens schon deshalb, weil der Nachfolger innerhalb zwölf Stunden gefunden werden musste, zweitens, weil nur ein überaus gewissenhafter Mensch den Posten bekleiden darf, und so konnte man nicht den ersten Besten anstellen, und schließlich fehlte es überhaupt an Kandidaten für diese Stelle. Das Leben auf dem Turm ist ein überaus mühseliges und bietet für die an Müßiggang und freies Bummlerleben gewohnten Südländer gar keinen Reiz. Sonntag ausgenommen, kann er sein felsiges Eiland gar nicht verlassen. Aus Aspinwall bringt ein Boot ihm einmal des Tages Lebensmittel und frisches Wasser. Dann entfernen sich die Schiffer sofort, und auf dem ganzen Inselchen, das einen Morgen Ausdehnung hat, bleibt niemand. Der Wächter wohnt im Leuchtturm und hält ihn instand; am Tage gibt er Signale durch das Hissen verschiedenfarbiger Flaggen, laut den Weisungen des Barometers, und abends zündet er das Licht an. Das wäre keine große Arbeit, wenn nicht der Umstand da wäre, dass man, um zu den Feuerstätten auf der Turmzinne zu gelangen, über vierhundert gewundener und sehr hoher Stufen steigen müsste, welchen Weg der Wächter oft einige Mal täglich zurücklegen muss. Überhaupt ist dies ein Kloster-, ja noch mehr ein Einsiedlerleben. Kein Wunder also, dass Mister Isaak Folcombridge in nicht geringer Verlegenheit war, um einen ständigen Nachfolger für den Verschollenen zu finden, und man wird vielleicht seine Freude begreifen, als sich noch an demselben Tage ein Bewerber unverhofft meldete. Es war ein schon bejahrter Mann, vielleicht schon über siebzig, aber rüstig, stramm, Bewegung und Haltung die eines Soldaten. Er hatte ganz weißes Haar, die Gesichtsfarbe gebräunt wie bei den Kreolen, aber nach den blauen Augen zu schließen, war er kein Südländer. Sein Gesicht war vergrämt und traurig, aber ehrlich. Beim ersten Blick gefiel er Folcombridge, aber es war nötig, ihn zu examinieren, infolgedessen entspann sich folgendes Gespräch: »Woher seid Ihr?«

»Ich bin ein Pole.«

»Was habt Ihr bisher getan?«

»Ich habe mich herumgetrieben.«

»Ein Leuchtturmwächter muss auf einem Flecke sitzen können.«

»Ich brauche jetzt Ruhe.«

»Habt Ihr gedient? Habt Ihr Zeugnisse über einen ehrlichen Regierungsdienst?«

Der alte Mann zog einen einem Fahnenfetzen ähnlichen seidenen Lappen hervor, entfaltete ihn und sagte: »Hier sind Zeugnisse. Dieses Kreuz habe ich in den dreißiger Jahren bekommen. Dieses zweite ist ein spanisches aus dem Karlistenkriege. Dieses dritte ist das der französischen Ehrenlegion; das vierte erhielt ich in Ungarn. Dann habe ich mich an dem amerikanischen Kriege gegen die Südstaaten beteiligt, dort gibt es keine Kreuze, dafür habe ich dieses Papier.«

Folcombridge nahm das Schriftstück und begann zu lesen. »Hm, Skarmoki? Das ist Euer Name? Hm! – Zwei Fahnen im Bajonettangriffe eigenhändig erbeutet. Ihr wart ein tapferer Soldat!«

»Ich werde auch ein gewissenhafter Leuchtturmwächter sein können.«

»Ihr müsst dort mehrmals täglich auf den Turm steigen, habt Ihr gesunde Beine?«

»Ich habe die Prärien zu Fuß durchwandert.«

»*All right*. Seid Ihr mit der Schifffahrt vertraut?«

»Ich habe drei Jahre auf einem Walfischfangfahrer gedient.«

»Ihr habt verschiedene Berufe versucht?«

»Ja, nur Ruhe habe ich nicht gefunden.«

»Warum nicht?«

Der alte Mann zuckte die Achseln: »Das ist schon so mein Los ...«

»Aber Ihr scheint mir zu alt für einen Leuchtturmwächter?«

»Sir«, ließ sich der Kandidat jäh mit gerührter Stimme vernehmen, »ich bin sehr abgehetzt und zerrüttet. Ich habe eben viel durchgemacht. Dieser Posten entspricht meinen sehnsüchtigsten Wünschen. Ich bin alt und bedarf der Ruhe. Ich möchte mir sagen können: Hier ist dein Hafen. Zum zweiten Male wird sich mir eine solche Stelle vielleicht nicht bieten. Was für ein Glück, dass ich in Panama war. Ich flehe Euch an, so wahr mir Gott lieb ist, ich bin wie ein Schiff, welches untergeht, wenn es nicht in den Hafen einläuft. Gebt mir den Posten, wenn Ihr einen alten Mann beglücken wollt! Ich schwöre Euch, dass ich ehrlich bin, und ich bin dieses Herumtreibens müde.«

Die blauen Augen des Greises drückten solch eine innige Bitte aus, dass Folcombridge, der ein gutes, weiches Herz hatte, sich gerührt fühlte. »*Well*«, sagte er. »Ich nehme Euch an. Ihr seid der Leuchtturmwächter.«

Das Gesicht des Alten erstrahlte in einer unaussprechlichen Freude. »Ich danke Euch.«

»Könnt Ihr Euch noch heute nach dem Turme begeben?«

»Jawohl.«

»Also *good bye*! ... Noch ein Wort: Für jeden Verstoß im Dienst harrt Eurer Entlassung.«

»*All right* –«

Noch an demselben Tage abends, als die Sonne jenseits der Landenge unterging und nach einem strahlenden Tage die Nacht ohne Dämmerung hereinbrach, war der neue Leuchtturmwächter schon augenscheinlich auf seinem Posten, denn der Turm schleuderte wie gewöhnlich seine grellen Lichtgarben auf die Gewässer. Es war eine vollkommen ruhige, stille, echte Tropennacht, von einem lichten Nebel durchsättigt, der um die Mondscheibe einen regenbogenfarbenen Kreis mit sanften Rändern bildete. Nur das Meer brandete, da die Flut im Steigen begriffen war. Skarmoki stand auf dem Balkon, knapp bei dem riesigen Reflektor, von unten einem schwarzen, kleinen Punkte ähnlich. Er versuchte seine Gedanken zu sammeln und sich seine neue Lage zu vergegenwärtigen. Aber seine Gedanken waren zu sehr unter dem Drucke, als dass sie sich regelrecht hätten entspinnen können. Er empfand etwas wie das gehetzte Wild, wenn es sich schließlich vor der Verfolgung in eine unzugängliche Felsenschlucht flüchtet. Endlich war für ihn eine Ruhezeit gekommen. Ein Gefühl der Sicherheit erfüllte seine Seele mit einer unaussprechlichen Wonne. Hier auf diesem Felsen konnte er seine früheren Irrfahrten, Unglücksfälle und Misserfolge einfach auslachen.

Er war wirklich wie ein Schiff, dem ein Sturm die Masten zerschmettert, Taue und Segel zerrissen, das von den Wellenkämmen in die Tiefe geschleudert und nun in den Hafen eingelaufen war. Die Bilder dieses Sturmes zogen als Gegensatz zur stillen Zukunft an seinen Gedanken vorüber.

Einen Teil seiner seltsamen Erlebnisse hatte er Folcombridge erzählt, aber tausend andere Abenteuer hatte er nicht erwähnt. Er hatte das Unglück, dass, sooft er irgendwo sein Zelt aufschlug und ein Herdfeuer anfachte, um sich niederzulassen, ein Wind die Pflöcke seines Zeltes niederriss, das Feuer verwehte und ihn selbst dem Ungewissen entgegentrug. Von seinem Turmbalkon jetzt auf die beleuchteten Wellen niederschauend, erinnerte er sich an seine Erlebnisse.

Er war in allen vier Weltteilen gewesen, und auf seinen Wanderungen hatte er sich beinahe in allen Berufen versucht. Arbeitsam und ehrlich, hatte er manchmal etwas Geld erspart, verlor es aber immer trotz der größten Vorsicht. Er war Goldgräber in Australien, Diamantensucher in Afrika, Landjäger in Ostindien. Als er seinerzeit in Kalifornien eine Farm anlegte, richtete die Dürre ihn zugrunde. Er versuchte einen Handel mit den das Innere Brasiliens bewohnenden wilden Volksstämmen. Sein Kahn scheiterte auf dem Amazonenflusse, und er, wehrlos und beinahe nackt, irrte wochenlang in den Wäldern umher, sich von wilden Früchten nährend, jeden Moment der Gefahr ausgesetzt, von wilden Tieren zerrissen zu werden. Er legte in Helena, in Arkansas, eine Schmiedewerkstätte an und brannte in der großen Feuersbrunst der Stadt ab. Dann geriet er im Felsengebirge in Indianerhände und wurde nur durch ein Wunder von kanadischen Jägern befreit. Er diente auf einem zwischen Bahia und Bordeaux verkehrenden Schiffe als Matrose, dann als Harpunier auf einem Walfischfangfahrer. Beide Fahrzeuge erlitten Schiffbruch. In Havanna hatte er eine Zigarrenfabrik und wurde, während er krank daniederlag, von seinem Kompagnon bestohlen.

Schließlich kam er nach Aspinwall, und hier sollten seine Missgeschicke zu Ende sein. Denn was konnte ihm auf diesem Felseninselchen noch widerfahren? Weder Wasser, Feuer noch Menschen konnten ihn erreichen.

Von Menschen hat Skarmoki übrigens nicht viel Übles erfahren, er ist öfter guten als schlechten Menschen begegnet. Dafür aber schienen ihn alle vier Elemente zu verfolgen. Die ihn kannten, sagten, er habe kein Glück, und damit erklärten sie alles. Er wurde schließlich ein Fatalist. Er glaubte, dass irgendeine mächtige, rachsüchtige Hand ihn überall zu Wasser und zu Land verfolge. Er redete aber nicht gern darüber; nur manchmal, wenn man ihn fragte, wessen Hand das sein möge, wies er geheimnisvoll auf den Polarstern und antwortete, das komme von dort. Und seine Misserfolge waren tatsächlich so beständig, dass man an eine höhere Macht glauben musste. Im Übrigen besaß er die Geduld eines Indianers und die große Widerstandskraft eines rechtschaffenen Polen. Seinerzeit hatte er in Ungarn mehrere Bajonettstiche bekommen, weil er nicht um Pardon bitten wollte. Ebenso unterwarf er sich nicht dem Unglück. Er klomm wie eine arbeitsame Ameise den Berg hinan. Hundertmal herunterrollend, begann er seine Reise ruhig aufs Neue. Er war in seiner Art ein Sonderling, abgehärtet und in allen Dingen erfahren, hatte er das Herz eines Kindes. Während einer Epidemie auf Kuba wurde er deshalb von ihr ergriffen, weil er sein ganzes Chinin, von welchem er einen bedeutenden Vorrat besaß, an Kranke verteilte und für sich selbst kein Gran zurückließ.

Er besaß auch diese wunderliche Eigenschaft, dass er nach so viel Enttäuschungen stets wieder voll Zuversicht war und nicht die Hoffnung aufgab, alles werde noch gut werden.

Im Winter wurde er immer lebhaft und prophezeite stets große Ereignisse. Er harrte ihrer mit Ungeduld und lebte jahrelang mit dem Gedanken an Verwirklichung. Aber ein Winter nach dem anderen verstrich, und Skarmoki erlebte nur das, dass sein Haupthaar bleichte.

Schließlich alterte er und begann die Energie zu verlieren. Seine Geduld begann einer Resignation zu weichen. Die frühere Ruhe ging in Empfindsamkeit über, und dieser abgehärtete Soldat begann sich in einen Greis zu verwandeln, der bei dem geringfügigsten Anlasse in Tränen ausbrach. Außerdem begann ihn ein furchtbares Heimweh zu plagen, das der erste beste Umstand anfachte: der Anblick von Schwalben, von grauen, Sperlingen ähnlichen Vögeln, Schnee und Gebirge oder irgendeine Melodie, die einer einst gehörten ähnlich war. Schließlich beherrschte ihn nur noch ein Gedanke: der Gedanke an Ruhe. Der ewige Irrfahrer konnte sich nichts Erwünschteres vorstellen, als einen ruhigen Winkel, in welchem er ausruhen und das Ende still erwarten könnte. Deshalb vielleicht, weil eine sonderbare Laune des Schicksals ihn nach allen Weltgegenden geschleudert hatte, kam es ihm als das größte menschliche Glück vor, nicht mehr umherirren zu müssen. Er hatte fürwahr Anspruch auf solch ein bescheidenes Glück, er war aber schon so an Enttäuschungen gewöhnt, dass er wie an etwas Unerreichbares dachte, und nun bekam er innerhalb zwölf Stunden unverhofft einen Posten, wie er ihn sich nicht hatte träumen lassen.

Als er abends seine Laterne anzündete, war er wie betäubt,

dass er sich selbst fragte, ob dies wahr sei, und wagte kaum zu antworten: »Ja.« Unterdessen drang die Wirklichkeit mit unwiderlegbaren Beweisen auf ihn ein, und so verstrich ihm eine Stunde nach der anderen auf dem Turmbalkon. Es schien, als sähe er zum ersten Male in seinem Leben das Meer. Das Linsenglas des Leuchtturms warf einen riesigen kegelförmigen Lichtkreis in die Dunkelheit, während die Ferne schwarz und geheimnisvoll blieb. Aber diese Ferne schien dem Lichtschein entgegenzueilen. Kilometerlange Wellen kamen aus der Dunkelheit herangewälzt und brüllend brandeten sie an der Stufe des Inselchens, und da sah man ihre schäumenden, im Leuchtturmscheine rosig glitzernden Kämme. Die Flut stieg immer mehr und überschwemmte die Sandbänke. Die geheimnisvolle Sprache des Ozeans wurde immer mächtiger und lauter, bald dem Kanonendonner, bald dem Rauschen riesiger Wälder, bald einem fernen Gewirr menschlicher Stimmen ähnlich. Manchmal wurde es ganz still. Dann drangen aus des Greises Brust schwere Seufzer oder Schluchzen und alte Erinnerungen quälten ihn.

Schließlich verwehte der Wind den Nebel und trieb schwarze, zerfetzte Wolken herbei, die den Mond verschleierten. Vom Westen begann es immer stärker zu wehen. Die Meeresbrandung schlug wütend an den Felsabhang des Leuchtturms, das Untergemäuer schon mit Schaum bedeckend. In der Ferne brauste ein Sturm. Auf dem dunklen, aufgewühlten Meeresspiegel blitzten einige an den Schiffsmasten aufgehängte grüne Laternchen auf. Diese grünen Pünktchen hoben und senkten sich, schwankten bald nach rechts, bald nach links.

Skarmoki stieg in seine Stube hinab. Der Sturm begann zu heulen. Draußen auf jenen Schiffen kämpften die Leute mit der Nacht, der Finsternis und den Wellen; in der Stube aber war es ruhig und still. Selbst der Schall des Orkans drang nur gedämpft durch die dicken Mauern, und nur das gemessene »Ticktack« der Uhr wiegte den müden Greis in den Schlaf.

II.

Die Stunden, Tage und Wochen begannen zu verstreichen. Die Matrosen behaupten, dass, wenn das Meer sehr stürmisch ist, sie in der Nacht und der Dunkelheit von einer Stimme beim Namen gerufen würden. Wenn die Unendlichkeit des Meeres so rufen kann, so mag sein, dass, wenn der Mensch altert, eine dunkle, geheimnisvolle Unendlichkeit auch ihn gleichfalls ruft, und je mehr er vom Leben ermüdet ist, desto willkommener sind ihm diese Zurufe. Um sie aber zu hören, dazu bedarf es der Stille. Außerdem liebt es das Alter, sich im Vorgefühle des Todes zu isolieren.

Für Skarmoki war der Leuchtturm solch ein halbes Grab. Es gibt nichts Eintönigeres als ein Leben auf dem Leuchtturm. Junge Leute, die einen solchen Posten annehmen, verlassen ihn bald wieder. Der Leuchtturmwächter pflegt auch gewöhnlich ein älterer, finsterer und verschlossener Mensch zu sein. Wenn er einmal seinen Turm verlässt und unter Menschen geht, wandelt er unter ihnen wie ein aus tiefem Schlafe Erwachter. Auf dem Turm fehlt es an jeglichen kleinen Eindrücken, die im gewöhnlichen Leben lehren, alles auf sich zu beziehen. Alles, womit der Leuchtturmwächter in Berührung kommt, ist riesig und groß und geschlossener Formen bar. Der Himmel, das ist die *eine* Gesamtheit, das Wasser die *zweite*, und inmitten dieser Unendlichkeiten die einsame Menschenseele!

Er führt dort eine Lebensweise, in welcher der Gedanke ein ununterbrochenes Hinbrüten wird, aus diesem Hinbrüten weckt den Leuchtturmwächter selbst seine Beschäftigung nicht. Ein Tag ist dem anderen so ähnlich, wie zwei Glasperlen in einem Rosenkranze sich gleichen, und höchstens das Wetter bietet eine Abwechselung.

Skarmoki aber fühlte sich so glücklich wie noch nie in seinem Leben. Er stand mit Tagesanbruch auf, nahm Nahrung zu sich, putzte das Linsenglas der Laterne, ließ sich dann auf dem Balkon nieder und starrte in die Meeresferne. Seine Augen konnten sich an den Bildern, die er vor sich hatte, nie sattsehen. Gewöhnlich sah er auf dem türkisfarbenen Hintergrunde ein geblähtes Segel, das in den Sonnenstrahlen so leuchtete, dass die Augen davon geblendet wurden. Manchmal fuhren die Schiffe, die sogenannten Passatwinde benutzend, in einer langgestreckten Reihe hintereinander, einer Möwenkette ähnlich. Die roten, den Weg weisenden Tonnen schaukelten sich auf den Wellen. Zwischen den Segeln tauchte täglich gegen Mittag eine riesige grauschimmernde Rauchsäule auf, das war der Dampfer, der Passagiere und Waren von New York nach Aspinwall brachte, lange, schäumende Furchen hinter sich ziehend. Von der anderen Seite des Balkons sah Skarmoki deutlich Aspinwall und seinen ruhigen Hafen und einen Wald von Masten, Booten und Kähnen; etwas weiter die weißen Häuser und Türmchen der Stadt. Von der Höhe des Leuchtturms waren die Häuschen Möwennestern, die Boote kleinen Käfern ähnlich, und die Leute bewegten sich wie Punkte auf dem weißen, steingepflasterten Boulevard.

Des Morgens brachte eine leichte Ostbrise das menschliche Stimmengewirr, welches vom Pfeifen der Dampfer übertönt wurde, her, mittags war Siestazeit. Im Hafen hörte der Verkehr auf; die Möwen verkrochen sich in Felsspalten, der Wellengang wurde schwächer und träge, und dann entstand zu Land, zu Wasser und auf dem Leuchtturm ein Moment ungetrübter Stille. Der gelbe Sand, von welchem die Wellen zurückströmten, glitzerte wie goldige Flocken auf der Wasserfläche; der Turmkorpus hob sich im Äther scharf ab. Ströme von Sonnenstrahlen ergossen sich vom Himmel auf das Wasser, auf den Sand und auf die Felsabhänge. Da bemächtigte sich auch des Greises eine angenehme Schwäche. Er fühlte, dass ihm diese Ruhe wohltuend sei, und da er hoffte, dass sie dauernd sein würde, fehlte ihm nichts mehr zu seinem Glück. Skarmoki schmachtete sein eigenes Glück an. Da der Mensch sich aber leicht an ein besseres Los gewöhnt, so gewann er allmählich Vertrauen und Zuversicht; denn er dachte, wenn die Menschen für Invaliden Häuser bauen, warum sollte Gott schließlich seinem Invaliden keine Zufluchtsstätte gewähren.

Die Zeit verfloss und bestärkte ihn in dieser Überzeugung. Der Alte lebte sich mit dem Leuchtturm, den Felsabhängen, den Sandbänken und der Einsamkeit ein. Er machte auch mit den Möwen, die sich im Felsgeklüft niederließen und abends auf dem Turmdache geräuschvoll herumschwärmten, Bekanntschaft. Skarmoki warf ihnen die Reste seines Essens hin, und sie wurden bald so zahm, dass ihn dann ein Sturm weißer Fittiche umgab, und der Alte schritt zwischen dem Gevögel wie ein Schäfer zwischen seinen Schafen einher.

Zur Ebbezeit begab er sich auf die niederen Sandbänke, wo er schmackhafte Schnecken und schöne Perlmutter Molluskenmuscheln sammelte, die die zurücktretende Flut hinterließ. Des Nachts ging er beim Schein des Mondes und des Leuchtturms aus, um Fische zu fangen, von denen das Felsgeklüfte wimmelte. Schließlich gewann er seinen Felsen und sein baumloses Inselchen lieb, das nur von winzigen fetten Pflanzen und Strandhafer bewachsen war.

Eine Fernsicht entschädigte ihn übrigens für die Armut seines Eilandes. In den Mittagsstunden, wenn die Atmosphäre durchsichtiger wurde, sah man die ganze Landenge bis zum Pazifik mit seiner üppigen Vegetation. Dann schien es Skarmoki, als ob er in einen Riesengarten sähe. Mächtige Kokosbündel bildeten knapp hinter den Häusern Aspinwalls prächtige buschige Sträuße. Weiter zwischen Aspinwall und Panama sah man einen ungeheuren Wald, über welchem jeden Morgen und Abend rötliche Dünste aufstiegen, ein echter Tropenwald, unten von einem stehenden Wasser bespült, von Lianen, rauschenden Orchideen, Palmen und Gummibäumen umrankt.

Durch sein Fernrohr konnte der Alte nicht nur Bäume, nicht nur weitverzweigte Bananenblätter, sondern auch Affen und Papageien beobachten, welche sich manchmal über dem Walde wie eine regenbogenfarbene Wolke erhoben. Skarmoki kannte derartige Wälder, wusste, was für Gefahren, was für ein Tod unter dieser herrlichen lachenden

Oberfläche lauerte. Umso mehr verursachte es ihm Freude, von seiner Höhe zu schauen, ihre Schönheit zu bewundern und vor Verderben geschützt zu sein. Sein Turm schützte ihn vor jedem Unheil. Er verließ ihn auch meist nur sonntags früh. Dann legte er seinen granatblauen Wächterrock mit Silberknöpfen an, heftete seine Kreuze an die Brust, und sein milchweißes Haupt richtete sich mit einem gewissen Stolze in die Höhe, wenn er beim Kircheneingang hörte, wie die Kreolen untereinander sprachen: »Wir haben einen ordentlichen Leuchtturmwächter. Und sogar ein Yankee, kein Ketzer.« Aber sofort nach der Messe kehrte er nach seinem Inselchen zurück, glücklich ging er heim, denn er traute noch immer nicht dem Festlande.

Sonntags las er auch eine spanische Zeitung, die er in der Stadt kaufte, oder den von Folcombridge geliehenen »New York Herald« und suchte darin gierig nach Nachrichten aus Europa. Armes, altes Herz. Auf diesem Wachtturm und auf der zweiten Halbkugel schlug es noch fürs Vaterland ...

Manchmal, wenn das Boot, das ihm Mundvorrat und Wasser zuführte, anlegte, stieg er vom Turm, um mit dem Wächter Johnsen zu plaudern. Später aber verwilderte er augenscheinlich. Er hörte auf, nach der Stadt zu kommen, Zeitungen zu lesen und mit Johnsen politische Debatten zu führen. Es verstrichen Wochen, in denen er niemand und niemand sah. Das einzige Zeichen, dass der Alte lebte, war nur das Verschwinden des am Ufer für ihn zurückgelassenen Proviants und das Turmlicht, welches jeden Abend mit solch einer Regelmäßigkeit angezündet wurde, mit welcher die Sonne morgens in fernen Zonen aus dem Wasser emporsteigt.

Der Alte war offenbar für die Welt gleichgültig geworden. Hierfür war nicht das Heimweh der Grund, sondern dass er in Resignation übergegangen war. Für den Greis verkörperte sich jetzt die ganze Welt in seinem Inselchen. Er hatte sich in den Gedanken eingelebt, dass er den Turm bis zu seinem Tode nicht verlassen werde, und er vergaß, dass außer ihm noch anderes vorhanden war. Dazu wurde er Mystiker. Seine sanften blauen Augen wurden wie Kinderaugen und starrten in die Ferne.

In fortwährender Vereinsamung und angesichts der überaus einfachen und großen Umgebung begann der Alte die Empfindung der eigenen Individualität zu verlieren. Er hörte auf als Person zu existieren und verschmolz immer mehr mit seinem Milieu. Er stellte darüber keine Betrachtungen an, er fühlte nur unbewusst, schließlich aber kam es ihm vor, als sei der Himmel, das Meer, sein Felsen, der Turm, die Sandbänke, die geblähten Segel und Möwen, die Ebbe und Flut eine große Einheit und eine ungeheure, geheimnisvolle Seele. Er tauchte darin unter und lullte sich ein. – Und in dieser Beschränkung seines eigenen Daseins, in diesem Halbwachen und Halbschlafe fand er eine große, dem Halbtode beinahe ähnliche Ruhe.

III.

Aber das Erwachen stellte sich ein. Als das Boot wieder Wasser und Lebensmittel brachte und Skarmoki eine Stunde darauf vom Turm gestiegen war, bemerkte er, dass außer der gewöhnlichen Ladung noch ein Paket dabei sei.

Auf dem Deckel des Pakets waren Postwertzeichen der Vereinigten Staaten und die deutliche Adresse: Skarmoki Esqr., auf dickem Segeltuch. Der neugierig gewordene Alte schnitt die Leinwand durch und erblickte Bücher; er nahm eins in die Hand, schaute es an und legte es zurück, wobei seine Hände heftig zu zittern begannen. Er bedeckte die Augen, als traute er ihnen nicht, es schien ihm, er träume, denn es war ein polnisches Buch. Was sollte das bedeuten? Wer hat ihm das Buch schicken können? Er hatte offenbar im ersten Augenblicke vergessen, dass er noch zu Beginn seiner Karriere als Leuchtturmwächter in dem vom Konsul ausgeliehenen »Herald« von der Gründung einer polnischen Gesellschaft in New York gelesen hatte, und dass er derselben gleich die Hälfte seines Monatsgehaltes, für das er auf dem Turme keine Verwendung wusste, geschickt hatte. Als Dank hatte die Gesellschaft ihm Bücher zugeschickt. Sie kamen also auf natürlichem Wege, im ersten Moment aber konnte der Greis diese Gedanken nicht erfassen.

Polnische Bücher in Aspinwall auf seinem Turm, inmitten seiner Einsamkeit, das war für ihn etwas Außergewöhnliches, ein Hauch aus alten Zeiten, ein Wunder. Jetzt kam es ihm wie jenem Seefahrer inmitten der Nacht vor, als ob ihn jemand mit einer geliebten und beinahe vergessenen Stimme beim Namen gerufen habe.

Eine Weile saß er mit geschlossenen Augen, und er fürchtete, dass der Traum, sobald er die Augen öffnete, verschwinden würde. Nein, das aufgeschnittene Paket lag deutlich, von den Strahlen der Mittagssonne beschienen, vor ihm und das bereits aufgeschlagene Buch. Als der Alte die Hand wieder danach ausstreckte, vernahm er inmitten der Stille das Pochen seines eigenen Herzens.

Er betrachtete das Buch: Es waren Verse. Oben stand mit großen Buchstaben der Titel, darunter der Name des Verfassers. Dieser Name war Skarmoki nicht fremd, er wusste, dass es der Name eines großen Dichters sei, dessen Erzeugnisse er sogar in Paris gelesen hatte. Auch als er in Algerien und Spanien Krieg führte, hörte er von seinen Landsleuten von dem immer mehr wachsenden Ruhm des großen Poeten. Er war damals aber so sehr an die Flinte gewöhnt, dass er Bücher nicht einmal in die Hand nahm. Im Jahre 49 reiste er nach Amerika, und in dem abenteuerlichen Leben, das er führte, hatte er niemals Polen und polnische Bücher gesehen. Mit größter Hast und Herzpochen schlug er das Titelblatt um.

Jetzt begann auf seinem einsamen Felsen etwas Feierliches vor sich zu gehen. Es herrschte große Ruhe und Stille. Die Uhren in Aspinwall hatten die fünfte Nachmittagsstunde geschlagen, der klare Himmel wurde von keinem Wölkchen getrübt, nur einige Möwen kreisten im Äther. Der Ozean war eingelullt. Die schwach brandenden Wellen säuselten leise, sich sanft über den Sand ergießend. Von weitem lachten Aspinwalls weiße Häuser und die wunderbaren Palmengruppen. Es war feierlich still und ernst. Inmitten dieses Naturfriedens erscholl jäh die zitternde Stimme des Alten, der laut die Verse las, um sie besser zu verstehen. Die schwungvollen Gedichte glühten von Heimweh und Vaterlandsliebe.

Skarmokis Stimme versagte. Die Buchstaben begannen vor seinen Augen zu tanzen, und in seinem Herzen stiegen alte Erinnerungen auf, die seine Stimme erstickten. Noch einen Moment beherrschte er sich und las weiter, und immer hinreißender, immer schmachtender und wehmutsvoller gestalteten sich die Dichtungen.

Die angeschwollene Flut durchbrach den Damm des Willens. Der Greis brüllte auf und warf sich zu Boden, seine milchweißen Haare vermengten sich mit dem Strandsande.

Vierzig Jahre beinahe sind dahingegangen, dass er sein Vaterland nicht gesehen und Gott weiß wie lange er schon seine Muttersprache nicht vernommen hatte, und da kam diese Sprache durch den Dichter zu ihm heran, hatte den Ozean durchschifft und fand ihn als Einsiedler auf der anderen Halbkugel.

In seinem Schluchzen, das ihn erschütterte, war kein Schmerz, sondern nur eine jäh erwachte unermessliche Liebe, welcher gegenüber alles in nichts zerfloss. Mit seinem Weinen bat er die geliebte entfernte Heimat um Verzeihung, dass er schon so gealtert und dass er sich mit dem einsamen Felsen eingelebt und vergessen hatte, dass selbst jede Sehnsucht sich zu verwischen begann.

Die Stunden verstrichen, und er lag ruhig am Boden. Die Möwen kamen kreischend herangeflogen, als wären sie um ihren alten Freund beunruhigt. Die Stunde, in welcher er sie mit seinen Speiseüberresten fütterte, war angebrochen, und so kamen einige von der Turmspitze bis zu ihm herangeflattert. Dann kamen immer mehr, und sie begannen ihn zu beschnäbeln und mit ihren Schwingen über seinem Haupte zu schweben. Das Rauschen der Flügel erweckte ihn. Nachdem er sich ausgeweint hatte, war ein strahlender Friede über ihn gekommen und seine Augen waren wie neu belebt. Unbewusst gab er seine ganze Nahrung den Vögeln, die sich mit Geschrei darüberstürzten, und er selbst griff wieder nach dem Buche. Die Sonne hatte schon die Gärten und Panamas Urwald passiert und ging langsam hinter der Landenge unter, aber das Atlantische Meer war noch voll hellen Scheines, die Luft noch ganz licht, und so las er weiter. –

Die hereinbrechende Dämmerung verwischte die Buchstaben auf der weißen Buchseite, eine Dämmerung, kurz wie ein Augenblick. Der Greis lehnte das Haupt an den Felsen und schloss die Augen. Die Gedichte zitterten in seiner Seele nach, der Himmel glühte noch in Purpurtinten und in seinem Geiste tauchten die heimatlichen Gaue auf. In seinen Ohren rauschten Kiefernwälder, plätscherten heimatliche Flüsse. Er sah alles, wie es war, und alles fragte ihn: Denkst du der alten Zeiten? Er sah weitgestreckte Felder, Haine, Wiesen, Wälder und Dörfer. Es wurde Nacht. Um diese Zeit erhellte sein Leuchtturm längst schon das Meeresdunkel, er selbst aber ist jetzt in seinem Heimatdorfe. Das alte Haupt senkte sich auf die Brust und er träumte. Die Bilder zogen an seinen Augen rasch und unzusammenhängend vorüber. Er sah nicht das Vaterhaus, denn der Krieg hat es zerstört, er sah weder Vater noch Mutter, denn als sie starben, war er noch ein Kind. Sonst war es ihm aber, als hätte er das Dorf gestern verlassen. Er sah eine Reihe Bauernhütten mit erleuchteten Fenstern, einen Deich, eine Mühle, zwei Teiche, in welchem die ganze Nacht ein Froschchor quakt. Einst stand er in diesem Dorfe nachts als Wachposten; jetzt lebte die Vergangenheit jäh in seinen Gedanken auf. – Er ist wieder ein Soldat und steht Schildwache. Von weitem blickt der Dorfkrug, und darin singt, spielt und tanzt man. Die Ulanen führen einen Reigen auf, und er langweilt sich auf seinem Rosse. Die Stunden schleppen sich träge dahin, schließlich verlöschen die Lichter, so weit das Auge reicht ist jetzt ein undurchdringlicher Nebel, die Nacht ist ruhig und kühl, eine echte polnische Nacht. In der Ferne säuselt der Kiefernforst ohne Wind, wie Seewogen. Bald beginnt es im Osten zu grauen, auch die Hähne krähen schon hinter den Zäunen. Kraniche lassen sich gleichfalls in der Höhe vernehmen. Dem Ulan wird es so frisch ums Herz. Der junge Morgen bricht an. Die Nacht verblasst. Aus dem Schatten tauchen Wälder, Gebüsche, Bauernhäuschen, eine Mühle und Pappeln auf. Die Brunnenschwengel knarren wie Blechfähnchen auf einem Turm. O wie wunderschön ist dieses Land im rosigen Scheine des Morgenrotes! Stille! Die wachhabende Bedette hört, dass jemand herankommt, man kommt wahrscheinlich, die Wache abzulösen.

Plötzlich erschallt eine Stimme über Skarmoki: »He, Alter, steht auf! Was ist Euch?«

Der Alte macht die Augen auf und schaut einen neben ihm stehenden Mann verwundert an. Nächtliche Traumerscheinungen kämpfen in seinem Kopfe mit der Wirklichkeit. Schließlich verblassen und verschwinden die Traumgesichter, und vor ihm steht der Hafenwächter Johnsen.

»Was ist das?«, fragte Johnsen. »Seid Ihr krank?«

»Nein.«

»Ihr habt den Leuchtturm nicht angezündet. Ihr werdet aus dem Dienste gejagt werden. Ein Boot aus Gerono ist auf flachem Seegrunde gescheitert, zum Glück ist niemand ertrunken, sonst hätte man Euch vors Gericht gestellt. Steigt mit mir ein. Das Übrige werdet Ihr im Konsulat hören.«

Der Alte erbleichte, er hatte tatsächlich diese Nacht den Leuchtturm nicht angezündet.

Einige Tage später sah man Skarmoki an Bord eines von Aspinwall nach New York gehenden Schiffes. Der arme Schlucker hatte den Posten verloren. Neue Wege von Irrfahrten taten sich vor ihm auf. Der Wind entführte wieder dieses Blatt, um es über Wasser und Land zu schleudern, um an ihm sein Mütchen zu kühlen.

In diesen Tagen wurde der Alte ganz gebeugt, nur seine Augen glänzten. Für seine neue Lebensbahn hatte er sein Buch auf der Brust, das er von Zeit zu Zeit mit der Hand betastete, als fürchtete er, auch dieses könne ihm verlorengehen.

Victor Auburtin

Philosophie auf der Terrasse

Wir saßen auf der Terrasse am See und sahen nach dem Schiffe hin, das mit weiß ausgebreiteten Segeln auf der blauen Ebene des Gewässers lag.

Das Schiff manövrierte von Ufer zu Ufer auf uns zu, es legte die Segel nach rechts und nach links, und wir fanden ein großes Vergnügen daran, seine kluge Navigation zu betrachten.

»Dieses Schiff«, so sagte die schöne Dame, »dieses Schiff ist einfach entzückend. Ich weiß nicht, warum. Es sieht ungefähr aus wie eine Möwe, die sich eben auf das Wasser gesetzt hat, um auszuruhen. Oder gefällt es uns nur deshalb, weil es so fern und so still ist?«

Ich erwiderte: »Dieses Schiff kommt geradenwegs aus Tyrus. So haben die Piratenschiffe der Odyssee auf der gekräuselten Fläche des Pontus gelegen. Geheimnisvolle, spitzbärtige Männer sitzen darin; sie führen Gold bei sich, Elfenbein und jenen Bernstein, der im Lande der trüben Barbaren gefunden wird. Und mit diesen Schätzen verlocken sie am Strand der Insel das törichte Weib und entführen es als Sklavin und verkaufen es in den lärmenden Häfen Zyperns.«

Als ich geendet hatte und von meiner Ekstase zurückkam, landete das Schiff vor uns, und es entstiegen ihm drei

Männer, die in weiße Flanellgewänder gekleidet waren. Sie hatten das Haupthaar ganz kurz geschoren, sodass sich die herbstliche Sonne feurig in ihren blanken Schädeln spiegeln konnte. Nachdem sie das Schiffsgerät geordnet hatten, begaben sie sich zu der Terrasse; und während sie eintraten, sagte der eine: »Paule, wenn's hier keenen Aal zu futtern jiebt, zahlst du eine Lage.«

Da habe ich der schönen Dame das Wort des Dichters Barbusse zitiert, dass immer das Werk edler sei als der Mensch; und habe versucht, ihr dieses schwere Wort zu erklären.

Also: Das Schiff ist anmutiger als der darinnen sitzende Lümmel.

Die steinerne Madonna an der Kirchentür ist wichtiger und notwendiger zu erhalten als eine Armee von Grenadieren.

Das Gedicht ist heiliger als der es verfertigt habende Schriftsteller, der nur allzu häufig ein Schweinehund zu sein pflegt.

Joachim Ringelnatz

Charly Brand, ahoi!
Skizze

In einer kleinen Hamburger Schifferkneipe ging es hoch her. Alle tranken nach Herzenslust, aber nur einer bezahlte. Das war Charly Brand, der heute angemustert hatte und dessen Schiff morgen in aller Frühe in See gehen sollte. Deshalb saß er jetzt noch einmal mit seinen Kameraden bei einigen »Runden« zusammen, und deshalb hielt das Wirtstöchterchen Marie, eine schöne, üppige Blondine, in die er sich seit acht Tagen ganz verschossen hatte, einen großen Blumenstrauß in Händen. Es waren prachtvolle, in der Jahreszeit noch seltene Rosen. Charly Brand selbst kannte ihren Wert gar nicht; er hatte einen recht teuren Strauß verlangt. Was galt ihm das Geld; er hatte ja seinen Monat Vorschuss bekommen. Die andern, die jetzt um ihn herum zechten, halfen ihm, den fleißig durchzubringen. Sie tranken auf Charlys Gesundheit, auf gute Fahrt, zuletzt auf seine Liebe, die ihre koketten Augen von einem zum andern wandern ließ, und dabei erkundigten sie sich nach Namen, Art und Ziel des Schiffs, auf das er kam.

Es roch stark nach Grog und Navy Cut in der kleinen Wirtschaft. Maries Mutter, die hinter der Tonbank einschenkte, tränten die Augen von dem Tabaksqualm, und Hein Buck meinte, es sei ein Nebel wie auf der Themse. Bei der Tür stand ein ungeheurer Kleidersack, der Charlys ganze Ausrüstung enthielt. Er war bis an den Rand vollgestopft, und ein vorwitziger Seestiefel guckte sogar oben noch bis zur Hälfte heraus, sodass es aussah, als sei ein Mann in den Sack geschnürt. Ein alter Schiffskoch saß jetzt darauf und sang und spielte auf einer Ziehharmonika unaufhörlich das Seemannslied:

> Ja, was nützt denn dem Seemann das Geld,
> Wenn's ihm schließlich ins Wasser fällt.
> Ja, was nützt denn dem Seemann die Braut,
> Wenn er sie niemals wieder schaut. –

Charly erklärte nun, sein neues Schiff wäre eine englische Dreimastbark und hieße Mary Anny. »Kenne ich«, fuhr hier Klaus auf, ein rothaariger, ostfriesischer Matrose, »Mary Anny – schwarz gemalt – fährt brasilianische Küste – bleibt gewöhnlich zwölf Monate weg.« –

»Mary Anny, ahoi!«, riefen alle und tranken Charly zu. Dieser war sehr gerührt. Er stieß mit jedem Einzelnen an, und dann bestellte er eine neue Runde Grog nebst Zigaretten. Darauf gab er näheren Aufschluss über Takelage, Ladung und Besatzung seines Schiffs, beschrieb die Reise nach Südamerika genauer und stieß auf ein frohes Wiedersehn mit den Freunden an, denen er auch bald ein gutes Schiff wünschte. Auch von seiner mächtigen Liebe zu Marie sprach er, aber das sagte er nur zu ihr selbst, und er gestand es ihr auch nur ganz leise.

Das junge Mädchen hatte ihre Hand in die seine gelegt. Sie blickte ihm zärtlich lauschend in die treuen Augen.

»Magst du mich auch wirklich leiden?«, hatte er sie schon zum dritten Mal gefragt. »Solange ich lebe«, erwiderte sie leidenschaftlich. »Mich ganz allein?«, forschte er nochmals und zog ihr blondes Köpfchen mit fast ängstlicher Vorsicht an sich. »Natürlich!«, und sie fing auf einmal an zu weinen, sodass der raue Charly Brand, der keine Tränen sehen konnte, sehr erschrak und sie, weil er in seiner Verlegenheit nicht wusste, was er sagen sollte, ungestüm küsste. Dann wurden beide wieder lustig und lachten mit den andern. Alle waren sehr vergnügt und sangen, tranken und stießen wieder die Gläser zusammen, indem sie »Hurra!«, »Charly Brand hoch« und »Mary Anny, ahoi!«, schrien. Der Schiffskoch hätte einen kurzen Tusch gespielt, aber er war schon betrunken.

Kurz vor zwölf Uhr sagte Hein Buck mit stockender Stimme: »Charly Brand, bist du klar? Es hat Mitternacht geglast. – Du musst fort. – Wenn ich dir dein Zeug an Bord schaffen soll – denn du willst doch lieber deine kleine Zuckerschnute so 'n bisschen ins Schlepptau nehmen. –«

»Na ja, 's ja gut. Hier hast du eine Mark dafür«, meinte der Angeredete.

Marie hatte bei Hein Bucks Worten den Arm ihres Geliebten fester umschlungen, als wollte sie den Scheidenden mit Gewalt zurückhalten. Charly Brand tröstete sie mit den wenigen, schlichten Worten, die ihm zu Gebot standen. Unterdessen war Hein Buck unter dem Beistand zweier Schiffsjungen aufgestanden. Er steckte kollegial salutierend die Mark in die Tasche, schwang sich mit staunenswert geübtem Griff den Kleidersack auf den Rücken und fiel damit zur Tür hinaus. Die anderen lachten. – Charly

Brand stand mit Marie in der Küche. »Willst du mich wirklich begleiten?«, fragte er gutmütig. »Aber gewiss, mein lieber, lieber Charly.« Dann trat er wieder in die Gaststube, um den Kameraden und der Wirtin zum letzten Mal die Hand zu reichen. Charly Brand schied von den Genossen. »Mary Anny, ahoi!«, klang es ihm brausend nach, und draußen wartete wirklich Marie auf ihn; ohne Hut, so wie er es liebte, nur die weiße Schürze hatte sie abgebunden.

»Es ist doch schön, wenn einem die Freunde so nachschreien«, sagte er berührt zu ihr. Er wollte damit der Freundschaft, nicht dem Gebrüll ein Lob zollen. »Aber die Liebe ist doch noch viel schöner«, entgegnete sie mit verführerischem Lächeln. Beide küssten sich.

Es ging sich wunderschön auf dem kurzen Weg zum Hafen, zumal wenn man ihn zweimal oder dreimal, auch viermal auf und ab schritt und sich dabei immer küsste.

Endlich hielten die beiden aber doch am Kai; es musste jetzt sein. Es war eine wunderbare, wenn auch sternenlose Nacht. Sie blickten auf die Elbe, die ihre Wasser plätschernd an die steinerne Kaimauer warf. Ein paar Fischdampfer lagen verlassen am Ufer und rieben sich knarrend aneinander. Von der andern Seite des Wassers her ertönte das schrille Signal eines Nebelhorns, dann war wieder alles still.

Charly Brand wies mit dem Finger stromaufwärts. Dort zeigten sich mitten auf dem Fluss die schwarzen Umrisse eines Segelschiffs. Das war die Mary Anny. Ein grünes Licht, das dort ausgebracht war, warf seinen Schein in einem zitternden Streifen über das Wasser hin bis zu den beiden Verliebten.

»Damit du mich unter den vielen andern Mädchen, die du siehst, nicht ganz vergisst«, flüsterte Marie und drückte ihm etwas in seine große, hornige Hand. Ein silberner, einfacher Freundschaftsring, den sie sich vom Finger gezogen.

Er passte ihm natürlich nicht, aber er band ihn ergriffen in sein Schnupftuch. Dann wandte er sich nach dem Wasser, legte die Hand an den Mund und rief mit durchdringender Stimme: »Mary Anny, ahoi!«

Das Mädchen neben ihm schrak zusammen. Sie kannte wohl dieses Seemannsignal, wusste, dass es eine Aufforderung für das angerufene Schiff war, ein Boot herüberzusenden, aber der langgedehnte Ruf, den ihr Charly soeben über die Elbe gesandt hatte, klang ihr so unheimlich, sie wusste selbst nicht, warum. Sie musste dabei an Sturm und Wellen, an Schiffsuntergang und Seemannstod denken.

Das Zeichen war auf dem Segler verstanden worden. Neben der grünen Lampe leuchtete jetzt ein kleines weißes Licht auf, das unruhig auf und nieder tanzte, bis es sich von dem schwarzen Schiff löste und entfernte. Ein schwarzer Punkt – ein Boot glitt über das Wasser auf das selige Paar zu, das am Ufer sich innig umschlungen hielt. Ach, sie hatten sich ja noch so viel zu erzählen. Sie wollte ihm recht oft schreiben, und er sollte den versprochenen Papagei und das seidene Tuch nicht vergessen. Er wiederum malte ihr nochmals aus, wie er, wenn er nächstes Jahr zurückkäme, auf die Steuermannschule gehen wollte, wie er sich dann von seinen Ersparnissen einen kleinen Schoner kaufen wolle, wie seine hübsche, kleine Marie dann Frau Kapitän werden würde. – Er wusste noch viel mehr zu erzählen, aber das Boot der Mary Anny legte gerade an. Charly Brand grüßte den alten, brummbärigen Bootsmann und fragte, ob seine Sachen schon an Bord seien. Der Alte bejahte das mit unfreundlichem Nicken.

Dann küsste Charly Brand das weinende Mädchen noch einmal stürmisch. »Wenn du mich wirklich liebst«, sagte er, »dann warte hier, bis ich an Bord bin, und ruf mir noch ein einziges Mal zu.« Damit stieg er, ohne die Antwort zu hören, ins Boot, wo er sich ans Ruder setzte.

Der Bootsmann stieß ab. Charly Brand schwenkte seine Mütze und sah Marie mit einem Tuch winken, bis die Dunkelheit mit der Entfernung sie nicht mehr erkennen ließ.

Und als er etwas später das Deck seines neuen, schwimmenden Heims betrat, eilte er gleich auf die Back, bog sich weit über die Reling und spähte und lauschte atemlos in die Nacht hinaus. Er konnte seine Marie nicht erkennen. Die Entfernung war zu groß, und es war auch viel zu dunkel. Ob sie wohl rufen würde? Nur ein Möwenschrei, der wie das Wimmern eines Kindes klang, ließ sich hören. Charlys Stirn zog sich in Falten, aber er blieb stehen und horchte weiter, und da auf einmal drang es ganz schwach vom fernen Ufer herüber: »Charly Brand, ahoi!«

Der, dem dieser Ruf galt, war so glücklich. Er hätte am liebsten laut geantwortet, und noch lieber wäre er ins Wasser gesprungen und wieder zurück ans Land geschwommen, aber er war doch ein Seemann, und so ging er hinunter nach dem Achterschiff und meldete sich beim wachhabenden Steuermann.

In einem Café in Rio Grande do Sul saß Charly Brand mit einem Leichtmatrosen von einem deutschen Dampfer, der erst vor einem Monat Hamburg verlassen hatte. Walter war ein alter Kamerad von Charly Brand. So war dieses zufällige Wiedersehn hier ein doppelt freudiges, und das wurde nun bei Essen und Trinken lustig gefeiert. Ein Neger gab einen Nationaltanz zum Besten, den er mit Gesang begleitete. Dazwischen tauschten Charly Brand und Walter die üblichen Fragen. Wie war die Reise? Wie schaut's in Hamburg aus? Wie geht's dem oder der? Charly erzählte, was er in den acht Monaten, seit er von Deutschland fort war, erlebt hatte, und Walter berichtete Neues von Hamburg, von den Freunden und von seiner Liebe, die er sich jetzt dort angeschafft habe. Er müsste ihr gleich einen Brief schreiben, wie er ihr habe versprechen müssen, sagte er, und ließ sich Papier und Schreibzeug bringen. Unterdessen zog er einen schmutzigen, zusammengefalteten Briefbogen aus seiner Tasche, wickelte sehr behutsam eine Fotografie heraus und reichte sie seinem Freund. »Mein stilles Glück«, bemerkte er schwärmerisch. »Nächstes Frühjahr wollen wir vielleicht heiraten.«

»Die Marie aus der Schifferkneipe«, entfuhr es Charly unwillkürlich.

»So, du kennst sie?«, fragte Walter, erhielt aber keine Antwort. –

»Weißt du, Walter«, begann der andere endlich, »ich muss jetzt an Bord, da wir morgen absegeln, aber ich werde auch noch einen Brief an Marie schreiben, und den kannst du dann in deinen mit hineinstecken.« Darauf schrieben beide, während der Neger, den Inhalt der deutschen Worte wohl erratend, ihnen lachend über die Schultern sah.

Charly Brand war zuerst fertig. Er reichte das geschlossene Kuvert seinem Freund Walter hin, der keine Neugierde kannte, zahlte die Zeche für beide, schüttelte seinem Walter herzlich die Hand, wobei er ihm Grüße an die Hamburger Freunde auftrug, und schlenkerte nachdenklich an Bord der Mary Anny.

Sein Brief an die Marie in der »Schifferkneipe« enthielt weiter nichts als den kleinen, silbernen Ring. Dazu hatte er mit großen Buchstaben die Worte geschrieben: Charly Brand, ahoi.

Cees Nooteboom

Philip und die anderen

An dem Abend beschlossen wir, einen Wettstreit zu veranstalten. Es ging darum, wer zuerst per Anhalter in Calais war.

Wir, das waren Genevieve, ein amerikanisches Mädchen, die beiden Australier, Ellen, Vivien und ich. Eigentlich wollte ich überhaupt nicht nach Calais – ich hatte sowieso nicht genug Geld, um nach England zu fahren –, aber ich dachte, wenn Vivien weg wäre, hätte ich niemanden mehr, den ich kannte. Das ist immer so geblieben, auf allen meinen Reisen, ich bin immer ein Verlierer, weil ich mich zu sehr an Dinge hänge oder an Menschen, und so ist Reisen kein Reisen mehr, sondern ein Abschiednehmen. Ich habe meine Zeit damit verbracht, Abschied zu nehmen und mich zu erinnern und Adressen in meinen Notizbüchern zu sammeln, wie kleine Grabsteine.

Am nächsten Tag stand ich um sechs Uhr auf. Paris war missmutig und unangenehm feuchtkühl. Ich wusste nicht, ob ich der Erste war, der aufbrach, aber ich war fest entschlossen, am Abend in Calais zu sein, denn ich wollte mir selbst beweisen, dass ich dazugehörte – zu den anderen und zu dem Wettstreit. Merkwürdigerweise dachte ich den ganzen Tag daran, dass Vivien abends auch da sein würde, denn ich zweifelte keinen Moment daran, dass die Mädchen vor mir ankommen würden.

Ich fuhr mit der Metro zur Porte de la Chapelle und von dort mit dem Bus in Richtung Saint-Denis. Es hatte wieder zu nieseln begonnen, und es gab keine Bäume, sodass ich nass wurde und schmutzig. Außerdem wollte ich nicht sofort den Daumen hochstrecken, denn solange noch Häuser an der Straße stehen, habe ich das Gefühl, die Leute beobachten mich hinter ihren Gardinen, und meistens ist es auch so. Ich hatte an dem Tag nicht viel Glück, denn ich wurde immer nur kurze Strecken mitgenommen, und es gab nicht sehr viel Verkehr, sodass ich manchmal lange mit meinem schweren Gepäck zwischen Getreidefeldern und Wiesen zu Fuß gehen musste, denn es war unmöglich, sich kurz mal hinzulegen oder auch nur zu setzen, weil alles von dem feinen Regen so nass war. Ich erinnere mich, dass es beim Gehen sehr still war, denn ich war allein.

Das erste Auto hatte mich nach Chars gebracht, was eigentlich auch abseits der Strecke liegt, die über Beauvais führt, sodass mir von dort aus nicht viel übrig blieb, als nach Gournay zu fahren und dann nach Abbeville.

Ich bekam einen großen Lastwagen.

»Und alles ist korrupt«, rief der Mann, »das Parlament, die Minister, alles ...«

»Ja«, sagte ich, und seine Ladung und die vibrierenden Eisenteile im Führerhaus applaudierten nachdrücklich, weil die Straße so schlecht war.

Wir rauchten unsere Gitanes, und ich gab mir große Mühe, ihn zu verstehen und rechtzeitig eine zustimmende oder verneinende Antwort zu geben, auf die er zu warten schien, um fortzufahren.

»Und das Schönste ist, alle Minister, und wenn sie auch nur eine Woche im Amt waren ...«

Ob Vivien schon in Amiens war, dachte ich, oder nahm sie auch diesen Weg?

»... bekommen für den Rest ihres Lebens eine fette Pension.«

»Ja«, sagte ich und wollte ihn eigentlich fragen, ob er vielleicht zwei Mädchen gesehen hätte, die eine mit einer kleinen irischen Flagge, und er fluchte, weil die Scheibenwischer nicht funktionierten, denn der Regen nahm jetzt an Heftigkeit zu und schlug mit gemeinen Güssen gegen die Windschutzscheibe, sodass er die Geschwindigkeit drosseln musste.

»Und dann dieser Krieg«, rief er, »der uns jeden Tag eine Milliarde kostet, ahaha, c'est trop intelligent, l'homme, même plus que les bêtes. Merde«, und er wartete, bis wir kurz vor einem Schlagloch waren, sodass er die volle Zustimmung von Wagen und Ladung erhielt, als er mit ausgestrecktem Arm prophetisch auf die im Regen nun fast unsichtbare Straße starrte und verkündete: »Frankreich ist am Ende. Europa ist am Ende.«

Jedenfalls kam ich in Calais an. Vom grauen, trostlosen Boulogne in einem fettigen, stinkenden Ölwagen ins noch grauere Calais, auf einer Straße, über die jetzt vom Meer her dichte Nebelschwaden trieben. Es war, als hielte das schwere Führerhaus dem Druck der Hoffnungslosigkeit und des Widerwillens da draußen kaum stand. Acht Uhr war es, als mein Fahrer mich im Zentrum absetzte. »Au revoir.«

»Ja, au revoir.« Der Regen prasselte herab, und die Straßen waren schmutzig und voller Pfützen. Ein junger Mann in kurzer Lederjacke und Bluejeans sah zu, wie ich, den Pfützen nach Möglichkeit ausweichend, auf ihn zuging. Er hatte ein hartes, bösartiges Gesicht mit einem kurzen, dürftigen Bart.

»Wissen Sie vielleicht, wo hier die Jugendherberge ist?«, fragte ich ihn, während ich mir das Wasser aus den Augen wischte. Er sah mich zunächst an, ohne eine Antwort zu geben.

Dann spuckte er kräftig in eine Pfütze und sagte: »Die liegt drei Kilometer von hier an der Straße, auf der du gerade gekommen bist. Ich muss auch dorthin, geh einfach hinter mir her.«

Ich fragte ihn, ob er vielleicht zwei Mädchen gesehen hätte, eine Irin und eine Engländerin, aber er spuckte wieder und sagte: »Nein«, und ging los.

Mir klebten die Kleider am Leib, und weil ich tagsüber noch nichts gegessen hatte, fühlte ich mich krank, aber er ging vor mir her durch den Regen, der mir ins Gesicht schlug, bis es kalt geworden war wie Marmor und ohne Gefühl, und von Zeit zu Zeit spuckte er mit einem rauen Räuspern aus und schwieg. Ich hasste Calais. Wir gingen über Sand und Kohlengrus, der Boden war aufgeweicht und matschig, und die Häuser standen unbeirrt und jämmerlich in diesem Regen. Schmutzige Kinder mit bleichen Erwachsenengesichtern betrachteten uns hinter schmuddeligen Gardinen ohne irgendeine andere erkennbare Regung in ihren Gesichtern als tödliche Langeweile. Hier und da waren Lücken zwischen den Häusern, und dort lag dann Abfall und rostiges Eisen, und ein dreckiger Hund bellte uns böse an, um den Unrat, den er vielleicht noch irgendwo hervorscharren würde, von vornherein gegen uns zu verteidigen.

Die Jugendherberge selbst lag in einer Nebenstraße dieser Straße nach Boulogne. Es war ein flaches Holzgebäude – und es war niemand da.

Ich hatte die Wette gewonnen – und war betrübt, da ich nun den Abend allein sein würde mit dem Algerier, denn um einen solchen handelte es sich, und ich dachte, dass ich mit ihm an einem Tisch sitzen und er nichts sagen würde, nur spucken. Gegen zehn kam einer der Australier, ein großer roter Mann mit einem Heinrich-VIII.-Bärtchen, und obwohl ich ihn in Paris eigentlich nicht wahrgenommen hatte, war mir jetzt, als käme ich nach Hause, aber er wusste nichts von Ellen oder Vivien und auch nichts von den anderen. »Vielleicht«, sagte er, »haben sie die Sechs-Uhr-Fähre noch erwischt, nach Dover.«

Dann sind sie schon in England, dachte ich, dann sehe ich sie nicht mehr.

Am späteren Abend trafen noch andere Anhalter ein. Sie brachten den Regen in ihren Kleidern mit und die Erinnerung an einen elenden Tag, aber Vivien war nicht dabei, und niemand hatte sie gesehen.

In der Nacht fror ich, weil ich nicht genug Decken hatte, und ich war froh, als der Tag kam, aber er brachte nur neuen Regen, und meine Kleider waren noch nass. Draußen war es trübseliger denn je.

Nachts war, als wir schliefen, auch der andere Australier eingetroffen. Er hatte Vivien nicht gesehen, sodass es nun praktisch sicher war, dass sie nicht mehr kommen würde. Die Australier fragten, ob ich mitkäme, ihre französischen Francs vertrinken, und das tat ich. Es war ein kleines Lokal in der Nähe der Bürger von Calais von Rodin. Wir aßen nur Pommes frites, und danach tranken wir jeder eine Flasche billigen algerischen Wein.

Das letzte Glas tranken wir auf Vivien, weil sie in England war. Aber sie war nicht in England, denn als wir Arm in Arm zum Passbüro im Hafen kamen, stand sie in der Schlange vor dem Zoll. Sie war gestern nur bis Boulogne gekommen.

»Vivien«, rief ich. »Vivien.« Aber sie sagte, ich sei betrunken, und ich begann zu weinen, weil ich genau wusste, dass das nicht stimmte. O ja, und küssen wollte ich sie, aber sie schob mich sanft von sich und sagte, ich solle ihr vom Strand aus Lebewohl winken.

»Gut«, sagte ich, »ich werde dir vom französischen Strand aus Lebewohl winken«, aber ich konnte den französischen Strand nicht finden, denn überall waren Häuser, und am Hafen war kein Strand. Ich fragte jemanden, wo der Strand sei, der französische Strand, aber keiner verstand mich, und darum bin ich einfach in die Richtung weitergegangen, in der ich hinter den Straßen das Meer vermutete, und endlich fand ich das Meer, und es war ruhig und ein wenig traurig im Regen. Und England lag als Schatten in der Ferne, schaukelnd auf den Wellen.

Ich erwachte vom Tuten der Fähre. Aber es war nicht Viviens Ein-Uhr-Fähre, sondern die späte, und obwohl es noch so früh im Juni war, war es durch den Regen und die Leichenfarbe des Himmels bereits dunkel um mich herum.

Dreimal tutete die Sirene der Fähre wie ein alter melancholischer Elefant, und im Liegen sah ich sie davonfahren, aber ich wusste, es war nicht Viviens Schiff, und meine Hand, die hatte winken wollen, blieb in einer erstarrten, albernen Gebärde einen Augenblick lang in der Luft.

Langsam erhob ich mich, meine Kleider waren schwer vom Wasser, und ich hatte rasende Kopfschmerzen.

»Vivien«, sagte ich, »Vivien.« Aber ich lachte laut, weil ich mir nichts aus ihr gemacht hatte. Ich brüllte vor Lachen und schlug mir mit der Hand auf die Beine, sodass das Wasser aus meiner Hose platschte, denn ich hatte sechs Stunden im Regen gelegen, und ich lachte, weil mir übel war und weil sie ein altes Gesicht hatte und wollte, dass ich sie küsste.

Und da merkte ich, dass mich jemand beobachtete, und ich blieb wie erstarrt stehen, sodass das Lachen ängstlich vom Strand verschwand und nichts mehr zu hören war außer dem Meer und einer kreischenden Möwe hier und da.

Ich drehte mich um und sah sie für einen Augenblick.

Sie trug eine enge schwarze Kordhose, ohne Aufschläge, eine dunkelgraue Windjacke, aus der der hohe schwarze Kragen eines Wollpullovers hervorsah, und ihr schwarzes kurzes Jungenhaar war stumpf und zerzaust vom Regen. Sie hatte Haare in der Farbe von Krähenfedern, und ihre Augen standen sehr groß und braun in dem schmalen chinesischen Gesicht.

Ich wusste, dies war das Mädchen, aber eigentlich konnte man es nicht erkennen, denn sie sah aus wie ein kleiner ernster Junge, und sie stand so nah, dass ich sie fast berühren konnte, ja, ich konnte ganz deutlich erkennen, dass sie den Mund auftat, wie um etwas zu sagen, aber dann trat sie plötzlich einen Schritt zurück, weil ich mich bewegt hatte, und rannte davon. Sie kletterte auf einen Dünenhang und schaute von dort einen Augenblick lang zu mir. Ich war ihr nicht gefolgt, denn mit meinen schweren, nassen Kleidern konnte ich nicht schnell laufen.

»Nicht weglaufen«, rief ich, »nicht weglaufen, warte doch auf mich.«

Aber sie verschwand hinter der Düne, und ich blieb wieder allein mit dem Sand und dem Meer.

Langsam ging auch ich zurück, ihren Spuren folgend, bis ich wieder zu einer Straße kam.

Antonio Tabucchi

Der kleine Gatsby

Um die Geschichte *Der kleine Gatsby* leichter zu verstehen, ist es vielleicht nützlich zu wissen, dass Tom Barban, Nicole, Dick, Rosemary Hoyt, Abe North, Brady und die McKiscos Personen aus *Tender Is the Night* von Fitzgerald sind, während Daisy in dessen Buch *The Great Gatsby* vorkommt. – Als die Fitzgeralds – so jedenfalls steht es in den Biographien – ihre Tochter Scottie bekamen, soll Zelda gesagt haben: »Hoffen wir, dass sie, wenn sie einmal groß ist, ein Dummerchen wird, ein richtig schönes Dummerchen.«

A. T.

Die Abende vergingen langsam, träge, blutrot durchglüht von wunderbaren Sonnenuntergängen. In die heißen und sehnsuchtsvollen Nächte, die darauf folgten, setzte der Leuchtturm auf der anderen Seite des Golfes seine grünen Seufzer. Es würde dir gefallen, wenn meine Erzählung so anfinge, nicht wahr? Du hattest immer eine Schwäche für Kitsch. Hinter deiner unaufdringlichen, zurückhaltenden Raffinesse – die deinen Charme ausmachte – hast du immer einen Anflug von schlechtem Geschmack verborgen, der dir vielleicht ureigentümlich war. Und dabei – wie verhasst war dir »schlechter Geschmack«! Du hattest einen Horror davor. Und das Banale, das Alltägliche fandest du monströs. Also kann ich meine Erzählung ruhig so beginnen. Gewiss liebte ich die Villa. Die Abende vergingen langsam, träge, blutrot durchglüht von wunderbaren Sonnenuntergängen. In die heißen und sehnsuchtsvollen Nächte, die darauf folgten, setzte der Leuchtturm auf der anderen Seite des Golfes seine grünen Seufzer. Ich stand am Fenster. Ich habe immer wenig geschlafen, du hast es nie bemerkt. Ich stand auf und trat ans Fenster, hinter die Vorhänge. Gegen zwei erhob sich manchmal ein leichter Wind, der die Wasseroberfläche kräuselte. Er glitt über die sonnenwarmen Ziegel des Säulengangs und wehte mir fast lau, wie tröstend übers Gesicht. Es gab immer irgendein Schiff, das durch das Fensterviereck glitt, meistens wohl Frachter, die vom Signal des Leuchtturms geleitet wurden. Der Hafen links im Hintergrund wimmelte von Lichtern. Mir war, als ob ich wartete. Worauf? Wartete ich auf etwas? Die Minuten vergingen langsam, der Wind blähte die Vorhänge. Mich durchpulste ein heftiges Verlangen. Ich hatte Mühe, es zu beherrschen, gestützt auf die Brüstung des Fensters, das aufs Meer hinausging. Die Küste war wie eine Verheißung, ihre Lichter strahlten hell, wie zu einem Fest. Ich sagte mir immer wieder, dass meine Erzählung in mir sei, dass ich sie eines Tages niederschreiben würde. Wie im Traum würde ich mich an den Tisch setzen, ohne auch nur das weiße Blatt anzusehen, das vor mir lag, und die Erzählung würde aus mir heraussprudeln wie aus einer Quelle: Und dann würde ich schreiben, wie durch Magie, und die Worte würden durch Zauberkraft aufs Papier gebannt, angezogen durch einen Magnet, den man Inspiration nennt. Würdest du glauben, dass ich, ans Fenster gelehnt, so etwas gedacht hätte? Natürlich habe ich es nie gedacht. Es ist mir nie durch den Kopf gegangen, ich hätte keine einzige Zeile mehr geschrieben.

Es gab eine andere Sache, die viel dringlicher war. Ich flüsterte den Anfang eines Romans: *Ja, sicher, wenn das Wetter morgen schön ist, sagte Mrs Ramsay, aber du musst mit dem ersten Hahnenschrei aufstehen*, der Wind bewegte die Vorhänge, du schliefst, der Leuchtturm seufzte, die Nacht war friedlich, fast tropisch. Aber ich würde meinen Leuchtturm bald erreichen, das spürte ich, er war nah, ich musste nur darauf warten, dass er mir nachts ein Lichtsignal schickte, ich würde es auffangen und mir diese Gelegenheit nicht entgehen lassen (diese *meine einzige* Gelegenheit), ich wollte mein Alter nicht damit verbringen, einem versäumten Ausflug zum Leuchtturm nachzutrauern. Und dabei wurde ich alt, das war mir bewusst. Ich war zwar noch jung, war ein »schöner Mann«, wenn ich auf die Terrasse hinunterstieg, sah ich es an den wohlgefälligen und verstohlenen Blicken deiner Freundinnen. Aber das Alter, das ich in mir spürte, hatte nichts mit meinem Geburtsdatum zu tun. Es erstickte mich wie ein Tuch auf dem Gesicht. Ich betrachtete meine Hände, die auf dem Fenstersims lagen: Sie waren lang, kräftig, beweglich. Und sie waren alt. Du nicht. Das Alter, das du fürchtetest, war anderer Art. Du versuchtest, es mit Cremes und Lotions zu bannen, du hattest Angst vor den kleinen Flecken, die sich auf dem Handrücken bilden. Dein schlimmster Feind war die Mittagssonne, und wenn du lächeltest, zeigten sich zwei kleine bedrohliche Fältchen in deinen Mundwinkeln. Du betrachtetest neidvoll deine Gäste, die in der Sonne schmorten, ins Schwimmbecken sprangen und zum Strand hinuntergingen, ohne das Salzwasser zu fürchten. Wie dumm von dir, zu leiden um nichts und wieder nichts. Du warst *wirklich* jung. So sieht das Alter nicht aus. Das solltest du erst später begreifen, das begreifst du jetzt. Du hattest einen hinreißenden Körper, ich betrachtete deine Beine – der einzige Teil deines Körpers, den du der Sonne auszusetzen wagtest, lange und geschmeidige Beine. Es war ein südlicher Mittag. Gino servierte Calvados, Bacardi und Mazagrán auf der Terrasse. Jemand erhob sich träge: »Wir gehen runter zum Strand, Martine, wir warten unten auf dich ...« Du öffnetest ein wenig die Lider, ein unmerkliches Lächeln umspielte deine Mundwinkel, das nur ich bemerkte, weil ich diese beiden kleinen Fältchen kannte. Aber du rührtest dich nicht, bliebst in einen Schattenflecken getaucht auf dem Liegestuhl liegen, nur deine Beine glänzten in der Sonne, und der leichte Wind bewegte die Fransen des Sonnenschirms.

Gewiss liebte ich die Villa. Ich mochte die beiden Mansarden, die mit ihren Kachelsimsen steil aus den Dachziegeln aufragten, den Säulengang mit der Glocke wie aus einem Kloster und die weißen Fensterläden, die jeden Sommer frisch gestrichen wurden. Frühmorgens, wenn du noch schliefst, gehörte der Palmenhain den Möwen, sie verbrachten dort die Nacht und hinterließen, hin und her laufend, ihre Spuren im Sand. Die Nachmittage waren schwül, ganz mediterran, sie dufteten nach Pinie und Myrte, ich saß auf dem Korbsessel im Säulengang neben der kleinen, von Kletterpflanzen überwucherten Granittreppe und wartete darauf, dass Scottie aufwachte. Gegen vier erschien sie barfuß, mit den Abdrücken des Kissens auf ihrem rosigen Gesicht, und schleppte eine Puppe an einem Bein hinter sich her.

»Möchtest du lieber Scottie oder Barbara genannt werden?«

»Scottie.«

»Aber Scottie ist nicht dein richtiger Name.«

»Miss Bishop hat ihn mir gegeben. Sie sagt, du hast ihn erfunden.«

»Ich habe ihn nicht erfunden.«

»Na, dann eben ein Freund von dir, ein Schriftsteller, und wenn ich groß bin, werde ich mich aufführen wie ein kleines dummes Mädchen.«

»Hat das auch Miss Bishop gesagt?«

»Ja. Sie sagt, dass man dem Schicksal aller Püppchen nicht entgehen kann.«

»Was für einem Schicksal?«

»Na, eben dem der kleinen Mädchen. Aber Miss Bishop nennt sie Püppchen, weil das eine Dame gesagt hat, die Zelda hieß.«

Abends sprachen wir über Fitzgerald und hörten dabei Tony Bennett, der *Tender Is the Night* sang. Der Film hatte, ehrlich gesagt, niemandem gefallen, nicht einmal Monsieur Deluxe, der wahrscheinlich keine großen Ansprüche stellte. Aber Tony Bennett hatte eine Stimme, »die einem durch und durch ging wie der Roman«; sie schuf Atmosphäre, und Gino musste die Platte immer wieder auflegen. Zwangsläufig fragte man mich nach dem Anfang des Buches. Alle fanden es köstlich, dass ich die Anfänge von Fitzgeralds Romanen auswendig kannte – nur die Anfänge, das war eine Manie von mir. Feierlich, wie es seine Art war, bat Monsieur

Deluxe die Anwesenden um Ruhe, ich versuchte mich zu sträuben, aber abzulehnen war unmöglich, die Platte von Tony Bennett spielte leise, Gino hatte Bacardi serviert, ich sah nur dich an: Du wusstest, dass dieser Anfang dir gewidmet war, es war fast, als hätte ich ihn geschrieben, du zündetest dir eine Zigarette an und stecktest sie in die Spitze. Auch das gehörte zur Inszenierung, du machtest auf *flapper*, hattest aber gar nichts von einem *flapper*, weder die Mähne noch die Seidenstrümpfe und schon gar nicht den Charakter: Du warst von einem anderen Schlag und hättest vielleicht in einen Roman von Drieu gepasst oder von Pérez Galdós, deine Sicht des Lebens war tragisch, vielleicht war es dein Egoismus, der unüberwindlich war wie ein Fluch. Und dann, inmitten der Ungeduld, die bereits spürbar wurde, begann ich, Gino hörte auf zu servieren, um nicht zu stören, man hörte nur die Stimme von Tony Bennett und das Rauschen des Mittelmeeres: *An der Küste der französischen Riviera, etwa auf halbem Weg zwischen Marseille und der italienischen Grenze, stand ein großes, stolzes, rosenfarbenes Hotel. Respektvolle Palmen kühlten seine errötende Fassade, und davor erstreckte sich ein kurzer, blendender Strand. Heute kommen berühmte und elegante Menschen hierher auf Sommerfrische; 1925 lag es fast verlassen da, nachdem die englische Kundschaft im April in den Norden gefahren war …*

Unweigerlich wechselte die Bishop jetzt die Platte. Nun waren die schmalzigen Cole-Porter-Schlager an der Reihe. Die Bishop war ganz verrückt danach, sie fand, Cole Porter passe zu Fitzgerald. Oder sie legte Nat King Cole auf, der *Quizás, quizás, quizás* sang. Übrigens gefiel auch mir das Lied von King Cole, ich spürte, dass es mich etwas anging, es machte mich leicht melancholisch, *Siempre que te pregunto, que cómo dónde y quándo* ..., ich versuchte, weiterzusprechen, ihr blicktet alle auf das Meer und die Lichter der Küste hinter mir, *Am frühen Morgen fielen das ferne Bildnis von Cannes, das Rosa und Crème der alten Festung, die purpurnen Alpen an der italienischen Grenze über das Wasser und lagen zitternd auf den Kräuseln und Ringen, die die Wasserpflanzen durch das klare, seichte Wasser nach oben sandten* ..., aber irgendetwas hinderte mich; meine Stimme war unsicher, das spürte ich. Warum fiel mir das Weitersprechen so schwer? War es der Abend? Waren es die Lichter der Küste? War es Nat King Cole? Ich sah dich an, im Halbdunkel. *»y así pasan los dias, y yo, desesperado* ..., du hättest mir wenigstens ein Zeichen des Einverständnisses geben können, aber nein, ruhig wie die anderen blicktest du mich an, als wüsstest du nicht, dass *all dies* sehr viel mit dir zu tun hatte. Ich bin gut genug für die Nacht, nicht wahr, Martine, sagte ich dir mit den Augen, für wenige nächtliche Augenblicke, und dann schläfst du ein und schläfst und schläfst, der Wind bläht die Vorhänge, drüben strahlen die Lichter der Küste ... aber bei Tag, was ist dein Perri bei Tag? Eine Person in einem Stück, eine Figur in einem Roman.

Genug. Ich hatte keine Lust mehr zu rezitieren, im Übrigen hatten auch die anderen keine Lust mehr, mir zuzuhören, das Spiel war eröffnet, dieser Anfang hatte genügt, damit es in Gang kam, die Bishop fühlte sich jetzt als Rosemary Hoyt und tanzte einen *sehr* sentimentalen Slow, gut, sie war zwar keine achtzehn mehr, Rosemarys »kleinen schneidigen Crawl« im Wasser schaffte sie nicht, aber was machte das schon?, es geriet sowieso alles durcheinander: Rosemary Hoyt tanzte mit Tom Barban, der mit dir hätte tanzen sollen ... Aber das würde er vielleicht am nächsten Abend tun, für diesen Abend waren die Rollen verteilt, Monsieur Deluxe passte hervorragend in die Rolle des unzufriedenen, abenteuerlustigen Exfliegers, wirklich nicht schlecht, ein bisschen zu vornehm vielleicht für einen Legionär, zu wohlgenährt. Und die beiden anderen – es brauchte nicht allzu viel Phantasie, um sie zuzuordnen, so unbedeutend und deshalb so austauschbar, wie sie waren: der schöne Brady und seine Blondine. Und du, ja, du warst eine wunderbare Nicole, du spieltest sie perfekt und sahst aus wie Lauren Bacall, das sagte dein Tom Barban, ich hörte, wie er es dir zuflüsterte. Das tat weh. Und seine plumpen Versuche, mit dem Jackenzipfel die deutlich sichtbare Erektion in seiner Leinenhose zu überdecken? Unerträglich. Aber er war Tom Barban, der Legionär: Legionäre sind sehr potent, wie man weiß, und wenn sie mit einer Frau tanzen, die aussieht wie Lauren Bacall ...

Aber ich, wer war ich? Ich war nicht Dick, auch wenn ich seinen Part spielte – in der Realität meine ich. Und ich war auch nicht Abe North, nein, trotz meines alten Romans, ich wäre niemals fähig gewesen, einen zweiten zu schreiben, auch wenn alle so taten, als glaubten sie das Gegenteil, und erst recht hätte ich niemals eine Geschichte über unsere erbärmlichen Geschichtchen geschrieben. Ich kannte nur Romananfänge anderer auswendig, gehörte in eine ähnliche Geschichte, war eine Person, die aus einem anderen Roman stammte, war ihr Abklatsch in einer minderen Dimension, ohne Größe und ohne Tragik. Mein Vorbild war zumindest als Gangster eine große Nummer; meine Rolle aber sah keine Verrücktheiten vor, keinen Traum, dem man sein Leben opfern konnte, nicht einmal eine verlorene Daisy, oder – schlimmer noch – meine Daisy warst du, dabei warst du doch Nicole. Ich war ein Spiel in unserem Spiel: Ich war dein lieber kleiner Gatsby.

Mit kleinen Schritten kam die Nacht heran. Auch dieser Satz hätte dir in einer Erzählung gefallen, nicht wahr? Du sollst ihn haben: Mit kleinen Schritten kam die Nacht heran. Besser noch: Mit kleinen Schritten kam zärtlich die Nacht heran. Jetzt spielte das Grammophon *Easy to love* von Charlie Parker, diese Platte hatte ich gekauft, unter dem klagenden Saxophon des armen Bird lag wie unterdrücktes Gekicher das eher muntere Piano-Geplauder von Stan Freeman, eine kleine Paraphrase der Freude. Ich hätte Jelly Roll Morton vorgezogen, aber für Rosemary war das Katzenmusik, und es war unmöglich, danach zu tanzen. Nun gut, was tun um diese Stunde der Nacht, die zärtlich und mit kleinen Schritten herangekommen war? St. Raphaël oder Hôtel du Cap? Besser St. Raphaël, denn was macht man im Cap, wenn man seinen Negroni getrunken hat? Man langweilt sich zu Tode. Der schöne Brady (wie hieß der schöne Brady eigentlich wirklich?) stimmte jedem Programm zu, wenn er dich nur anhimmeln konnte, und seine dümmliche Blondine wäre ihm überallhin gefolgt, *c'est cocasse*, piepste sie, *c'est cocasse*, alles war *cocasse*, auch der alte Benz von Deluxe mit den cremefarbenen Kotflügeln und der Trennscheibe innen, der von einem pensionierten Pariser Taxifahrer stammte, er brüstete sich damit, ihn für ein Butterbrot gekauft zu haben, »Mir tut es in der Seele weh, dass er unbedingt den Taxameter behalten wollte, manche Leute hängen ihr Herz an die lächerlichsten Dinge! ...«, und dabei lachte er mit all seinen schneeweißen Zähnen, von denen er zu viele hatte: Zähne de luxe. Oder ist das ein billiger Witz?

Wer war eigentlich Monsieur Deluxe – ein feingeistiger Musikwissenschaftler? Ach was, bei dem Namen! Ich glaube, er war selbst ein bisschen *cocasse*, wie sein Benz, »Mir hat Ihr Roman sehr gut gefallen, wegen seiner Musikalität«, sagte er. So ein Dummkopf. »Aber in Ihrem nächsten Roman – denn Sie schreiben doch wieder einen, nicht wahr? –, in Ihrem nächsten Roman sollten Sie den Mut aufbringen, Ihrer Liebe zur Musik deutlich Ausdruck zu geben, scheuen Sie keine Zitate, spicken Sie ihn mit Namen, mit Titeln, sie verleihen Ihrem Roman sofort Magie, nennen Sie Coltrane und Alban Berg, ich weiß, Sie schätzen Coltrane und Alban Berg, da bin ich ganz auf Ihrer Seite.« Er sagte, er liebe Alban Berg und hätte gern »mehr Zeit, darüber zu diskutieren«, aber dann kam er über Gershwin nicht hinaus. Wie hätte er auch mit seinem schönen strahlenden Lächeln den Tod begreifen können? Auch du konntest den Tod nicht begreifen, er war zu dem Zeitpunkt außerhalb deiner Reichweite. Du konntest begreifen, was ein Toter ist, aber Tod und Leichnam sind zwei verschiedene Dinge. *Der Tod ist die Kurve der Straße, sterben heißt nur, nicht gesehen zu werden.* Erinnerst du dich an diese Zeilen? Ich trug sie eines Abends vor, aber ich habe euch getäuscht: Sie waren nicht von Fitzgerald, auch wenn ihr es mir alle geglaubt habt, es war ein erfundenes Zitat, und innerlich genoss ich diesen Betrug. Wir waren auf der Küstenstraße, ich glaube, in der Nähe von Villefranche, ich sprach diesen Satz und sagte: Fitzgerald, *This Side of*

Paradise. Deluxe trat ruckartig auf die Bremse. Er flüsterte etwas wie »sublim, sublim« oder ähnlichen Blödsinn und wollte, dass wir zum Strand hinunterstiegen, wir mussten unsere Schuhe ausziehen und bis ans Wasser herangehen, Hand in Hand, immer ein Mann und eine Frau, in einer Kette, wir mussten unbedingt »etwas Weihevolles« tun, das waren seine Worte, es war eine Huldigung an das Sein, an das Dasein, an die Tatsache, dass wir uns auf der Zielgeraden des Lebens befanden: Kampf der Kurve – das war wohl sein Gedanke dabei.

Deine Mutter dagegen – ja, sie begriff den Tod. Ich spürte sofort, als ich sie kennenlernte, dass sie eine Frau war, die den Tod begriff. Und sie spürte das Gleiche bei mir. Sie begriff, dass ein wenig davon in meinem schlechten Roman enthalten war, deshalb tat sie auch alles, damit ein Buch daraus wurde, sie ließ mich nicht bis nach Menton gelangen und holte mich heraus aus der Situation des »armen jungen Möchtegernschriftstellers, der als Sohn von Auswanderern mit einem Manuskript in der Tasche in seine Heimat zurückkehrt«. Glaubtet ihr wirklich, meine Liebe zu Fitzgerald sei so groß gewesen, dass es mich zu einer Wallfahrt auf seinen Spuren gedrängt hätte? Und meine Beschreibungen seines Hotels in Baltimore seien das Ergebnis leidenschaftlicher Besessenheit gewesen? Nein, so war es wirklich nicht. Ich bin eher ein Chronist. Ich habe in jenem Hotel meine Kindheit verbracht. Ich möchte nicht auf die Einzelheiten eingehen. Mein Vater war dort neunundzwanzig Jahre lang Kellner, ja, er schon, er kannte Fitzgerald, er hatte Bücher mit Widmung und erzählte mir oft von ihm und auch von Zelda, die ihn sehr gern gehabt hatte, sie hatte meinen Vater ins Herz geschlossen, weil er ihr immer sehr gehaltvolle Drinks zubereitete, sie hat ihn sogar in *Save me the Waltz* unter anderem Namen vorkommen lassen. Im Laufe der Jahre kam das Hotel herunter, das Niveau der Gäste sank, meinem Vater und mir überließ man ein Zimmer im hinteren Flügel, nach Mamas Tod wusste er nicht, wem er mich hätte anvertrauen können, dort war ich wenigstens sicher, oder zumindest glaubte er das, in seinen letzten Lebensjahren servierte er alten, pelzbekleideten Huren, distinguierten Morphinisten und streitsüchtigen Schwulen das Abendessen ... So war das mit meinem Fitzgerald. Deine Mutter hat sehr viel von mir begriffen. Und ich von ihr. Du wüsstest gern, welcher Art unsere Beziehung war? Das lässt sich nicht in zwei Sätzen sagen. Ich hatte sie sehr gern, das genügt wohl.

Alle wollten nach St. Raphaël, und doch schleppte sich dann der Abend im Hôtel du Cap dahin. Vielleicht waren die Negronis ein wenig zu stark. Außerdem wurde viel Gershwin gespielt, für Monsieur Deluxe. Und dann saßen noch die Arrighi auf der Terrasse, wer konnte den beiden schon widerstehen, sie waren zwei vollendete McKiscos, streitsüchtig und verbittert und sehr *cocasse*, gegen zehn Uhr abends kamen sie in Hochform und wirkten, als seien sie geradewegs aus *Tender Ist the Night* entsprungen, es war unmöglich, sich von ihnen zu trennen und nach St. Raphaël zu fahren. Sie haben es nie erfahren, dass sie die McKiscos waren, die Ärmsten, vielleicht wussten sie nicht einmal, wer Fitzgerald war. »Und Ihr Roman, Perri, wie weit sind Sie mit Ihrem Roman?« Mrs McKisco stellte mir jedes Mal dieselbe Frage, sie war sehr höflich, ein wenig bedrückt, trug sehr elegante Schals und ein Perlenkleeblatt auf dem Revers der weißen Jacke. Nie habe ich die McKisco ohne diese weiße Jacke gesehen. Ich sagte, es laufe nicht schlecht, nein, es laufe wirklich nicht schlecht, ich sei schon ziemlich weit, die Geschichte stehe schon, dramatisch natürlich, aber auch ein wenig frivol, Frivolität mache sich gut im Drama: zwei Schicksale, die sich nicht begegnen, ein verpfuschtes Leben, zwei verpfuschte Leben ... Verzweiflung? Gewiss, aber in Maßen. Ein Tod vielleicht. Er oder sie, das wisse ich noch nicht. Oder auch ein schwerer Treuebruch. Aber vor allem eine unangemessene Haltung dem Leben gegenüber, als wenn alles nicht genug wäre, ein Hang zur Vergeudung, und auch so etwas wie Unvernunft: und dann ein perverser Egoismus. Die McKisco seufzte verständnisvoll, als wollte sie sagen: Aber wem könnte das Leben jemals genügen? Ihr voller Busen hob sich, das Perlenkleeblatt glänzte, und McKisco betrachtete sie mit finsterer Miene, als würde er am liebsten zubeißen, sie war melancholisch, passte nicht hierher, und ihre Traurigkeit war von rührender Einfachheit. Kommen Sie, Mrs McKisco, hätte ich sie am liebsten getröstet, lehnen Sie Ihre üppige Brust an meine Schulter, lassen Sie sich gehen, und weinen Sie sich aus. Es stimmt: Ihr Leben ist verspielt, Ihr Mann ist ein mit Pernod angefüllter Orang-Utan, Sie haben zu viel Geld, und jetzt fragen Sie sich, was Ihnen das Geld überhaupt nützt und was Sie mit Ihren Papierfabriken anfangen sollen, soll doch alles zum Teufel gehen, hab ich nicht recht, Mrs McKisco? Sie hätten gerne Kinder gewollt, und jetzt sitzen Sie hier und versuchen, Alter und Einsamkeit von sich fernzuhalten, versuchen, sich einzureden, dass Kinder nicht alles im Leben sind, blicken auf die Lichter von Cannes und würden am liebsten weinen. Kommen Sie mit mir ans Geländer, lassen Sie uns aufs Meer schauen, ich erzähle Ihnen einen frivolen und traurigen Roman, und wir lachen wie verrückt darüber, alles ganz wie bei Fitzgerald, der Protagonist ist Autor eines einzigen Buches, er hatte eine schmerzvolle Kindheit, die ihm hin und wieder noch scharfe Stiche versetzt, und hat sich nicht immer mit sauberen Mitteln durch das Leben geschlagen, sagen wir, er ist ein kleiner Krimineller, aber im Grunde ein guter Mensch, möchten Sie den Anfang hören? Er würde zum Beispiel so beginnen: *Im Jahre 1959, als der Protagonist dieser Geschichte fünfunddreißig Jahre alt war, waren bereits zwei Jahre vergangen, seit die Ironie, der Heilige Geist unserer Zeit, über ihn gekommen war – zumindest theoretisch. Ironie, das war das letzte Überpolieren beim Schuheputzen, der letzte Strich mit der Kleiderbürste, eine Art intellektuelles »Aha!«. Dennoch ist er am Ende der Geschichte noch nicht über dieses Bewusstseinsstadium hinausgekommen* ... In Wahrheit ist dieser Anfang nicht von mir, liebe Mrs McKisco. Von mir sind nur die Daten, aber das ist eigentlich gleich.

Gegen Mitternacht sackte McKisco über dem Tisch zusammen, man musste ihn mühsam aufrichten. Auch die Bishop war ziemlich angetrunken und bekam einen Lachanfall nach dem anderen, sie hatte meistens fröhliche Räusche, jetzt hatte sie richtig Lust, eine Spritztour nach St. Raphaël zu unternehmen, na los, nur auf einen Sprung, ein paar Garnelen essen. Dies war der Punkt, an dem ich mich absetzte, ich wollte lieber zu Hause auf dich warten, in einer Stunde würdet ihr ja sowieso zurück sein. Willst du wissen, warum ich am Abend des zwölften August nicht nach Hause zurückkehrte? Ich habe mich nie gefragt, warum du nicht zurückgekehrt bist, ich will es nicht wissen, es interessiert mich nicht. Aber ich will dir sagen, warum ich nicht zurückkehrte, es ist zu komisch. Weil es der Tag des San Macario war. Mein Vater hieß Macario, und ich wollte mit meiner Erinnerung an ihn allein sein, fern von deinem Haus, ungestört. Und außerdem hatte ich Scotties Foto in der Tasche. Ich habe es auch jetzt vor mir. Sie ist darauf etwa vier Jahre alt. Scottie trägt ein geblümtes Kleid, weiße Strümpfe, und ihre Zöpfe sind von der Sonne gebleicht. Sie hat ein Spielzeugtier in der Hand, eine Art Basset mit traurigen Augen, den sie an einem Ohr baumeln lässt, er hieß Sokrates, erinnerst du dich an Sokrates?, ich hatte ihn gekauft. Das Foto hat ein Loch: Das bist du. Im Hintergrund die Villa, von Westen her aufgenommen, die von wildem Wein überrankte Treppe, die zu Scotties Zimmer führte, die weiße Tür im englischen Stil mit den eingelassenen kleinen Scheiben. Ich hatte also Scotties Foto in der Tasche und setzte mich in ein Café. Es ging mir sehr gut. Mein Plan war perfekt. Und dann stiegen über einem Ort bei Menton Feuerwerkskörper auf, sicher feierte man das Fest eines Schutzpatrons, das schien mir ein gutes Omen. Seit eineinhalb Monaten fuhr ich jeden Samstagabend mit meinem Auto über die Grenze. Es gab da einen Zöllner, der Punkt zweiundzwanzig Uhr seinen Nachtdienst antrat, ein Bursche aus Benevent, er hatte sich inzwischen schon an meinen Anblick gewöhnt, ich fuhr nach Italien, um dort meinen Kaffee zu trinken, um halb elf kam ich wieder über die Grenze zurück, »Sehnsucht nach italienischem Kaffee, Herr Doktor?«, er grüßte mich mit der Hand an der Mütze, ich erwiderte den Gruß, manchmal hielt ich auch an, und wir plauderten ein wenig, für ihn war ich ein reicher Mann mit einer Schwäche für italienischen Kaffee, er hätte nicht im Traum daran gedacht, mein Auto zu durchsuchen, unter einer Reisedecke schlafend würde Scottie problemlos hinübergelangen.

Ich verweilte ein wenig auf der Uferpromenade und betrachtete das Feuerwerk bei Menton. Am nächsten Abend würde es soweit sein. Es war San Macario, die Nacht war schön, und ich dachte an meinen Vater, der in einem muffigen Hotel in Baltimore gestorben war, ich hielt beim »Racé«, um Geld zu holen, ich hatte da etwas laufen, aber es war das letzte Mal, ich brauchte das Geld, um in Italien eine ehrliche Existenz aufzubauen, es fehlte mir zwar nicht an Geld, aber je mehr ich hatte, desto besser: Die erste Zeit würde nicht einfach sein. Im »Racé« gab es eine Jam Session mit einem unglaublichen Typen, der bis zur Perfektion Rex Stewart imitierte, einen von Ellingtons Kornettisten der dreißiger Jahre, er war in bester Stimmung, spielte *Trumpet in Space* und *Kissing Baby Good-night*, auch ich war gut aufgelegt, ich blieb eine Weile, dann ging ich und lief ein langes Stück zu Fuß, weil ich frische Luft schnappen wollte. Das war alles. Durch eine Nichtigkeit kann sich ein ganzes Leben verändern. Oder gleich bleiben.

Die Zeit ist heimtückisch, sie wiegt uns in dem Glauben, dass sie nie vergeht, und wenn wir zurückschauen, ist sie viel zu schnell vergangen. Ein solcher Satz würde dir in einer Erzählung von mir gefallen, nicht wahr, Martine? Da hast du ihn. Die Zeit ist heimtückisch, ich blicke zurück, sie ist viel zu schnell vergangen, aber wie langsam strich sie vorbei! Es ist fast zwanzig Jahre her, und Scottie ist immer noch vier Jahre alt für uns. Aber im Grunde habe auch ich für dich noch das Alter von damals. Denn ich bin unerreichbar, in gewissem Sinn bin ich unsterblich, hier, wo ich bin. Ich befinde mich hinter der Kurve. Hast du den Gedanken verstanden? Zwanzig Jahre müssten ausreichen, um einen Gedanken wie diesen zu verstehen. Du hingegen bist auf der Geraden geblieben, dem Leben ausgesetzt. Du bist gealtert, Martine, das ist normal. Endlich wirst du das kommende Alter nicht mehr fürchten: Es ist schon gekommen. Die Bishop hat kein Lebenszeichen mehr von sich gegeben, sie ist in England verschwunden. Aber ich weiß, was aus ihr geworden ist: fast eine Nonne, sie hat nie geheiratet, lebt in einem Internat in Sussex und bringt jungen Mädchen aus gutem Hause amerikanische Kultur bei. Auch Deluxe ist verdammt alt geworden. Er sieht überhaupt nicht mehr aus wie ein Flieger. Er besucht dich hin und wieder, aber das Spiel lässt sich unmöglich wiederaufnehmen, es ist durch nichts mehr gerechtfertigt. Er ist ein korpulenter Herr mit einem blauen Citroën und betreibt ein Handelsunternehmen am Stadtrand: Adieu, Tom Barban. Und selbst die Villa, wie ist sie gealtert. Kürzlich ging ich dort vorbei und stellte mir vor, sie zu betreten. An der Umfassungsmauer, neben dem Tor, gibt es eine kleine Platte aus blauen Fliesen – eine Brigg mit vollen Segeln. Wir haben es in Èze Village gekauft, erinnerst du dich? An dem schmiedeeisernen Tor ist die weiße Farbe abgeblättert. Wo der Lack sich unter der Einwirkung von Sonne und Salzwasser in großen Blasen gelöst hat, die einem unter dem Finger zerbröseln, hat sich ein feiner, hellgelber Rost gebildet, sicher muss man die Torflügel mit großer Kraft aufstoßen, sonst öffnen sie sich nicht, denn die Angeln sind eingerostet. Wenn es einem, nachdem man ein wenig ungeduldig daran gerüttelt hat, endlich gelingt, das Tor zu öffnen, gibt es ein unterdrücktes, langgezogenes Quietschen von sich, wie ein Stöhnen, das, dicht vor uns, von weit her zu kommen scheint. Einmal passierte es mir, dass ich die Augen mechanisch hob, um nach der Ursache dieses Klagelauts zu suchen, und da sah ich das Blau des Meeres. Rechts neben dem Tor, hinter dem Eingang, steht unter einer Palme ein gelbgestrichenes Wachhäuschen, ein kleiner Raum, der aussieht wie ein Miniaturhaus. Früher hatte der Portier dort seine Geräte, ich kann mir vorstellen, was sich jetzt dort befindet: ein Kinderwagen mit Faltverdeck, wie man sie auf den Fotos der dreißiger Jahre sieht, ein kaputtes Kinderxylophon, alte, verkratzte Schallplatten. Es sind unerträgliche Gegenstände, man kann sie unmöglich betrachten, aber ebenso unmöglich kann man sich von ihnen trennen: Man muss einen Abstellraum für sie finden. Aber warum beschreibe ich dir Dinge, die du besser kennst als ich? Um meiner Erzählung eine schmerzliche Note zu geben, einen Hauch von Vergeudung? Du hast die sinnlosen und verzweifelten Lebensgeschichten immer bevorzugt: Francis und Zelda, Bessie Smith, Isadora … Ich tue, was ich kann: Das ist alles, was uns zur Verfügung steht. O ja, die Villa ist wirklich heruntergekommen, sie müsste gehörig herausgeputzt werden: Fassade, Fenster, Garten, Eisengitter … Aber das Geld ist knapp ohne Perris heimliche Geschäftchen, die so zweifelhaft, aber so einträglich waren: Von der Tradition kann man nicht leben. Vielleicht solltest du allmählich darüber nachdenken, wie du das Ganze nutzen könntest. Das Ambiente ist von seltener Eleganz, die Räume sind wunderschön, hinreißendes Art nouveau. Du könntest dich in Scotties ehemalige Zimmer zurückziehen und wärst so der Erinnerung an sie noch näher – und außerdem kommst du jetzt mit zwei Räumen aus, den Rest könntest du in ein Hotel umwandeln. Ein kleines, aber sehr erlesenes Hotel: zehn Zimmer, Esszimmer im Erdgeschoss mit grünen Lampen auf den Tischen, nach dem Essen auf der Terrasse ein Pianist, viel Gershwin, Mondschein und Bacardi. Reiche Schweizer mittleren Alters schwärmen für solche Orte. Du müsstest einen passenden Namen finden, raffiniert, aber witzig: *Au petit Gatsby* zum Beispiel. Und so könntest du deinem Alter gelassen entgegenblicken, deine Nachmittage in himmlischer Ruhe verbringen, die Küste betrachten und an die Zukunft denken, *die Jahr um Jahr vor uns zurückweicht. Sie ist gestern entschlüpft, doch was tut's: Morgen schon eilen wir rascher, strecken die Arme weiter aus … und eines schönen Tages …* Der Schluss ist natürlich von Fitzgerald.

»Am Ende eines Strandgangs, da mach es wie ich: nimm dir ein Stöckchen und ritz deinen Namen in den Sand, dort, wo er feucht ist und die Welle noch hinlangt; ritz ihn ein und warte und sieh zu, wie er erlischt. Danach kannst du leicht fortgehen.«

Siegfried Lenz

Nachweis

Victor Auburtin

Philosophie auf der Terrasse. Aus: Victor Auburtin, *Sündenfälle.* Rütten und Loening, Berlin 1970.

T. C. Boyle

Schluss mit cool. Aus dem Amerikanischen von Werner Richter. Aus: T. C. Boyle, *Schluss mit cool.* Copyright © 2002 by Carl Hanser Verlag, München.

Andrea Camilleri

Die Abkürzung. Aus: Andrea Camilleri, *Das Paradies der kleinen Sünder.* Copyright © 2006 by Bastei Lübbe GmbH & Co. KG, Köln.

Italo Calvino

Abenteuer einer Badenden. Aus: Italo Calvino, *Schwierige Liebschaften.* Copyright © 2013 by Carl Hanser Verlag, München.

Michel Déon

Der Badeanzug. Aus dem Französischen von Mayela Gerhardt. Originaltitel: *Le maillot.* Aus: Michel Déon, *A la legère.* Copyright © 2013 by Editions Finitude, Paris. Copyright für die deutsche Übersetzung © 2015 by Hoffmann und Campe Verlag, Hamburg.

Siegfried Lenz

Küste im Fernglas. Aus: Siegfried Lenz, *Die Erzählungen.* Copyright © 2006 by Hoffmann und Campe Verlag, Hamburg.

Henning Mankell

Der Mann am Strand. Aus dem Schwedischen von Wolfgang Butt. Aus: Henning Mankell, *Wallanders erster Fall.* Copyright © 2002 by Paul Zsolnay Verlag, Wien.

Javier Marías

Sonntag mit Fleisch. Aus dem Spanischen von Elke Wehr. Aus: Javier Marías, *Als ich sterblich war*. Copyright © 2003 by Klett-Cotta, Stuttgart.

Klaus Modick

Im Kreis. Aus: Klaus Modick, *Privatvorstellung*. Edition Nautilus, Hamburg 1989. Copyright © 1989 by Klaus Modick.

Vladimir Nabokov

Iris (Titel vom Herausgeber). Aus dem Englischen von Uwe Friesel. Auszug aus: Vladimir Nabokov, *Sieh doch die Harlekine!* Copyright © 2002 by Rowohlt Verlag, Reinbek bei Hamburg.

Cees Nooteboom

Per Anhalter nach Calais (Titel vom Herausgeber). Aus dem Niederländischen von Helga von Beuningen. Auszug aus: Cees Nooteboom, *Philip und die anderen*. Copyright © 2003 by Suhrkamp Verlag, Frankfurt am Main.

Joachim Ringelnatz

Charly Brand, ahoi! Aus: Joachim Ringelnatz, *Das Gesamtwerk*. Diogenes Verlag, Zürich 1994.

Arthur Schnitzler

Die Frau des Weisen. Aus: Arthur Schnitzler, *Leutnant Gustl und andere Erzählungen*. S. Fischer Verlag, Frankfurt am Main 1999.

Henryk Sienkiewicz

Der Leuchtturmwärter. Aus dem Polnischen von Ad Horovit. Aus: Henryk Sienkiewicz, *Der Leuchtturmwärter und andere Erzählungen*. Otto Janke Verlag, Berlin o.J.

Theodor Storm

Eine Halligfahrt. Aus: Theodor Storm, *Die schönsten Novellen*, Deutsche Buch-Gemeinschaft, Berlin o.J.

Antonio Tabucchi

Der kleine Gatsby. Aus dem Italienischen von Dagmar Türck-Wagner und Karin Fleischanderl. Aus: Antonio Tabucchi, *Das Umkehrspiel*. Copyright © 2000 by Carl Hanser Verlag, München.

John Updike

Der Rettungsschwimmer. Aus dem Amerikanischen von Maria Carlsson. Aus: John Updike, *In einer Bar in Charlotte Amalie.* Copyright © 2008 by Rowohlt Verlag, Reinbek bei Hamburg.

Geschichten zum Entspannen

Ausgewählt von Aleksia Sidney
280 Seiten, Taschenbuch
ISBN 978-3-455-37806-1
Atlantik Verlag

Dem Stress entfliehen ist gar nicht so schwer: Man muss bloß ein Buch aufschlagen. Dieses zum Beispiel, das eine ideale Auszeit im hektischen Alltag bietet – mit Geschichten aus fernen Ländern, die die Phantasie beflügeln, Geschichten mit Happy End, die für gute Laune sorgen, Geschichten voller Spannung, die einen den Alltag vergessen lassen, Geschichten mit Helden, die einem wie Freunde ans Herz wachsen, Geschichten, die allesamt beweisen, warum Menschen immer schon Geschichten erzählt haben: weil sie unser Leben bereichern. Ein Buch, das die Seele streichelt und den Geist anregt. Ein Buch, das glücklich macht.

»Entspanne dich, lass das Steuer los.
Trudle durch die Welt. Sie ist so schön.«
Kurt Tucholsky